El instinto natural

Primera edición: julio de 2020
Título original: *Wild Signs and Star Paths: The Keys to Our Lost Sixth Sense*

© Tristan Gooley, 2018
© de la traducción, Luz Achával Barral, 2020
© de las ilustraciones, Neil Gower, 2018
© de esta edición, Futurbox Project, S. L., 2020
Todos los derechos reservados.

Imagen de cubierta: Neil Gower
Diseño de cubierta: Taller de Libros

Publicado por Ático de los Libros
C/ Aragó, 287, 2.º 1.ª
08009 Barcelona
info@aticodeloslibros.com
www.aticodeloslibros.com

ISBN: 978-84-17743-52-9
THEMA: WN
Depósito Legal: B 10846-2020
Preimpresión: Taller de los Libros
Impresión y encuadernación: Black Print
Impreso en España — *Printed in Spain*

EL INSTINTO NATURAL

Las claves para encontrar nuestro
sexto sentido y reconectar con la naturaleza

TRISTAN GOOLEY

Traducción de
Luz Achával Barral

ÁTICO DE
LOS LIBROS

A los animales más dulces;
ya sabéis quiénes sois

Índice

Para más información e imágenes adicionales, visite https://www.natural-navigator.com/the-library/wild-signs-and-star-paths-images

Introducción

Es posible alcanzar un nivel de conocimiento de la naturaleza que, a pesar de ser común antaño, ahora es tan poco habitual que muchos lo catalogarían de «sexto sentido». Este hace referencia a la habilidad práctica de establecer conexiones y, luego, elaborar conclusiones a partir de las pruebas que nuestros sentidos han percibido casi sin pensar. En este libro mostraré cómo guiarse con las estrellas y las plantas, pronosticar el tiempo a partir de los sonidos del bosque y predecir la próxima acción de un animal a partir de su lenguaje corporal de manera instantánea.

Puede que aquellos que no estén familiarizados con este tipo de pensamiento no detecten que «falta» un paso hasta que se recalque. Nos hemos distanciado tanto de esta manera de experimentar nuestro entorno que quizá resulte difícil creer que experimentar algo así en la naturaleza es posible, a pesar de que en escenarios más familiares tal vez sea menos extraño.

¿Has sentido alguna vez que alguien te observa y descubierto luego que estabas en lo cierto, aunque no sepas cómo?

Imagina que estás sentado en una cafetería de espaldas a la ventana. Te asalta la extraña sensación de que alguien te observa por detrás. Puede que tengas razón. Si un amigo intenta llamar tu atención desde la ventanilla de su coche mientras pasa conduciendo despacio, esto quizá se manifieste en los rostros o en el lenguaje corporal de otras personas de la cafetería; tal vez el camarero levante la vista mientras te sirve el café. Más tarde, la llamada de tu amigo confirmará que alguien te observaba.

Los psicólogos han demostrado que podemos conjeturar el humor de una persona al otro lado de la línea telefónica con extraordinaria precisión tan pronto como oímos su primera palabra. Nuestros oídos lo perciben, pero nuestro cerebro recurre enseguida a las experiencias de toda una vida, a nuestro conocimiento del carácter y la situación de quien llama, a la hora del día o de la noche en que se produce la llamada y a una miríada de otros apuntes para crear una imagen mucho más amplia que la palabra «hola». Día y noche, la naturaleza nos susurra palabras llenas de un significado más profundo que el evidente; nos hemos acostumbrado a solo esbozar la imagen.

Un sexto sentido no es algo misterioso: se trata de intuición experta, una habilidad precisa para unir los puntos ofrecidos por nuestros sentidos y construir una imagen más completa de nuestro entorno. Y existen muchos más puntos de los que creemos. En el último segundo, tus sentidos han captado once millones de fragmentos de información.[1] Podría llevar años analizarlos todos de manera consciente, por lo que el cerebro filtra

casi toda esa información sin que reparemos en ello. Pero si el cerebro detecta algo extraño, maravilloso o amenazador, advertirás que algo digno de tu atención tiene lugar a tu alrededor.

Investigaciones recientes y libros populares han convencido a muchas personas de nuestra habilidad para evaluar situaciones modernas de manera intuitiva.

Observa la imagen de la página anterior e imagina que estás cruzando la calle. Habrás visto que hay tres coches y que uno está más cerca que los otros, pero que debes tener cuidado con el que está más lejos. En una situación real, lo habrías hecho de forma instantánea, sin hacer cálculos y mediciones.

Nadie se ha parado a considerar qué somos capaces de hacer todavía en la naturaleza. Resulta irónico, puesto que la habilidad para juzgar situaciones de manera intuitiva surge de nuestra necesidad de sobrevivir en un contexto más salvaje. La humanidad ha empleado este tipo de pensamiento para experimentar la naturaleza durante la mayor parte de su historia, y la evolución ha garantizado que no podamos existir sin ella. El ser humano primitivo que debía pararse a pensar para entender lo que sucedía a su alrededor contaba con una gran desventaja frente a uno que percibía cuándo había un enemigo cerca, un depredador peligroso detrás o una posible fuente de alimento delante.

Una vez viajé a las profundidades de la Tierra con un equipo de televisión de la BBC. Agachados, avanzamos por túneles oscuros y retorcidos hasta una fría mina de pizarra en el norte de Gales. No había ninguna pista en los húmedos alrededores que resultara obvia para nadie del equipo, y eso probablemente los motivó a ponerme a prueba y preguntarme si sabía en qué dirección íbamos.

Observé la roca húmeda, iluminada solo por la linterna que llevaba en la cabeza, y contesté:

—Hacia el este.

El experto en seguridad, que conocía la mina al dedillo, confirmó que estaba en lo cierto, pero admitió estar tan perplejo como los demás ante mi «sexto sentido». Después de unos minutos de diversión, revelé que me había fijado en la inclinación de las vetas de la pizarra, conocida por los geólogos como «buzamiento». Todas las rocas sedimentarias comienzan como capas horizontales, pero, a lo largo de millones de años, las fuerzas geológicas las doblan e inclinan; muchas terminan con ángulos espectaculares y adquieren estas tendencias. Al ver que la pizarra que nos rodeaba en el valle de Gales se inclinaba hacia arriba, en dirección sur, usé ese dato para determinar nuestro rumbo en las profundidades de la Tierra.

En ese caso, utilicé una «pista» de manera consciente para responder una simple pregunta. He confiado profesionalmente en este método durante décadas, y mucho de lo que he escrito se centra en este tipo de pensamiento lógico y deductivo. Sin embargo, sucede algo tal vez más interesante cuando el cerebro asume el proceso y toma un atajo. Para cuando salimos de la mina, todo el mundo sabía determinar el rumbo de forma instantánea: la pizarra nos lo mostraba. La idea de no ser capaces de hacerlo era casi cómica.

Al nivel más elemental, no hemos perdido estas habilidades por completo. Imagina que te despiertas en una habitación que está completamente a oscuras, gracias a unas pesadas cortinas, y que oyes un gallo joven que cacarea en el exterior. Puede que no haga falta ningún pensamiento consciente para saber que fuera está saliendo el sol. El ladrido del perro a la hora habitual nos avisa de que el cartero está en camino.

Pero estos ejemplos son infantiles comparados con lo que nuestras mentes son capaces de hacer en la naturaleza. Este libro trata sobre nuestra enorme habilidad en esta área, que el estilo de vida moderno ha aplastado hasta casi hacerlo caer en el olvido y permitir que se atrofie.

Pero ¿cómo sabemos si es posible recuperarla?

Porque unos pocos individuos han conservado estas habilidades, mayormente aquellos que se han sumergido en el estudio de criaturas concretas o paisajes específicos por necesidad o deseo.

A menudo, tribus indígenas de todo el mundo, cazadores expertos y pescadores retienen habilidades extraordinarias y se esfuerzan por recordarnos lo que aún es posible.

En una ocasión, estaba sentado con los miembros de una tribu dayak cuando indicaron que un ciervo iba a aparecer en la cima de una colina; unos momentos más tarde, me maravillé cuando mis ojos se encontraron con los de un muntíaco en el lugar vaticinado. Solo después de hablarlo detalladamente quedó claro que los dayak estaban en sintonía, de manera inconsciente, con la relación entre la sal en las rocas, las abejas, el agua, la hora del día y el claro del bosque, todo lo cual sugería que los ciervos acudirían a lamer la sal en aquel momento.

Los pigmeos de la República Democrática del Congo están acostumbrados a oír la miel.[2] Saben que, cuando hay miel disponible, el sonido de un animal concreto, emparentado con los camaleones, cambia ligeramente. También perciben cuándo un leopardo los observa. Las claves físicas se encuentran en las huellas del suelo, pero un estudio ordinario de estas apenas establece una relación con los depredadores del bosque. En vez de eso, han aprendido a asociar determinadas huellas con una comprensión íntima de los lugares de descanso probables de un leopardo. Huellas frescas cerca de uno de esos lugares implican peligro. Cuando perciben que los están observando, suelen tener razón.

Los cazadores inuit tienen una palabra, *quinuituq,* que se refiere a la profunda paciencia requerida cuando se espera a que suceda algo. Gracias a ella, han desarrollado una relación con el terreno que trasciende análisis rudimentarios. El experto en el Ártico Barry Lopez explicó que los cazadores inuit no solo escuchaban con atención los sonidos de los animales o buscaban sus huellas, sino que iban más allá. «Llevaban puesto» el paisaje, como si fuera una prenda de ropa, y establecían un «diálogo sin palabras» con él. Es importante enfatizar que esto es ciencia, no misticismo. Se trata de una habilidad antigua, no de un producto del *New Age,* que todos hemos nacido para desarrollar. Sin previsiones meteorológicas, muchas personas saben cuando empieza a llover si será un chaparrón o un aguacero más largo. Puede que les cueste explicarlo, pero nos hemos habituado a los cambios en el cielo que indican si se trata de un chaparrón o de otro fenómeno. Nuestros ancestros no solo estaban en sintonía con cambios generales en el paisaje, sino también con aquellos más sutiles, como la manera en que las hojas de la vinagrera se pliegan al avecinarse lluvia.

Una pescadora puede predecir el lugar exacto donde una trucha saldrá a la superficie, aunque al principio le cueste explicar cómo lo sabe. Al pensarlo más tarde, repara en que sus ojos y su cerebro han trabajado juntos para advertir que una nube ha tapado el sol. Los jejenes negros han bajado del cielo por la falta de luz y la trucha ha salido a la superficie para alimentarse. Pero la pescadora de caña ha *percibido* dónde saldría la trucha.

Lo importante no es la ubicación, sino la inmersión. Hace poco pasé unas cuantas horas con David Baskett, un guía de la reserva de la Real Sociedad para la Protección de las Aves (RSPB por sus siglas en inglés) en Minsmere (Suffolk). Caminábamos por la parte más elevada del cordón litoral de guijarros más largo de Europa cuando un par de formas oscuras nos hicieron dirigir la mirada hacia el agua. Unas focas grises jugaron durante un rato cerca de la punta de un rompeolas que se extendía mar adentro. Entonces, David dijo: «Ahora vendrán a la playa».

Las focas se tomaron su tiempo, pero no tardaron demasiado en empezar a trepar afanosamente por la playa de guijarros.

—¿Cómo sabías que iban a salir?

David pareció desconcertado. Lo intenté de nuevo:

—¿Cómo sabías que escogerían este momento y este lugar para salir del agua? ¿Es un hábito diario?

—Eh…, no. —David se miró los pies—. Mmm, no lo sé, la verdad.

Diez minutos más tarde, hablábamos sobre la relación de los pájaros con los vehículos. Ni los coches ni las furgonetas, ni siquiera los camiones, dispersan a los pájaros en Minsmere, pero, en el instante en que se abre la puerta de un coche, desaparecen. Volví a preguntarle sobre las focas mientras mirábamos el Scrape.

—Creo que ha sido por el perro —dijo David.

—¿Había un perro? —Traté de recordar—. Pero ¿los perros no asustan a las focas?

—Sí, eso suele creerse, pero lo cierto es que a las focas les gusta acercarse a investigarlos. Creo que había un perro cuando estábamos allí. Probablemente eso fue lo que me hizo pensar que las focas saldrían. No estoy seguro.

Todavía se pueden encontrar vestigios de esta habilidad en nuestra relación con los animales domésticos. Cuando paseamos a un perro por el parque de una ciudad es bastante fácil saber por la manera en que este se gira si la persona que se acerca por detrás de nosotros lleva un perro o no. El tiempo que pasamos disfrutando de esta manera de experimentar la naturaleza nos ayuda a reconstruir nuestro sexto sentido perdido. Y al hacer de esto una parte habitual de nuestra experiencia al aire libre, pronto descubrimos que el cerebro toma el mando, crea atajos y nos permite sacar conclusiones sin necesidad de emplear el pensamiento consciente. No tenemos que pensar cada paso porque el cerebro ya lo hace por nosotros. Percibimos que hay un perro detrás de nosotros y notamos que mañana hará buen tiempo. De ahí a presentir qué encontraremos al doblar una esquina o qué hará un animal a continuación solo hay un pequeño salto.

Este libro incluye mis propias experiencias, pero su propósito principal es demostrar cómo puedes desarrollar tú este sentido. Para ello, son primordiales las «claves», una variedad de patrones y sucesos naturales dignos de nuestra atención. He asignado a cada uno su propio nombre (por ejemplo, «la cizalladura») para que sean más sencillos de recordar. A lo largo del libro progresaremos del más sencillo al más avanzado. Las claves nos guiarán desde una consciencia más elevada hacia nuestro sentido perdido.

Este libro es la culminación de la búsqueda de toda una vida de la consciencia de la naturaleza, la meta eterna de los naturalistas. Ha sido una exploración en busca del significado en la naturaleza, y estoy en deuda con esa larga tradición. Richard Jefferies, escritor naturalista siglo XIX, creía que había mensajes en las manchas marrones, verdes y rojas de los huevos de pinzón, un alfabeto que encontraba tan atrayente y enigmático como «las extrañas inscripciones de Asiria».[3] Ningún naturalista alcanza las cumbres más altas y, aun así, partimos, con la humilde esperanza, aunque nunca la suficiente, de columbrar la naturaleza desde algún altiplano inexplorado. Travesías bajo las estrellas y a través de los océanos, bosques y desiertos me han llevado al desafío definitivo: obtener una comprensión profunda e intuitiva de mi entorno cercano, conocer de verdad el lugar en el que estoy.

Muy poco de cuanto nos rodea es aleatorio, y con un poco de práctica, podemos aprender a percibir cosas que quizá nos resulten extraordinarias. Comprender cómo y por qué ocurre esto nos acerca a una nueva, y muy antigua, manera de experimentar el entorno; una experiencia de la naturaleza más radical y frecuente durante siglos.

Primera parte

Ancestral y nuevo

Señales salvajes y caminos en las estrellas I

Si te sientas en un trozo de tierra durante diez minutos, verás surgir toda clase de movimientos. Las hojas se mecen en la brisa, las motas de sol acarician el sotobosque, los pájaros pasan volando y los insectos se contonean mientras que las hormigas o los escarabajos tal vez desfilen en procesión. Si escogemos mirar, también veremos el mundo de la quietud, la forma de los árboles, el color de la tierra y las flores, los tonos de las hojas. Cuando nos levantamos y caminamos enérgicamente durante diez minutos, quizá a nuestros ojos se les escape todo excepto las bestias más grandes y las mariposas más llamativas, pero nuestro cerebro está ocupado viendo aquello que creemos que nos pasa desapercibido.

Conducía hacia el oeste por una carretera negra como el betún. A ambos lados había arbustos que para mí eran solo un borrón parduzco moteado, con algún que otro estallido blanco de clemátides. Las siluetas de los árboles desnudos surgían y pasaban de largo. Tenía la mente puesta en el destino, una reunión cualquiera a una hora de distancia, lista para devorar mi mañana y luego desaparecer de la agenda y la memoria. Y entonces, lo sentí. Sentí el sur.

Hace unos años, colisionaron en mi cabeza un árbol y una constelación, y desde entonces, el mundo parece diferente. El sur que vi en ese trayecto fue el resultado de un perfil que he acabado por conocer muy bien. Recibe el nombre de «efecto V». El fototropismo, la manera en que el crecimiento de las plantas se ve influenciado por la luz, lleva a las ramas de los árboles a crecer de manera más horizontal en el lado sur y más vertical en el lado norte. Esto crea una forma similar a la de una V, con un brazo más largo que el otro, reconocible cuando se observa el árbol desde un costado.

Detecté esta forma en un árbol junto a la carretera, uno que ni siquiera estaba mirando, mientras viajaba a unos cincuenta kilómetros por hora. Y su familiaridad me trajo esa sensación cálida que nos sobreviene al reconocer un patrón conocido y agradable.

Unos días más tarde, estaba dando un curso a un pequeño grupo en los South Downs y los conduje hasta un fresno. Lo había escogido entre cientos porque era un ejemplo del efecto V. Reuní al grupo en el lugar perfecto para que vieran el árbol desde la perspectiva ideal. Entonces, me coloqué delante de él y les señalé la forma. Disfruto de estos momentos porque los demás también lo hacen: al señalar algo que podría haber pasado desapercibido, destaca en el entorno natural. Se vuelve sorprendentemente obvio.

Hubo gestos de asentimiento y sonrisas. La mayoría del grupo lo vio de inmediato, excepto dos personas. Volví a intentarlo, de manera más lenta y deliberada, esbozando en el aire la silueta de las ramas que formaban la V. Ni un atisbo de comprensión. Durante el tercer intento, me sentí ligeramente irritado. ¿Cómo podían esos dos no ver lo que estaba claramente delante de sus ojos?

Me sobrepuse a la irritación. No tiene sentido enseñar algo si no sabes encontrar el reto positivo que suponen en este tipo de situaciones. Probé otro camino. Les pedí a las dos personas que entrecerraran los ojos; de esta manera, se filtran los detalles más pequeños, lo cual puede ayudarnos a reconocer formas mayores. Al cuarto intento, todos los miembros del grupo veían el efecto. Y, hacia el final de la tarde, una de las dos personas que habían tenido dificultades para reconocerlo señaló el efecto en un árbol lejano antes de que nadie, ni yo mismo, lo detectara.

Más tarde ese día, mientras me relajaba con una taza de té, traté de empatizar con las dos personas que habían tenido dificultades para advertir la forma. Pensé en que también yo, en algún momento, fui incapaz de distinguirla; comencé a verla cuando me acercaba a la treintena, así que antes debió de pasarme desapercibida. Sin embargo, en ese momento se anunciaba a sí misma, destacaba entre el borrón junto al coche mientras conducía. No era solo la forma lo que ahora me resultaba tan sencillo de ver, sino también su significado. Sabía en qué dirección iba gracias a un árbol, sin ni siquiera intentarlo. Qué extraño, pensé.

La constelación de Orión cabalga sobre el ecuador de la Tierra. Como consecuencia, sale por el este y se pone por el oeste. Además, es visible en todo el mundo, lo que la convierte en una de las constelaciones preferidas para la navegación natural. He acabado por conocerla muy bien y he aprendido a detectar el rumbo a partir de Orión sin pensarlo demasiado. Pero durante muchos años, tuve que hacerlo. Y para que Orión pasara de tener poco significado para mí a anunciar el rumbo al instante, seguramente seguí los mismos caminos de identificación que todo el mundo sigue con las constelaciones, hasta que ocurrió algo inusual.

Lo primero que hacemos es aprender a reconocer el patrón de una constelación. Este fue probablemente el motivo por el que nuestros ancestros concibieron las constelaciones; es casi seguro que fueron inventadas en la prehistoria para contar con algo reconocible y que nos ayudara a dar sentido a una imagen compleja. Nuestros cerebros han evolucionado para identificar y reconocer patrones, algo que nos permite imponer y, luego, encontrar un orden en los miles de estrellas que son visibles por la noche. El cielo nocturno, que de otro modo parecería aleatorio e inabarcable, contiene ahora una serie de patrones identificables.

Cuanto más nos familiarizamos con las constelaciones, más cómodos nos sentimos con el cielo nocturno. Pero lo vital es reconocer los patrones. Hace poco, en un planetario móvil en Gales, escuché una charla de Martin Griffiths, profesor de Astronomía, sobre las constelaciones y los patrones que los celtas veían en el cielo nocturno. Resultó una charla emocionante, pero, por muy fascinante que fuera a nivel cultural, se volvió muy incómoda a nivel psicológico. Observé cómo el profesor echaba por tierra los patrones antiguos que yo conocía y los sustituía por otros. Prácticamente se me revolvió el estómago. Lo revelador fue que ninguna de las estrellas cambió ni se movió de sitio, Griffiths simplemente redibujó los patrones. Un oso mutó en un caballo, un escorpión se convirtió en un castor. Eran pequeños detalles, tal vez, pero perturbaron mi comodidad en el cielo nocturno. Después de la charla, regresé a través de los campos, guiado por patrones más familiares.

Una vez hemos aprendido a reconocer una constelación, como Orión, el siguiente paso en la navegación natural es familiarizarse con su significado en términos de rumbo. En el caso de Orión, no es difícil empezar: dado que sale por el este y se pone por el oeste, si ves que está cerca del horizonte debes de estar mirando al este o al oeste. Si, tras media hora, adviertes que ha subido un poco, estás mirando al este y, si se ha hundido, es que miras al oeste.

El método de Orión es una manera directa de estimar el rumbo aproximado usando un patrón en el cielo nocturno. Yo lo empleaba con frecuencia. No decidí dejar de utilizarlo, pero lo cierto es que ya no lo uso. Ahora, cuando veo Orión, veo un rumbo. No quiero decir que en mi cabeza aparezcan números ni grados ni palabras como «este» u «oeste»; esos son términos para referirnos al rumbo. Lo que ocurre es que *veo* el rumbo. Creo que estarás de acuerdo conmigo en que esto es un poco extraño. Sin embargo es algo que se *ve*. Y pronto también tú verás el rumbo en el cielo nocturno, pero solo como una pequeña parte de un nuevo conocimiento. Más importante aún, recuperarás el sentido necesario para percibir lo que sucede a tu alrededor en la naturaleza. Presentaré las bases del método de Orión más adelante, pero primero me gustaría compartir cómo encaja esto en la pequeña revolución (tal vez «renacimiento» sería una palabra más apropiada, dejo la decisión en las manos de los lectores) de la forma en que percibimos la naturaleza.

Los aborígenes san del Kalahari aseguran que experimentan una poderosa sensación abrasadora a medida que se acercan a un animal al que dan caza,[1] y los aborígenes australianos hablan de orientarse a través de una «sensación». En 1973, cuando el navegante y académico David Lewis preguntó a Wintinna Mick, un aborigen, cómo había encontrado el camino, este le respondió: «Tengo una sensación… Una sensación en la cabeza. He vivido en el campo desde que soy pequeño. Hacia allí está el noroeste».[2] Lewis pensó que lo calculaba en base al sol, pero Mick insistió en que no era así: «Sé que el noroeste está por ahí, no por el sol, sino por el mapa que hay dentro de mi cabeza».

Sabemos que las personas que viven en comunidades indígenas en lugares salvajes tienen un conocimiento de sus alrededores que se nos escapa a quienes vivimos en una sociedad industrializada. El sentido del rumbo conforma solo una pequeña parte de ese conocimiento, pero de ningún modo constituye la más importante.

Durante la Ilustración, también conocida como la era de la Razón, el pensamiento racional se valoraba por encima de la fe religiosa, que había dominado durante siglos. El racionalismo cartesiano y los pesos, medidas y máquinas de la revolución científica prevalecieron. Esto dio origen al esnobismo intelectual; la vanguardia intelectual de la época observaba con escepticismo cualquier sospecha de que el corazón gobernara a la mente. Fue un cambio decisivo y, pese a algunos focos de resistencia y un contraataque más decidido por parte del Romanticismo, ha perdurado hasta el día de hoy. El salvaje no era bueno, solo ignorante. Al corazón se le negó la corazonada.

No solo las comunidades indígenas poseen este conocimiento; los animales también lo tienen, por supuesto, lo cual explica por qué esta forma de pensar se ha considerado a lo largo de la historia, por desgracia, inferior, típica de «bestias» y «salvajes». ¿Qué argumento puede blandirse a favor de la manera en que los miembros de una tribu experimentan su entorno si se la compara con la de una civilización que creó máquinas de vapor y vacunas contra la viruela? ¿Cuán difícil es valorarlo todavía hoy, desde una cultura de viajes espaciales e internet? Hemos ganado mucho gracias a la visión analítica del mundo, pero ¿a qué precio?

Esta preocupación no es nueva. Durante siglos, hemos tenido la persistente sospecha de que, con cada año que pasa, nos volvemos más inteligentes, pero tal vez no más conscientes. William Cowper, poeta inglés del siglo XVIII, lo expresó de la siguiente forma en *The Doves* ['Las palomas']:[3]

Razonando a cada paso que da,
yerra el hombre su camino,
mientras cosas más sencillas, guiadas por instinto,
pocas veces se desvían.

Cowper sabía que, a medida que nuestros mapas mejoraban, perdíamos nuestra comprensión más profunda del territorio.

Años después de reflexionar sobre las formas de los árboles y mis experiencias con Orión, empecé a leer libros y artículos con la esperanza de que me ayudasen a entender lo que sucedía. Gracias al trabajo de muchos investigadores extraordinarios, como los psicólogos Gary Klein, Amos Tversky y Daniel Kahneman, el misterio quedó resuelto. De repente, veía un camino hacia el redescubrimiento de nuestra consciencia natural olvidada.

Poseemos dos tipos de pensamiento y necesitamos ambos, pues cada uno es excelente en determinados aspectos y desastroso en otros. Considera esta improbable situación hipotética: estás en casa, relajado, viendo la tele, cuando un desconocido echa abajo la puerta y entra corriendo en la habitación blandiendo un cuchillo. En este punto, el cerebro ya ha realizado numerosas valoraciones rápidas de la situación. Has tomado decisiones sobre si salir corriendo, defenderte o permanecer inmóvil. El pulso se te ha acelerado, estás sudando y respiras con dificultad. Todo esto ha sucedido de manera automática. Entonces, el intruso te agarra, te coloca el frío filo del cuchillo contra la garganta y te susurra al oído:

—Un coche conduce a cien kilómetros por hora durante dos horas, luego a sesenta kilómetros por hora durante otras dos horas. ¿Cuánta distancia ha recorrido? Si aciertas, te dejaré marchar. ¡Si te equivocas, te mataré!

—Eh… Trescientos veinte kilómetros —contestas.

El intruso te suelta y desaparece en la noche.

En el espacio de un surrealista minuto habéis usado dos tipos diferentes de pensamiento. Algunos psicólogos llaman a estos dos tipos de pensamiento sistema 1 y sistema 2, pero he descubierto que estas denominaciones son demasiado frías como para que resulte fácil recordarlas y que enseguida se vuelven confusas. Daniel Kahneman ofrece unos términos mejores:

rápido y lento, como describe en su libro *Pensar rápido, pensar despacio*. Si tenemos que comparar o calcular elementos, seguir reglas o tomar decisiones deliberadas, pensamos «despacio». Si un sonido nos sorprende, sentimos rabia, percibimos belleza o nos asustamos, pensamos «rápido».

¿Cómo distinguimos un tipo de pensamiento del otro? No hay ningún método infalible, pero la mejor pista es que, si podemos decir que estamos pensando en algo, hablamos de un pensamiento consciente. Lento. Si reaccionamos a algo «sin pensar en ello», entonces es que hemos pensado, pero empleando un sistema que no reconocemos conscientemente. Esto es pensar rápido. Cuando las personas indígenas muestran un conocimiento instantáneo de su entorno sin que parezca que reflexionen sobre ello, emplean el pensamiento rápido. Y estoy convencido de que esto componía una parte mucho mayor de la perspectiva natural de toda la humanidad hace diez mil años y en todo momento previo la primera revolución agraria.

Si imaginamos una escala en la que aparecen el pensamiento rápido inconsciente en un extremo y el pensamiento lento consciente en el otro, nuestros antepasados estarían más cerca del extremo rápido que los indígenas contemporáneos y quienes disfrutamos del ocasional Starbucks estaríamos más cerca del extremo lento. Es importante resaltar que esto no tiene nada que ver con la inteligencia: no se ha producido ningún cambio biológico significativo en el cerebro humano durante este periodo de tiempo. Las diferencias son culturales. O, dicho de otra manera, un humano corriente de hace diez mil años podría resolver el crucigrama de *The Times* tan rápido como su homólogo u homóloga actual si hubieran llevado el mismo estilo de vida y tenido las mismas influencias. Por irónico que parezca, según eminentes historiadores como Yuval Noah Harari es probable que tuvieran más tiempo libre que nosotros, así que puede que hubieran disfrutado de la distracción.

Por suerte, todavía no existe un gran muro entre nosotros y esta manera de experimentar la naturaleza; es solo que esta habilidad se ha encogido hasta el punto de convertirse en una parte menor de nuestra experiencia. Recuerdo que, una vez, di una charla en la ciudad de Saffron Walden, en Essex, y me quedé a pasar la noche en un hotel. La mañana siguiente, durante el desayuno, estaba pensando en ideas para este libro cuando una camarera anciana muy alegre que me estaba sirviendo el té dijo:

—Parece que va a llover.

Estábamos en un espacio interior y, por lo que yo sabía, la camarera no había puesto un pie fuera desde hacía bastante rato. En efecto, para cuando hube terminado mi desayuno, había empezado a llover. Como estaba pensando en el libro, le pregunté cómo sabía que iba a llover. La mujer pareció gratamente sorprendida de que le preguntara algo tan extraño. Pero, tras una breve pausa, se reveló que no había ningún misterio: el cielo se había oscurecido un poco, algo evidente incluso con la poca luz natural que entraba en la sala llena de luz fluorescente. Puede que esto no impresione ni sorprenda a nadie, pero la cuestión es la siguiente: todos conservamos esa habilidad; simplemente se ha marchitado hasta convertirse en unos pocos pronósticos meteorológicos a corto plazo. Sin embargo, no hay nada que nos impida reavivar las habilidades profundas que una vez tuvimos. Como veremos, pocos aspectos ilustran la brecha existente entre lo que podíamos hacer en el pasado y nuestra habilidad hoy como nuestra comprensión del comportamiento animal en la naturaleza.

Si observas a un pájaro volar hacia un árbol, sabrás si va a posarse en él o a pasar de largo. Esto no se debe a que leas la mente del pájaro, sino a que lees su lenguaje corporal. Si crees que no puedes hacerlo, pruébalo. Observa a un pájaro que vuela y escoge el momento en que creas que va a posarse en alguna parte. Será antes de que apoye las patas sobre una superficie. Ahora pregúntate lo siguiente: ¿cómo has sabido que el pájaro iba a aterrizar?

Los pájaros despliegan la cola y alteran el ángulo de vuelo y la velocidad justo antes de posarse en algún sitio, lo que quiere decir que sus cuerpos pasan de estar en posición casi horizontal a señalar ligeramente hacia arriba, y este ángulo se incrementa bruscamente justo antes de aterrizar. Es la manera en que tanto pájaros como aeronaves pasan de volar velozmente por el aire a aterrizar despacio y a salvo sin caerse.

El cerebro recopila y descifra estas claves continuamente lo mejor que puede. Existen miles de ellas a nuestro alrededor, todo el tiempo, e interpretamos muchas sin advertirlo. Tu cerebro sabe que el pájaro está a punto de aterrizar porque tus sentidos le han proporcionado suficiente información, pero aquí viene la parte interesante: si te preguntan por ello, puede que te cueste describir exactamente cómo lo has sabido. El cerebro ha descifrado el lenguaje corporal del pájaro sin molestar a la mente consciente con los detalles; aquí vemos una diferencia clásica entre pensamiento rápido y lento: la parte rápida sabe cosas que la parte lenta es incapaz de articular. Gracias a la fotografía y a meticulosos estudios, ahora sabemos que los patos tienen cuatro etapas diferentes de aterrizaje, y que inclinan la cabeza en un ángulo concreto y llevan las patas hacia delante. Pero ya *sabíamos* esto: sabemos qué aspecto tiene un pato a punto de aterrizar, simplemente no contábamos con clasificaciones científicas para cada una de las etapas.

Imagina que caminas por una zona que no conoces bien y que una amiga te observa desde la cima de una colina empinada. Te ve caminar con rapidez y confianza hasta la cima de una colina discreta y, luego, disminuir la velocidad cuando te acercas a la cima de un peligroso precipicio. Después te pregunta cómo sabías que tenías que frenar antes del gran desnivel.

—Bueno, veía que se acercaba un desnivel importante —respondes.

—Sí, pero ¿cómo? ¿Veías lo que había al otro lado de cada cima? —insiste ella.

—Eh, no. Pero una parecía peligrosa y la otra no. No sé por qué.

Pero, por supuesto, sí lo sabes. El cerebro se ha acostumbrado a advertir las sutiles diferencias en los cambios del paisaje cuando nos aproximamos a una colina suave o a un desnivel más brusco, aunque no apreciemos exactamente lo que está haciendo. Pero el cerebro no es perfecto. Estoy seguro de que alguna vez has avanzado cautelosamente hacia un acantilado y para luego descubrir que solo se trataba un pequeño desnivel seguido de una ligera pendiente hacia abajo. Tu cerebro ha captado el borde empinado y te ha llevado a adoptar una actitud precavida ante la situación. Lo único que ha percibido es que hay un desnivel brusco, no tiene información suficiente para decirte que se trata de uno ligero.

Todo lo que hemos mencionado hasta aquí son cosas evidentes, habilidades que hemos retenido, incluso si pasamos poco tiempo en el exterior en comparación con nuestros antepasados. Pero os demostraré cómo podemos desarrollar semejantes habilidades y llevarlas a un nivel muy superior.

Aquellas personas que todavía pasan largos periodos al aire libre, en especial si se centran en áreas concretas, hablan de esta habilidad superior. El lenguaje puede variar, pero la experiencia es similar y señala un sentido ancestral de extraordinaria

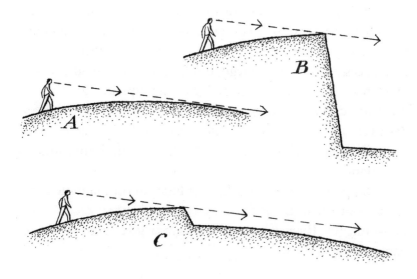

consciencia. Rob Thurlow es el guardabosques del bosquecillo que hay en mi zona y a menudo conversamos sobre nuestras experiencias allí. Ha pasado miles de horas observando el comportamiento de los ciervos.

—A veces, simplemente notas que clavan los ojos en ti —me contó Rob, en alusión a la experiencia bastante habitual de ser consciente de que un ciervo lo había visto, pese a mirar en otra dirección.

Sé exactamente a que se refiere y he tenido la misma experiencia, como muchos otros. Joel Hardin, que se dedicó a rastrear personas de manera profesional para los cuerpos de seguridad de Estados Unidos durante muchos años, a veces tenía una poderosa sensación de que estaba muy cerca de un fugitivo: «Tan solo lo notaba».[4] Y, por lo general, acertaba.

Cuando no está muy claro de dónde surgen estas sensaciones, se las puede catalogar de «paranormales» o atribuirlas a la «intuición» o a un «sexto sentido», pero, cuando usamos palabras o expresiones de este tipo, aludimos al hecho de que ha sido nuestro pensamiento rápido el que ha procesado las pruebas. No hay nomenclaturas correctas o incorrectas para esto (es difícil usar un lenguaje preciso para referirnos algo que no podemos percibir mientras ocurre en nuestra cabeza), pero lo describiré como «pensamiento rápido» o «intuición»: el primero sería siendo el proceso activo y la otra, la habilidad general.

A partir de la sugerencia de que nuestros antepasados lejanos serían capaces de resolver el crucigrama de *The Times* si dispusieran del marco cultural actual se deduce que nosotros podemos recuperar la habilidad de percibir la naturaleza como lo hacían ellos. Quizá suene abrumador, pero lo importante es el marco. Además, lo cierto es que ya usamos esas habilidades cada día en el trabajo y en casa. Solo tenemos que retroceder en la escala cuando nos encontremos al aire libre. A continuación, veremos unos cuantos ejemplos que demuestran que aún somos capaces de hacerlo.

Si alguien te pregunta si es de día o de noche, no tendrás problemas para responder. Si un insecto se te posa en la nuca, lo aplastarás sin titubeos ni contemplaciones.[5] Si ves los árboles meciéndose por la ventana, percibirás al instante que hay viento. Otro día, a través de la misma ventana ves el vapor alzarse del pavimento brillante y el cerebro te dice que hace calor, sin necesidad de que lo preguntes. Caminas por un sendero, bajando por una colina, y a lo lejos ves dos pequeños objetos elípticos brillantes en el suelo del color del cielo. Antes de seguir leyendo, responde: ¿qué son esos objetos brillantes?

Esta pregunta es un poco trampa. He tratado de tenderte una emboscada simpática al pedir que uses el pensamiento lento para algo en lo que el pensamiento rápido es mejor. La respuesta es que estás viendo agua, un par de charcos en el camino que tienes por delante. Puede que lo hayas deducido a partir de las pruebas presentadas, la mayor de las cuales es que esos objetos tienen el color del cielo (vista desde un ángulo bajo, el agua actúa como un espejo). Pero no importa si has encontrado la respuesta antes de leerla, la clave es que, si realmente estuvieras caminando, no te habría hecho falta analizar las pruebas ni pensar detenidamente sobre ello: tu cerebro habría reconocido la forma, color y ubicación de los objetos, los habría comparado automáticamente con aquellos con los que está familiarizado en ese contexto y habría presentado la respuesta. Y esto habría pasado lo quisieras o no. En realidad, no podrías *no* haber reconocido los charcos.

Consideremos situaciones donde usamos ambos tipos de pensamiento. La otra noche salí con mis dos hijos a dar un paseo nocturno. Mientras regresábamos a casa, vimos que las nubes se iluminaban de repente.

—Guau… ¿Qué ha sido eso? ¿Un relámpago? —preguntó Vincent, mi hijo de diez años.

—Sí —respondí.

Para mí, era obvio que se trataba de un relámpago, pero mi hijo pequeño no había acumulado la suficiente experiencia al respecto durante nuestros paseos nocturnos como para reconocerlo de forma instantánea. Tenía que pensarlo. Probablemente, sus engranajes mentales pasaron por un proceso como este: luz súbita muy brillante en una nube..., buscar recuerdos de imágenes conocidas que encajen..., solo una de momento..., ¿un relámpago?

Los tres reconocimos el relámpago, aunque de maneras ligeramente diferentes.

Luego vimos otro.

—¡Ese ha sido grande! ¿Está cerca, papá? —preguntó Vinnie, con una voz un tanto ansiosa.

—No, no está cerca, pero veamos cómo de lejos está. Un elefante, dos elefantes, tres elefantes..., quince elefantes..., veinticinco elefantes... Todavía está muy lejos, a más de ocho kilómetros.

—¿Cómo has hecho eso, papá? —preguntó Ben.

—Contamos los segundos contando elefantes y, luego, dividimos el número por tres para saber los kilómetros, o por cinco para saber las millas.

Como había un poco de viento, no llovía y el trueno no había llegado de inmediato después del relámpago, supe enseguida que no se trataba de una tormenta por la que tuviéramos que preocuparnos todavía; esa reflexión fue intuitiva. Para cuando los elefantes aparecieron en nuestra conversación, todos empleábamos el pensamiento lento para construir una imagen más detallada de dónde se encontraba la tormenta.

Cuando Vincent me preguntó si el destello era un relámpago, su pensamiento rápido había percibido algo que lo había sorprendido y alarmado. Cuando eso nos ocurre a cualquiera de nosotros, el sistema rápido pasa la información al sistema lento para que la analice. Si caminas por la calle de noche y sientes que la persona que se acerca no se comporta de manera normal, empezarás a analizar a la persona y la situación de forma más deliberada. Rápido (percepción) a lento (análisis).

Si estás en una fiesta y oyes tu nombre en una conversación al otro lado de la sala, le prestarás atención. Puede que entonces oigas el resto, incluidas referencias a tu encanto y atractivo (demos aquí el beneficio de la duda a la naturaleza humana). Pero si intentases recordar de qué hablaban esas personas antes de mencionar tu nombre, no podrías, porque no escuchabas con la suficiente atención. El volumen de la conversación no ha cambiado, pero, al centrar tu pensamiento lento y consciente en ella, descifrarás lo que se dice a partir de ese momento.

Lo extraño es lo siguiente: ¿cómo has oído tu nombre, para empezar, si no estabas escuchando con atención en ese momento? Esto es obra del pensamiento rápido inconsciente que vigila el entorno de forma constante en busca de amenazas, y nada es más amenazante para un miembro de la tribu moderna que el cotilleo.

Si lo único que pudiéramos hacer fuera dividir en rápido y lento la manera en que pensamos al aire libre, este sería solo un ejercicio académico y poco haría para mejorar nuestra experiencia o habilidad en la naturaleza. El siguiente paso es fijarnos en cómo y dónde usa el cerebro el pensamiento rápido en vez del lento. Esto es algo sobre lo que he reflexionado mucho durante los últimos años. A propósito, este pensamiento ha sido mayormente «lento», a veces hasta extremos insoportables. No obstante, de vez en cuando, ha habido momentos rápidos. Todos experimentamos momentos rápidos repentinos cuando jugamos o trabajamos. Son poco frecuentes pero deliciosos, y los llamamos «iluminaciones». O momentos «¡eureka!».

«¡Sí! ¡Fantástico! ¡Así resolveremos el problema y llegaremos a la fecha de entrega imposible!». O: «¡Por supuesto! Por eso Helen no ha reaccionado como esperaba. ¡Está enamorada!».

En una ocasión, Gary Player, un golfista de mucho éxito, estaba practicando golpes difíciles para salir de un banco de arena.[6] Consiguió meter la bola en el agujero dos veces seguidas. Un tejano que lo observaba y no podía creer lo que veían sus ojos le ofreció cien dólares si la metía una tercera vez. La pelota entró. El tejano le dio el dinero y añadió que pensaba que Player era la persona con más suerte que había visto nunca.

—Bueno, cuanto más practico, más suerte tengo —respondió Player.

Estoy seguro de que no era la primera persona en usar esa frase, y tampoco será la última, pues todos sabemos que, para perfeccionar nuestras habilidades, hay que dedicar tiempo a la repetición. «Perfeccionar nuestras habilidades» es otra manera de decir que el pensamiento rápido se vuelve más hábil con la práctica. Las habilidades que precisamos en la naturaleza no difieren de las habilidades necesarias en el deporte ni de ninguna otra: requieren práctica.

El yunque del sol[1]

El objetivo era alcanzar el mar en la costa norte de Creta y, luego, dirigirnos al sur hasta que lo alcanzáramos en la costa sur, sin usar ningún mapa ni instrumentos de navegación. Eran unos cuarenta y dos kilómetros a vuelo de pájaro, pero no íbamos a volar ni a seguir muchas líneas rectas. Calculé que debíamos prepararnos para caminar el doble de esa distancia. También estaba la cuestión de la cordillera de dos mil cuatrocientos metros que había en nuestro camino.

Los auténticos desafíos eran el calor, el agua y el peso. Era septiembre y la tierra estaría reseca. Quería que fuéramos capaces de caminar hasta cuatro días sin necesidad de agua ni comida adicionales. Pero caminar durante cuatro días por un terreno montañoso cargando una mochila y con temperaturas de hasta treinta y siete grados centígrados requiere mucha agua. Y el agua pesa. Cuanta más agua lleváramos de entrada, más pesadas serían nuestras mochilas, más duro el camino, más lento nuestro ritmo y más agua necesitaríamos. Era un molesto rompecabezas. Me pareció que la mejor solución era llevar quince litros y medio cada uno. Para evitar una emergencia, el plan era no tocar la reserva de tres litros a menos que hubiéramos tirado la toalla, sacado el mapa de emergencia y el GPS y regresáramos a la civilización. Y no tocaríamos el último litro hasta que el final estuviera a la vista. Puede que esto suene un poco duro para tratarse de un paseo vacacional, pero he conocido a personas que han muerto por un golpe de calor, y puede ser súbito. Para ser sincero, era el único riesgo que temía.

En Panormos, una pequeña ciudad en la costa norte, mi buen amigo Ed y yo comprobamos nuestro propio equipo y el del otro. Metimos botellas de agua en las mochilas, las sujetamos al exterior, nos llenamos el estómago de agua fresca, luego tocamos el mar y comenzamos a caminar hacia las calurosas colinas.

Una de las mayores frustraciones de la navegación natural es que es difícil aplicar el derecho de paso en entornos semisalvajes. La naturaleza no indica los derechos de propiedad como lo hace con el rumbo y el terreno. No había pasado mucho tiempo cuando un pastor salió de un cobertizo destartalado y comenzó a discutir con nosotros en griego a toda velocidad. Las palabras se nos escapaban, pero el lenguaje corporal era fluido y fácil de comprender: nos estaba diciendo que volviéramos por donde habíamos venido. Nuestro sencillo plan no nos permitía volver sobre nuestros pasos: teníamos un límite de tiempo, reforzado por la cantidad limitada de agua, así que probamos varias formas de ganarnos su simpatía para que nos dejara pasar. Se enfadó. Optamos por una táctica diferente.

Había leído un poco sobre la historia de Creta, y las montañas todavía están manchadas con los oscuros recuerdos de la Segunda Guerra Mundial. Durante la ocupación nazi había habido valientes focos de resistencia y, luego, había tenido lugar una masacre a manos de los alemanes. Todavía hay armas desperdigadas y es visible el espíritu independiente y orgulloso de los cretenses, especialmente en las zonas rurales de montaña por las que íbamos a viajar.

—Somos de Londres, Inglaterra.

No sé si esa frase ayudó o si fue una coincidencia, pero el ambiente se suavizó y, pronto, estábamos otra vez en marcha. Todos los encuentros siguientes fueron muy amistosos. Incluso nos ofrecieron llevarnos en el viejo tractor de un olivarero, oferta que rechazamos con educación. Aquello iba contra las normas del extraño juego de costa a costa al que habíamos decidido jugar.

Un paso pesado tras otro, avanzamos cuesta arriba.

—Transparente.

—Transparente.

Uno de los hábitos menos agradables que establecimos desde el principio fue controlar (y comunicar) el color de nuestra orina. Sabíamos que se volvería más oscura a medida que los senderos se hicieran más empinados y nos expusiéramos a la deshidratación, así que queríamos mantenerla del tono ambarino correcto.

Éramos conscientes de que el primer día iba a ser duro. Hacía calor en la ladera, las mochilas transportaban su peso máximo y casi todo el camino era cuesta arriba. Ed me distrajo del bochorno al preguntarme si la alineación de los invernaderos podía usarse para encontrar el rumbo. No estaba seguro, pero tomé nota mental para comprobarlo. Resultó que la orientación norte-sur es preferible, a menos que no haya suficiente luz en verano; en ese caso la orientación este-oeste es mejor. Así que tal vez.

Al final del primer sudoroso día, desenrollamos nuestras esterillas de gomaespuma y nos sentamos junto a un cobertizo en la sierra que estábamos atravesando. Nos habíamos esforzado mucho y no estaba seguro de que el calor fuera a permitirnos seguir el ritmo los días siguientes, pero quizá no hacía falta. Y si lo hacíamos, al menos habría trayectos cuesta abajo y nuestras mochilas pesarían cinco kilos menos cada día.

Comimos un poco de curri precocinado y vimos salir las estrellas. Establecí algunos tránsitos (alineando la Estrella Polar sobre unas rocas) para tener una brújula fiable en caso de que, por la mañana, el sol se ocultara tras las nubes. Luego nos acostamos al abrigo de miles de estrellas.

Fue Ed quien comenzó con las palabrotas, pero yo me sumé pronto. Los mosquitos llegaban en oleadas. Nos embadurnamos de repelente y volvimos a acostarnos. Después de un día como aquel, habrían hecho falta mosquitos del tamaño de ratas para mantenernos despiertos toda la noche, pero sí que nos desvelábamos de vez en cuando y los sentíamos zumbar y picarnos en la cara. Sucedía con tanta regularidad que descubrimos un patrón. Cada vez que nos despertaban los mosquitos, el cielo estaba cubierto. No había ninguno cuando estaba despejado. Era tan fiable que nos acostumbramos a esperar a que las nubes pasaran antes de cerrar los ojos, a sabiendas de que volveríamos a despertarnos cuando llegara el próximo banco.

Llevaba con nosotros toda la gama de técnicas de navegación natural que mi cabeza había almacenado durante las últimas dos décadas. Sin embargo, no cabía duda alguna de que, a menos que el clima se comportara de forma muy extraña, el sol sería nuestra brújula principal.

A principios de septiembre, el sol se alza y se pone unos cuantos grados al norte del este y el oeste, y se encuentra en dirección sur al mediodía. La cuestión fundamental era cómo cambiaría su curso entre esos momentos. No es un proceso uniforme. El comportamiento del sol varía de manera más dramática a mitad del día que hacia el principio o el final. En cualquier expedición seria, intento controlar esto calculando a qué hora pasará el sol por el sureste y el suroeste. Así, obtengo una buena medida de su recorrido a lo largo del día: cuanto más cerca del mediodía sucede (y es siempre equidistante), más dramático será el cambio alrededor de la hora del almuerzo. He descubierto que esta es la manera más rápida de familiarizarse con el sol como brújula.

Todo comienza con la rutina de cotejar la hora con la dirección del sol. Teníamos relojes; nuestra única concesión a la modernidad. ¿Qué hora es? Es decir, ¿a qué lado de la hora del sureste estamos? Media hora antes; de acuerdo, eso significa que el sol debe de estar algunos grados hacia el lado este del sureste. Podíamos usar esa información para escoger un punto como objetivo, idealmente a media distancia o más lejos, y repetir el proceso tal vez una docena de veces al día a campo abierto, mucho más a menudo en el bosque o en un terreno difícil.

Entonces comenzó a suceder algo mucho más interesante. En algún momento, tal vez hacia el final del segundo día, las comprobaciones formales se volvieron mucho menos frecuentes y las informales mucho más comunes. Puede que esto no suene muy profundo, pero yo creo que lo es. Las deliberaciones ligeramente lentas ya no eran necesarias: teníamos una noción de dónde estaba el sol en el cielo y la dirección que indicaba. Nuestros cerebros habían sido delicadamente forjados para seguir un nuevo patrón de pensamiento. Esto es el yunque del sol. El significado que encontramos en el sol se había vuelto intuitivo.

Al día siguiente, el cambio se había asentado. Era difícil saber cuándo pensábamos siquiera en ello: el sol simplemente estaba allí, guiándonos de manera efectiva y en silencio, en cualquier dirección que escogiéramos ir. Así es como muchas personas indígenas usan el sol hoy en día y como lo hicieron en su momento nuestros antepasados.

A veces, el sol se escondía tras las nubes, e incluso nos cayó encima algún chaparrón, lo que nos dio la hermosa oportunidad de guiarnos con el arcoíris. El cielo era una mezcla de nubes claras y oscuras, con el sol bien oculto detrás de la cresta de una montaña, y un arcoíris apareció frente a nosotros, lo que añadió preciados colores al árido marrón de la sierra al otro lado de un amplio valle. Fue extraordinario. Sentía cómo el patrón se manifestaba ante nosotros otra vez.

Si nos imaginamos un arcoíris como parte de un círculo completo, entonces el centro de ese círculo siempre estará justo enfrente del sol; por esta razón, tanto al principio como al final del día, los arcoíris son grandes semicírculos. Para guiarnos con el arcoíris, solo tenemos que pensar dónde se encuentra el sol en el cielo; el arcoíris estará ciento ochenta grados en la dirección contraria. Pero esto requiere cierto cálculo consciente. Es bastante sencillo, pero la diferencia con las horas anteriores, en las que nos habíamos orientado intuitivamente con el sol, era notable. La práctica había pasado la brújula del sol del pensamiento lento al pensamiento rápido, y el arcoíris había revertido el proceso de nuevo. Si el arcoíris hubiera durado el tiempo suficiente, sin duda habríamos aprendido a usarlo de manera intuitiva, como habíamos hecho con el sol, pero la lluvia pasó y no tuvimos la oportunidad.

En nuestra pausa para almorzar del segundo día, descansamos a la sombra de una sala de ordeño de cabras. Más por diversión que por necesidad, coloqué una moneda al final de la sombra que arrojaba una pieza de hierro oxidada. Después de un almuerzo de frío chili con carne y plátano deshidratado, coloqué una segunda moneda al final de la posición más reciente de la sombra; la línea que las unía marcaba el este-oeste en el suelo.

Unas horas más tarde, pasamos por delante de una casa con objetos de playa secándose fuera. Era satisfactorio pensar que, a menos que nos hubiéramos equivocado terriblemente, las señales del mar que veíamos probablemente procedían de la costa sur y no de la norte.

La segunda tarde fue horrible. En un intento de seguir por un terreno elevado, que, por lo general, es una buena táctica, nos quedamos atrapados en un laberinto de estribaciones que se entrelazaban. Las empinadas subidas y bajadas que se alternaron de manera brutal durante unas cuantas horas bajo un cielo nublado nos dejaron cansados y desalentados. Juzgamos nuestro progreso basándonos en la distancia que creíamos haber recorrido en dirección sur. Las estribaciones nos habían obligado a ir en dirección este y, luego, hacia el oeste, haciéndonos trabajar como bestias sin permitirnos avanzar hacia el sur. Decidimos montar el campamento una hora antes de que anocheciera; siempre que resulte posible, intento tener una cama y un plato de comida, por muy básico que este sea, listos antes de que se ponga el sol.

Encontramos un claro entre los árboles que parecía perfecto. Había unos cuántos huesos de animales de más, pero eran mucho más fáciles de apartar que las rocas infinitas de la mayoría de los lugares que habíamos considerado. Había túneles cerca, en el denso sotobosque, y era evidente que nos encontrábamos junto a una red de senderos de animales, pero, como sabíamos que en Creta no había animales que tuvieran que preocuparnos, no le dimos más importancia.

Después de cenar, Ed y yo nos dedicamos a analizar las diversas brújulas que empezaban a formar las estrellas: Escorpio y el Triángulo de Verano señalaban el sur; el Cisne, Casiopea y el Carro, la Estrella Polar. De nuevo, establecimos tránsitos para ver por la mañana los indicadores marcados en el suelo.

El resto de la noche fue de todo menos relajante. Cuando nos habíamos acomodado y dado las buenas noches, oímos un vehículo aproximarse por uno de los muchos caminos de tierra que rodeaban la montaña. Se oía lo bastante cerca como para ver las luces, pero no vimos ninguna. Entonces oímos el primer disparo. Los insultos a los mosquitos de la noche anterior no eran nada comparadas con las blasfemias que resonaron entonces por las montañas.

La caza es el pasatiempo más popular en esas zonas salvajes de Creta. Estaba claro que alguien estaba disparando, no directamente a nosotros, pero sí muy cerca. En nuestro agotamiento, habíamos levantado accidentalmente el campamento en un lugar excelente para cazar animales. Encendimos las linternas que llevábamos en la cabeza, y yo saqué una más y activé el modo intermitente. Luego rebusqué en la bolsa que llevaba en el fondo de la mochila, que contenía las cosas que no pensaba que fuéramos a necesitar, y comencé a romper palitos luminosos y a colgarlos de los árboles. Tenía la adrenalina por las nubes. Posiblemente habíamos acampado en una propiedad privada, aunque en una zona semisalvaje, y no tenía claro si debíamos dar saltos o quedarnos lo más quietos posibles. Optamos por lo segundo, nos acostamos y escuchamos. Hubo unos cuantos disparos más y, luego, oímos como el vehículo arrancaba y se alejaba.

Fue el tipo de experiencia que me habría mantenido despierto durante una hora en un día normal, pero, después de dos días de mucha actividad física, pronto comencé a adormecerme.

Minutos más tarde, me incorporé de golpe y volví a encender la linterna frontal. El haz iluminó el rostro de un gato asustado. Estaba a dos metros de mi cara, mirándome fijamente. Era notablemente más grande que un gato doméstico, pero los rasgos eran similares. Se quedó quieto durante un segundo, como para calcular quién dominaba el encuentro. Permanecí inmóvil y le devolví la mirada. Luego, salió disparado y se adentró en el sotobosque.

—¿Qué era eso? —preguntó Ed.

—No lo sé —contesté.

—¿Por qué has encendido la linterna?

—He debido de oír algo.

Pero no estaba convencido. El animal había sido muy silencioso al huir y dudaba que hubiera hecho algún ruido que pudiera despertarme. Quizá nunca sepa qué provocó que me incorporara y encendiera la linterna. Aún recuerdo la cara del animal, y solo pudo tratarse de una especie: un gato cretense. Es extremadamente raro y, durante muchos años, se creyó que estaba extinto. Ahora valoro ese recuerdo, pero en aquel momento quería dormir en paz, sin tiros ni felinos raros.

Mientras desayunábamos a la mañana siguiente, buscamos las huellas del gato salvaje. Estaban allí, pero también había cientos de otras. El claro era un campo de muerte, repleto de miles de pequeños huesos. Era difícil saber quiénes eran los responsables de la mayoría de las muertes, si los depredadores o los humanos.

Decidimos renunciar al terreno elevado y bajamos al valle. El sol volvió a salir y avanzamos bastante, nos dirigimos hacia el sur a través de paisajes rocosos y olivares.

A la hora del almuerzo del tercer día, vimos civilización a lo largo de la costa y la recibimos con agrado, en especial porque las reservas de agua comenzaban a escasear. La temperatura volvió a subir mientras descendíamos y llegamos a la costa aquella tarde. Alcanzamos la playa cojeando, metimos las manos en el mar y sacamos fotos para inmortalizar el momento. Luego, estudiamos los carteles de hoteles y restaurantes para descifrar dónde nos encontrábamos exactamente. Descubrimos que estábamos en un lugar llamado Agia Galini, que significa 'paz sagrada'. Ninguno de los dos había oído hablar nunca de ese sitio. Resultó que estaba justo al sur de nuestro punto de partida en Panormos. Sin embargo, la suerte tuvo tanto que ver como nuestro juicio. Algunas partes de nuestros cerebros se dejaron moldear por el yunque del sol y permitimos que hicieran el trabajo duro. Estoy convencido de que no nos habría ido tan bien si hubiéramos confiado demasiado en el pensamiento inteligente y lento.

Señales salvajes y caminos en las estrellas II

Antes he prometido la clave para orientarse con Orión. Lo único que hay que hacer es añadir un par de patrones secundarios a la forma de la constelación y, luego, practicar para reconocerlos. El cerebro se encargará del resto con gusto; le encanta tomar atajos rápidos y automáticos siempre que puede, algo que ha sido esencial para la supervivencia de nuestra especie. Sentados alrededor de una hoguera en la selva amazónica, los miembros de una tribu oyen los cantos de alarma de los pájaros en los árboles y reflexionan lenta y conscientemente sobre su significado. Pero los supervivientes del ataque del jaguar no se detienen a pensar en su significado una segunda vez; se largan.

En su viaje del este al oeste, Orión sube «rodando» por el cielo meridional para más tarde bajar. Cuando llega a lo más alto, se encuentra en el sur. En la práctica, esto significa que la orientación y la altura del patrón que conocemos como Orión son pistas que nos indican dirección. Y cuando adquirimos suficiente práctica a la hora de reconocer estos tres patrones (la forma de la constelación, su orientación y su altura), el proceso se vuelve intuitivo. Aprendemos a ver el rumbo en el cielo nocturno «sin pensar en ello». La misma táctica puede aplicarse a todas las constelaciones. Algunas requieren más práctica que otras y muchas tienen estaciones, pero si escogemos hacerlo, podemos aprender a ver el rumbo; es decir, a percibir el significado de las constelaciones como hacemos con la aguja de una brújula. La primera vez que alguien ve una brújula, la aguja carece de significado.

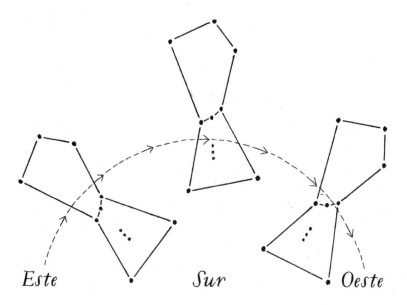

Este   Sur   Oeste

Para empezar, nos interesa que el método Orión resulte tan sencillo como sea posible. La altura es de gran ayuda: cuanto más alto está Orión, más cerca del sur estamos mirando. Orión tiene un cinturón; es fácil reconocerlo, ya que es el único lugar del cielo nocturno donde veremos tres estrellas brillantes formar una línea recta corta. Bajo su cinturón cuelga la espada de Orión. Mientras Orión rueda de este a oeste, pasando por el sur, el ángulo de la espada cambia en relación con el horizonte. Si pensamos en ella como una aguja en un indicador, pasa de apuntar en el lado izquierdo al este, al sur en el medio y termina señalando al oeste. Si comparas las ilustraciones de arriba y las de la página siguiente, lo verás claramente.

Lo único que tienes que hacer ahora es practicar asociando la «espada-aguja» con el rumbo. Las primeras veces hará falta pensar despacio, pero si perseveras, advertirás que el nivel de esfuerzo desciende. Esto puede ocurrir de forma bastante súbita y es señal de que el cerebro ha automatizado parte del proceso. Tal vez te cueste identificar Orión durante un par de noches, pero, al cabo de una semana, lo difícil será no encontrarlo. De todos modos, en este punto todavía se tarda un mo-

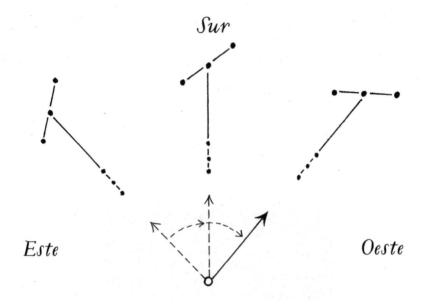

mento en descifrar en qué dirección está alineado, y esto será así durante una quincena. Entonces, unas semanas más tarde, cuando hayas aparcado el coche, te estés preguntando qué preparar para cenar y tu mente esté a kilómetros de distancia del cielo nocturno, de repente lo verás: el sur en el cielo.

Orión no es visible de mayo a julio; reaparece en agosto antes del alba y vuelve a marcharse después del crepúsculo a finales de primavera. Pero todas las constelaciones siguen patrones regulares de movimiento, así que podemos desarrollar este método con las estrellas que escojamos. Orión es el actor principal porque fue el primero en señalarme cómo mi comprensión del cielo nocturno había experimentado el cambio sobre el que versa este libro. En verano, os animo a buscar el Triángulo de Verano, tres estrellas brillantes (Altair, Deneb y Vega) que forman un triángulo en el cielo nocturno. Cuando se encuentra en su punto más alto, forma una flecha que señala el sur. De nuevo, puede que necesites buscarlo un poco las primeras veces y que, luego, necesites esforzarte un poco más para ver cómo señala al sur. Pero pronto llegará el momento en que percibirás la señal y su significado.

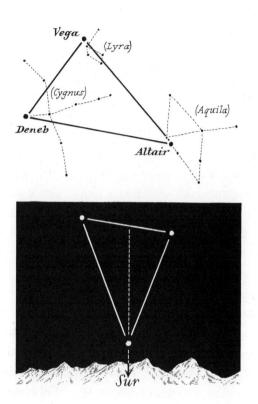

Este es un momento que saborear y celebrar. Pero, poco después, te recomendaría que explicases este método, paso a paso, a una víctima bien dispuesta entre la familia o los amigos, porque entonces tendrás una visión clara del camino que has recorrido. Percibirás cosas que ellos no perciben. No las estrellas, sino patrones que quizá otras personas tengan que buscar, y comprenderás su significado de manera instantánea en un cielo que para ellos aún no tiene ninguno.

El cielo nocturno no ha cambiado, pero, con un poco de práctica, la manera en que lo percibimos sí puede transformarse. Como escribió el polímata victoriano John Ruskin, «el primer gran error que cometen las personas al respecto es suponer que, si una cosa está delante de sus ojos, la verán».[1] Saber lo que tenemos que buscar, junto con un poco de práctica, puede llevarnos a percibir mucho más de lo que nuestros ojos nos muestran de entrada. Y esto es aplicable al resto de los sentidos.

Un guarda forestal de la Real Sociedad para la Protección de las Aves (RSPB por sus siglas en inglés) me explicó una vez que la palabra más común para describir la reserva en los formularios de valoración es «silenciosa».[2] Le parecía «extraño, dado lo ruidoso que es el lugar». Esta es la diferencia entre alguien que encuentro significado en el sonido y el hábito moderno de clasificarlo como ruido general. Richard Jefferies hizo hincapié en que las estaciones llegan antes para aquellos que están acostumbrados a percibirlas: «Es muy probable que un chico de campo al que poco le importa el canto del cuco excepto para imitarlo lo oiga dos días antes que aquellos que han estado escuchando con la mayor atención».[3]

Si sabemos que existen dos sistemas, dos maneras muy diferentes de experimentar y comprender el mundo exterior, es natural preguntarnos cuál es su explicación biológica.

Diferentes partes del cerebro se ocupan de tareas distintas. Todos los vertebrados poseen un «cerebro ancestral», una serie de estructuras conocidas como sistema límbico. Permite las reacciones rápidas, las emociones y muchas cosas que podríamos describir como pensamiento o comportamiento animal; también está relacionado con la memoria y el aprendizaje, y se desarrolló muy pronto durante la evolución animal. Es la parte del cerebro que compartimos con la mayoría de los animales, incluso con algunos bastante primitivos, razón por la cual a veces recibe el sobrenombre de «cerebro reptiliano».

Dentro del sistema límbico, la amígdala, dos áreas con forma de almendra, es la responsable del aprendizaje emocional y el condicionamiento del miedo, incluida la respuesta de «lucha o huida». El grupo que conocimos brevemente en el Amazonas huyó de los sonidos de los pájaros al oírlos por segunda vez en la jungla porque la amígdala había hecho una nota mental de que sus mejores amigos habían sido devorados por un jaguar poco después de que eso ocurriera por última vez. Fue una experiencia traumática, y la amígdala sabe que no nos gustan los traumas. Hace todo cuanto puede para ayudarnos a evitarlos registrando constantemente patrones y sus consecuencias.

El cerebro humano también contiene el neocórtex. Este es más pesado que el sistema límbico, pero muy poderoso. Puede hacer cosas para las que el sistema límbico no está capacitado, como calcular la raíz cuadrada de 256, controlar el habla, comparar la forma y el tamaño de dos objetos y tomar la decisión de discutir sobre política y religión.

Imagina que un amigo íntimo que siempre ha gestionado sus finanzas de forma desastrosa te pide que le prestes una gran suma de dinero. El sistema límbico se encargará de provocar la reacción instintiva a esa petición. Si estás de acuerdo con ello, el neocórtex te ayudará a decidir si puedes permitirte el préstamo.

La amígdala controla constantemente nuestro entorno y desencadena acciones u otras respuestas. Es esta región la que nos permite espantar una avispa antes de que seamos realmente conscientes de ella. Siempre que detecta algo que no le gusta o de lo que no está segura, se lo manda al neocórtex para que lo compruebe. Si alguna vez te has sentido inquieto ante una situación pero no has sabido de inmediato por qué, el neocórtex está recibiendo una señal del sistema límbico y trata de descifrarla. «Algo no va bien» es parte del vocabulario del sistema límbico.

El psicólogo suizo Carl Jung creía que este proceso explicaba la lógica detrás de muchos presagios, supersticiones y otros comportamientos que los racionalistas a veces consideran extravagantes.[4] Los nativos americanos pueblo alteran sus planes por un cambio de humor; un antiguo romano que tropezaba al salir de su casa abandonaba lo que fuera que iba a hacer. Para Jung, estas no eran acciones irracionales, sino decisiones de personas que estaban más en contacto con el significado de señales en conflicto. Según esta teoría, nos resbalamos o tropezamos porque el cerebro lidia con las señales que todavía tenemos que descifrar; en palabras de Jung, estamos en un «estado de distracción psicológica». Veremos más pruebas de la lógica detrás de esta teoría cuando abordemos cómo el viento influye en la comprensión de nuestro entorno.

Nos acercamos a los elementos básicos necesarios para tener una mejor percepción del entorno natural. El sistema límbico está involucrado en nuestras reacciones más rápidas, nuestras emociones y nuestro aprendizaje. Esta última parte es crucial, ya que el sistema límbico tiene la habilidad de aprender, y podemos mejorar rápidamente nuestra capacidad de comprender situaciones. Todos conocemos el dicho «gato escaldado, del agua fría huye», pero los beduinos van más allá: «Aquel al que ha mordido una serpiente, salta al ver una cuerda».[5] Las experiencias pasadas moldean nuestra percepción y nuestras futuras reacciones.

Este aprendizaje no se limita a simples reacciones de emergencia. Puede incorporar mucha más información de los sentidos y opera en situaciones mucho más complejas. Hay médicos experimentados que se centran en un diagnóstico antes de que puedan explicarse a sí mismos, mucho menos a los pacientes, cómo han llegado ahí. Un detective que interroga a un sospechoso «sabe» que algo no encaja en su declaración antes de identificar qué es. En 1856, en los albores del auge de los detectives ingleses, un periodista ansioso por satisfacer la curiosidad del público sobre estos nuevos profesionales entrevistó a uno de ellos. El detective explicó cómo había capturado a un carterista hacía poco: «Ni siquiera lo sé yo mismo. Había algo en él, como en todos los miembros del crimen refinado [carteristas que trabajan en grupo], que inmediatamente me llamó la atención y me llevó a fijarme en él. No pareció notar que lo observaba y se sumó a la multitud, pero entonces se volvió para mirar hacia el lugar donde me encontraba: con eso me bastó, aunque nunca lo había visto y, hasta donde yo sabía, aún no había intentado robar a nadie. Enseguida me abrí paso hasta él…».[6]

Charlotte Brontë describía esta habilidad como una «sensibilidad; esa facultad del detective, peculiar y perceptiva».[7] La palabra «peculiar» aquí hace referencia a la cualidad misteriosa de la habilidad, porque sus mecanismos no están abiertos a nuestro propio análisis. No nos parece «peculiar» la habilidad de alguien para averiguar cuánto pesa un trozo de mantequilla o la extensión de la superficie de un jardín, porque cada uno de nosotros puede describir, escribir, analizar y experimentar el método, paso a paso. Pero el pensamiento intuitivo no se somete a disección con tanta facilidad. Esto no quiere decir que no pueda desarrollarse; y así, comienza el juego, como podría haber dicho Sherlock Holmes. Al centrar nuestros esfuerzos y observación en ciertas áreas, podemos desarrollar nuestra percepción hasta un nivel notable.

Los científicos han demostrado que llegamos a conclusiones sobre situaciones antes de saberlo con regularidad. Es posible captar las respuestas tempranas «reptilianas» controlando las palmas de las manos, que sudan antes de que la mente consciente haya evaluado una situación. En una serie de experimentos con tarjetas de colores y apuestas, unos científicos de Iowa demostraron que los jugadores pueden sentir un patrón en las cartas bastante antes de poder explicarlo.[8] En un experimento que consistía en dar la vuelta a las cartas, los participantes detectaron el patrón cuarenta cartas antes de ser conscientes de ello.

La psicología ha llevado a cabo muchas pruebas de laboratorio, pero Gary Klein decidió centrar sus investigaciones en cómo la experiencia de las personas moldeaba su percepción y la toma de decisiones en la vida real y, a menudo, en situaciones peligrosas. Hizo uno de sus descubrimientos más ilustrativos al investigar cómo un equipo de bomberos había evitado un desastre por muy poco. El jefe de bomberos había percibido de repente una sensación de temor y había ordenado que todos saliesen del lugar de inmediato. Poco después, el suelo en el que se encontraban se hundió en el infierno que había debajo.

A Klein le interesaba mucho entender qué había provocado la decisión de evacuar el edificio, pero el bombero no era capaz de explicarlo. Pensó que la «percepción extrasensorial» lo había salvado en esa ocasión y muchas otras, pero Klein no estaba convencido.[9]

Resultó que se había dado toda una serie de pequeños indicios de que el fuego no se comportaba como la experiencia dictaba que debía hacerlo. Hacía más calor de lo que el bombero esperaba, no reaccionaba al agua de la manera en que un fuego como ese debería haberlo hecho y era más silencioso de lo normal. Todo aquello era señal de que había un fuego ardiendo por debajo, no solo delante, pero en aquel momento eran pistas «subliminales», típicas del pensamiento rápido: los sentidos las detectan y el cerebro las registra, pero de una manera inconsciente para el individuo. La experiencia del bombero desencadenó la misma profunda sensación de inquietud a la que Jung y otros se han referido. El buen liderazgo salvó vidas, pero la psicología no debería sorprendernos. Este es precisamente el objetivo para el que esa parte de nuestro cerebro ha evolucionado: para tomar decisiones rápidas basadas en la experiencia que nos permitan vivir otro día más.

La mayoría de los investigadores contemporáneos reconocen de pasada que el pensamiento rápido límbico tiene sus raíces en la evolución y que deriva de nuestra necesidad original de sobrevivir en un entorno natural. Sin embargo, existe la presunción silenciosa de que nuestro entorno original carece actualmente de relevancia. No obstante, muchos todavía pasamos tiempo en el exterior y estos sistemas siguen siendo la clave para llevar la experiencia a otro nivel.

La extraordinaria capacidad de evaluar situaciones en incendios, operaciones médicas y salas de interrogatorio deriva de la habilidad de nuestros ancestros para percibir qué ocurría a su alrededor en la naturaleza. Si los profesionales todavía la usan, se deduce que los amantes de la naturaleza también pueden. De hecho, dado que esta habilidad evolucionó para ayudarnos a prosperar dentro del mundo natural, estamos mejor dispuestos que ninguno de ellos para volver a desarrollarla.

«Gato escaldado, del agua fría huye» significa que aprendemos de las situaciones que asociamos a malas experiencias y que vacilamos o huimos ante ellas. La expresión se emplea ahora en un contexto contemporáneo: si hemos caído una vez en un timo financiero por correo electrónico, dudamos cuando nos encontramos en una situación similar en vez de volver a caer en la misma trampa. Pero la costumbre deriva de la habilidad del cerebro de aprender de nuestro entorno natural: vacilamos antes de acercarnos a las avispas porque sabemos lo que se siente cuando nos pican.

La primera vez que oí unos terribles gritos nocturnos, me giré para hacerle frente sin pensar; mi sistema límbico le había dicho a mi neocórtex que estaba sucediendo algo alarmante pero no identificado y que necesitaba descubrir qué ocurría. Corrí hacia el sonido con el temor de que algo estuviera atacando a nuestro tímido gato doméstico en la oscuridad.

Al llegar a la fuente del alboroto oí crujidos y, luego, silencio. Estaba desconcertado, preocupado y no podía explicar lo que había sucedido. A la mañana siguiente me dirigí a la escena e investigué: en la tierra se veían claramente huellas de tejón y señales de pisadas entre los arbustos. ¡Ajá! Conque así suena una pelea de tejones... La tercera vez simplemente agarré mi linterna y me acerqué corriendo de puntillas hasta un lugar desde donde sabía que podía estudiar el margen del bosque. Allí disfruté observando a dos tejones macho enfadados escabullirse a la luz de mi linterna, como un par de patanes camorristas a los que han echado de un *pub*.

Los cimientos

Entender la ciencia me aportó dos cosas a nivel personal. Primero, explicó mis experiencias con las formas de los árboles y las constelaciones. Y, lo que es más emocionante aún, iluminó las lagunas de mi experiencia: me indicó lo que aún no hacía y lo que todavía era posible.

Animado, me dirigí al exterior, me interné en las montañas y me detuve de repente, abatido. Aún se interponía un gran obstáculo en mi camino: no entendía los cimientos del pensamiento rápido. ¿Cómo podía reconstruir algo si no sabía de qué estaba hecho? Ahora comprendía experiencias esporádicas con tejones, árboles y estrellas, pero no veía cómo desarrollarlo de manera metódica. Era como si, tras años admirando las pinturas de una magnífica catedral destruida por el paso del tiempo, me hubieran dado los planos del arquitecto y hubiera decidido reconstruirla solo para descubrir entonces que no sabía qué ladrillos usar.

Era evidente que los sentidos conformaban una parte integral (no podemos tener consciencia de nada sin ellos), pero ¿qué ofrecen los sentidos al cerebro que le permite construir este sentido superior? Analicé los ejemplos de la investigación científica, así como las áreas de mi propia experiencia que habían probado esta nueva aunque ancestral consciencia, en busca de un denominador común.

No todo cuanto percibimos es profundo y está cargado de significado, pero algunas cosas sí: las llamamos señales. El detective había captado señales en el comportamiento del carterista de la misma manera que yo había captado una señal en la forma de un árbol. ¡Por supuesto! Regresé a las montañas, con la mente bullendo ante las posibilidades de este nuevo descubrimiento. La catedral podía construirse, pero solo con unos ladrillos concretos. Solo unas señales determinadas funcionan para el sistema límbico rápido. Otras deben permanecer en el lento pero poderoso neocórtex.

Justo cuando comenzaba a apreciar que las respuestas que buscaba podían encontrarse en la comprensión de las señales de la naturaleza, me acechó un problema más salvaje. Como muchos antes que yo, había asumido que encontraría esas respuestas en lugares remotos. Y, para ser sincero, una parte de mí se sentía atraída por esa idea, porque era una buena excusa para el tipo de viaje que siempre me ha encantado hacer semanas dedicadas a llegar a lugares cuyos nombres me cuesta pronunciar.

Al regresar de Creta, empecé a investigar para una expedición a zonas del sureste de Asia, una de mis regiones preferidas. Me centré en los lugares donde se decía que las personas indígenas y los animales habían predicho el devastador tsunami de 2004; se había hablado mucho de esta habilidad, de este «sexto sentido».

Unos días más tarde, caminaba a solas por los South Downs, a unos pocos kilómetros de mi casa. Después de atravesar zarzas e islas de helechos, encontré una zona más despejada en la cima de una colina y percibí un roble a mis espaldas. Era un día tranquilo, sin apenas un soplo de aire, y aun así, oí el árbol. Cuando me di la vuelta y vi el roble muerto y sin hojas, mis planes de viajes exóticos quedaron aplastados bajo una nueva comprensión.

Oía un cuervo a lo lejos y un chochín más cerca, pero lo que buscaba era otro tipo de pájaro. El aroma a flores silvestres era intenso y, desde detrás de las hierbas altas, me llegaba el de la mejorana. Mis ojos vagaron hasta una forma familiar en un tejo y regresaron a las mariposas limoneras cerca de mis pies. Entonces, volví a concentrarme y vi al pico picapinos dando saltitos alrededor del tronco sin corteza del roble. Estos pájaros carpinteros prefieren los robles de mi zona; pocas veces los encuentro en las hayas, mucho más comunes. Había identificado inconscientemente al pájaro de manera instantánea por su sonido martilleante y esto había desencadenado otra asociación inconsciente: el roble. Percibí con claridad una especie concreta de árbol invisible detrás de mí. Y fue en ese momento cuando comprendí que había estado muy cerca de tomar el camino equivocado en mi investigación.

No podía albergar la esperanza de desarrollar este sentido mediante entrevistas en una jungla tropical. Mi única oportu nidad real estaba mucho más cerca de casa. La experiencia de los pueblos indígenas era la *inspiración,* no la solución, y había recogido suficientes ejemplos de ello durante los años como para saber que era posible; más sería puro capricho.

El reto era demostrar que podía reavivar mi sexto sentido. Por muy divertido que fuera, no quería escribir un libro sobre lo que otras personas habían conseguido en lugares remotos. No quería ser un mero espectador, quería reaprender esta habilidad perdida y compartir las claves para conseguirlo. Y para que eso fuera posible, mi mejor oportunidad se encontraba en la tierra que conocía bien.

Sentí algunas punzadas tempranas de arrepentimiento, pero las reemplazó la comprensión de que yo era uno de los millones de personas que malinterpretan qué es lo salvaje. He leído a autores que definen como «salvaje» cualquier lugar donde puedes caminar durante una semana sin encontrar una carretera ni una valla.[10] Pero creo que esta es una visión limitada, una visión consumista, una perspectiva transaccional que espera del paisaje una experiencia de lo salvaje a cambio de nuestro viaje. Es una con la que estuve de acuerdo durante muchos años —lo cual es en parte el motivo de que visitara esos lugares—, pero que ahora me parece perezosa. La experiencia de lo salvaje la engendra el conocimiento, se trata de una noción de conexión y entendimiento profundo de cualquier paisaje. Podemos vivir una auténtica experiencia de lo salvaje al reaprender las claves para acceder a ese sentido más profundo en cualquier paisaje. Hay suficiente vida en el pavimento de cualquier calleja de una ciudad como para aterrorizarnos y deleitarnos si escogemos sumergirnos en ella.

Pronto me sentí cómodo con mi decisión. Encajaba también por otro motivo: si estas habilidades han de tener alguna relevancia en nuestras vidas modernas, tienen que poder aplicarse más cerca de la civilización. Si encontraba las claves para desarrollar este sentido más profundo en una zona rural del sur de Inglaterra, a menos de dos horas de Londres, seguía siendo relevante y estaba a nuestro alcance.

El áncora del viento

Caminaba por el sendero de un bosque una tarde de febrero en que caía una suave nieve. El viento soplaba desde las zonas más altas, empujando los copos alrededor de los árboles, y aquellos seguían su propio recorrido sinuoso al pasar. Atisbé un movimiento plateado un poco más adelante en el sendero y un mismo destello se separó y se convirtió en las colas de tres ardillas saltarinas. Escaparon por el sendero, se adentraron en el sotobosque y treparon a un avellano.

La oscuridad del barro mojado del sendero se unía en un lado al blanco sucio de las clemátides y, detrás de estas, las hojas marrones de las hayas se movían a un ritmo constante. Una ráfaga más fuerte se abrió paso a través de un hueco entre los árboles y añadió un balanceo a la zarzamora salpicada de rojo que había a sus pies. Un faisán y yo nos asustamos mutuamente; el ave salió volando y emitió su canto, como un hipido. El sonido me sorprendió, pero no la dirección en la que voló. Mientras lo observaba ascender en el viento y hacia el hueco entre los árboles, un copo de nieve me cayó en el párpado.

Fuera del bosque, en la cima de una pequeña colina, oí a los cuervos, siempre tan airados, graznando al mundo a mis espaldas. El sol se estaba poniendo detrás de unas gruesas nubes, pero aún había suficiente luz para apreciar los colores y texturas cambiantes. Una sábana uniforme de nubes claras altas cubría el cielo, pero debajo de estas se deslizaban unas más oscuras con bordes irregulares: eran las que traían la nieve. Mis ojos se acostumbraron a las arrugas del paisaje y, a medida que se volvía más familiar, las anomalías comenzaron a destacarse.

Entonces vi un azul que la naturaleza nunca habría permitido: la manguera de un granjero semienterrada en el suelo. Unos minutos más tarde, mis ojos se posaron sobre otro color que no era del todo adecuado. No destacaba como el azul de la manguera, pero era un pequeño pedazo de color que parecía fuera de lugar, una pincelada *beige* bajo un surtido de verdes y marrones. Fui hacia allí a investigar y encontré una pequeña tartera, escondida bajo un montón de postes medio podridos cubiertos de musgo.

«*Geocaching.* Esta caja es parte de un juego. Por favor, déjela donde la ha encontrado».

Hice lo que se pedía y volví a meterla en su lecho húmedo. El *geocaching* es una búsqueda del tesoro tecnológica, un juego que consiste en encontrar cajas escondidas usando coordenadas de GPS. Debo de haber encontrado unas cuantas docenas a lo largo de los años, pero nunca según las normas.

Era demasiado llamativo para mi gusto, demasiado obvio para la vida salvaje que me rodeaba: cualquiera que estuviera de pie donde yo me encontraba parecería, a ojos de los demás, un peculiar depredador. Fui hasta una ladera suave cubierta de hierba y me acomodé. Pese a que las nubes se hacían más densas, percibí que el sol se estaba poniendo a partir de la disminución de la luz y no menos de canto metálico de los mirlos, y luego de la canción de buenas noches de los faisanes que se iban a dormir.

Las luces de las granjas distantes salpicaban las montañas oscuras y un brillo anaranjado más general se elevaba desde la costa sur. Era hora de abandonar el sendero e internarse campo a través. Caminé contra el viento y los copos me golpearon la cara mientras formaban una fina capa sobre mi abrigo.

No se había acumulado mucha nieve, al menos no la suficiente como para que buscara patrones en la tenue luz, pero se estaba formando una capa en la parte delantera de mi abrigo e hice una nota mental para levantarme temprano la mañana siguiente a fin de cazar esas joyas de la estación. Seguí hacia el norte, moviendo los dedos dentro de los guantes mientras me empezaban a llorar los ojos. Y, entonces, el calor me envolvió. Fue un cambio muy drástico, en solo unos pocos pasos. El viento parecía haberse detenido por completo y su efecto refrigerador había desaparecido. Ya no sentía la nieve y me envolvía un edredón invisible. Percibí el bosquecillo más allá y levanté la cabeza para ver el oscuro muro de árboles.

Las nubes se apartaron y me permitieron ver cómo Orión alzaba a Sirio, que ahora ardía brillante entre las ramas más altas de los árboles. Cerca del margen del bosque, los cambios en la luz y en la brisa se unían: mientras la luz empezaba a abrirse paso entre los árboles, así lo hacía también el viento. Me volví hacia el corazón del bosque y el viento se atenuó, aunque todavía agitaba los fresnos. Sentí algo de frío en la mejilla derecha y, al girarme, apenas distinguí un sendero de animales. Los animales habían seguido una separación natural entre los árboles y aplastado parte del sotobosque. Los árboles y los animales habían formado juntos un delicado valle del viento.

Desde el frío en una mejilla hasta el balanceo de los árboles, del polvo en el camino a las olas en el mar, desde los pájaros que miran en una dirección hasta el humo de la chimenea: las señales de lo que el viento hace siempre estarán ahí. Pero tal vez no lo esté el hábito de fijarse en ellas, hasta que nos lo exigimos. Necesitamos saber qué hace el viento. De aquí nace nuestra noción del clima, el paisaje, la navegación, los animales y mucho más. El encuentro memorable con un animal depende de que aceptemos el regalo de una pluma que pasa flotando por nuestro lado.

El viento da forma a la ruta que toman muchos animales, pero también a la dirección en que miran cuando están quietos y a su habilidad de percibirnos a nosotros y a otros animales. Si oímos el canto de un pájaro desde el árbol que hay detrás de nosotros, nuestra consciencia de la dirección del viento nos permitirá percibir sin girarnos hacia dónde mira el pájaro y en qué dirección saldrá volando si damos una palmada.

Esta relación entre viento y comportamiento humano y animal está profundamente arraigada en muchas culturas indígenas. El humor de los cazadores puede verse alterado por un cambio en el viento, lo cual tal vez provoque que se cancele la cacería.[1] Desde el punto de vista de una sociedad postindustrial esto puede parecer caprichoso, pero hay buenas razones prácticas detrás. Si el viento empieza a soplar en una dirección que hace menos probable el éxito de la cacería, tal vez desde una zona con buenos escondites en vez de hacia ella, entendemos por qué los cazadores, cuyo sustento quizá dependa de sus expectativas, estarán menos contentas y menos dispuestos a arriesgarse.

Las posibilidades de que haya malentendidos e interpretaciones equivocadas entre culturas en esta área es grande, y soy tan culpable de ello como cualquiera. En Borneo, un cazador dayak señaló una vez hacia la playa de un río donde los ciervos acostumbraban a ir a beber. Añadió que solo cazarían ciervos ratón en esa playa fluvial y que dejarían en paz a las otras especies. Saqué conclusiones precipitadas y asumí perezosamente que la explicación de esto debía estar en supersticiones o en una reverencia religiosa hacia ciertos animales. Resultó que la topografía de la playa implicaba que casi siempre hubiera que acercarse a favor del viento, lo que significaba que solo era práctico cazar animales que no eran sensibles al olor. El ciervo ratón es uno de estos animales; los otros ciervos se alarmarían ante el olor de un humano.

El viento que sentimos forma parte de un mapa. Podemos percibir fácilmente los cambios drásticos cada vez que pasamos de estar expuestos a estar protegidos, y viceversa. Pero estos ejemplos suponen una introducción a un mundo más rico y sutil de los mapas de viento. Si el viento es bastante constante, cada cambio que percibamos sugerirá un obstáculo en el paisaje, normalmente a barlovento, es decir, contra el viento, pero

no siempre será así; también se ve moldeado por grandes obstáculos a favor del viento. Si te colocas un momento en el lado a barlovento de un edificio o de un bosque denso, notarás que estás protegido de él, ya que el viento se ve obligado a pasar por encima del obstáculo y comienza el ascenso mucho antes de lo que muchos se imaginarían.

Los vientos más altos viajan sin frenos en su camino, pero debemos percatarnos de la manera en que el viento bajo tiene que abrirse paso alrededor de colinas, árboles o edificios. Cualquier obstáculo sustancial tendrá un efecto sobre él, y los elementos del paisaje afectan al viento durante distancias mucho mayores de lo que esperaríamos: sentiremos el efecto incluso a una distancia de diez veces su altura a sotavento. En la práctica, esto significa que percibimos este viento a partir de muestras, de sintonizar con él en repetidas ocasiones y de construir una imagen a partir de numerosas y pequeñas instantáneas. Quizá parezca un proceso laborioso, pero enseguida se vuelve algo natural y placentero. La satisfacción llega de dos maneras diferentes: predicciones que se cumplen y sorpresas que desencadenan una nueva percepción.

Imagina que has sentido el viento de forma discontinua durante media hora y que has desarrollado una muy buena percepción para saber de dónde viene; has «anclado» el viento porque tienes una noción memorable sobre su procedencia. A muchos les gusta describir el áncora con uno de los puntos cardinales: «El viento viene del oeste». Aquí, el «oeste» es el áncora, pero resulta mucho más útil para nuestra intuición crear un áncora a partir del paisaje (sentimos que el viento viene de la iglesia en la colina), porque así lo percibimos sin etiquetas. Siempre y cuando vuestra áncora no sea algo que no veis durante largos periodos de tiempo, no hay respuestas incorrectas. Los nombres y las etiquetas nunca son lo importante: son incorporaciones lentas, un complemento bonito en el mejor de los casos. El viento y su significado no se ralentizarán ni se desplazarán un centímetro por ellos.

Con el paso del tiempo, se producirán ligeros cambios en la dirección del viento; siempre los hay, pero, una vez tengas un áncora, te habrás procurado una estación meteorológica, un mapa, una brújula y cierta comprensión del comportamiento animal.

Las predicciones son el resultado de nuestra familiarización con cada viento. Una vez sentimos que tenemos nuestra áncora, cada vez que superemos un obstáculo que haya entre esta y nuestro camino deberíamos percibir cambios en la fuerza y la dirección del viento. Advertiremos la pícea solitaria y anticiparemos una disminución en la velocidad del viento y una fluctuación en su dirección; piensa en ello como si el viento se «tambaleara». Sentiremos el tambaleo cuando pasemos el árbol de largo, a unos doscientos metros de él. Es sorprendentemente satisfactorio percibir este patrón simple y lógico.

Una de las mejores maneras de acelerar la comprensión de este efecto es colocarse de pie junto a la orilla de un cuerpo de agua tranquilo, como un lago o un estanque grande, de espaldas al viento. Observa las ondas que el viento ha formado en el agua y, luego, relaciona los cambios en ellas con los obstáculos presentes en la orilla. Verás una mezcla de zonas más agitadas y otras más tranquilas, y advertirás cuán lejos los obstáculos son capaces de moldearlas. Ahora puedes divertirte localizando tu propia sombra de viento en las ondas y confirmando que has acertado dando unos pasos a la izquierda y esperando a que los patrones cambien; luego, puedes dar unos pasos a la derecha y repetirlo.

La sorpresa confirmará que nuestra nueva percepción empieza a dar frutos. Por ejemplo, el viento toma un giro cuando no lo esperas y otorga al paisaje una sensación de cambio. Al darte la vuelta, descubres un pequeño roble marchito en el campo de avena. Percibes el cambio al instante y un análisis más lento añade detalles a la imagen. Al alimentar la percepción de los cambios más evidentes, sintonizamos con aquellos mucho más sutiles. Cuando caminamos por una ciudad, sentimos una ráfaga de viento y percibimos una bocacalle; la semana siguiente, una brisa creciente indica un cortafuego en el bosque, a lo lejos.

Esta sensibilidad mejora de forma automática nuestra consciencia sobre donde estamos y donde hemos estado. Cada vez que sintonizamos con el viento, ganamos una noción de nuestra dirección en relación al viento; tal vez sepamos que hemos caminado aproximadamente una hora con el viento soplando a nuestra espalda. No se trata de un recuerdo perfecto del lugar en que hemos estado exactamente, sino de una buena noción. Sabemos que hemos caminado con el viento durante una hora y percibimos que miramos de nuevo hacia el punto de partida cuando sentimos el viento en la cara.

Podemos desarrollar esta percepción sin ir a ninguna parte. Si existe un lugar cerca de casa o del trabajo donde podamos pasar un minuto sintonizando con el viento unas cuantas veces por día, obtendremos beneficios. Lo primero que hacen los inuit por la mañana, cuando salen para orinar por primera vez en el día, es comprobar el viento y, luego, informan al grupo de su dirección y de cualquier cambio.[2] A partir del viento perciben cómo se comporta el hielo en movimiento, dónde aparecerán grietas y si las condiciones son adecuadas para viajar o cazar.

Los amantes de la naturaleza modernos llevan capas para protegerse de los caprichos del clima. Los de antes percibían esos caprichos como su protección. Los grandes cambios en el clima son resultado del paso de un «frente», nombre dado al borde delantero de una masa de aire distinta. Cuando esto sucede, se produce un cambio significativo en la dirección y la velocidad del viento. Si nos hemos vuelto sensibles a las pequeñas fluctuaciones provocadas por algo tan pequeño como un arbusto o una roca, cualquier frente se anunciará descaradamente. Se negará a ser ignorado.

En todo el mundo, los frentes también van precedidos por cambios en las nubes. Los cielos azules se ven reemplazados por el ralo algodón de azúcar de los cirros, seguido por la lechosa sábana de un cirrostrato. El sol o la luna llevan un halo; «Guarda tu rebaño, O Amr, de los anillos que rodean la luna», dicen los beduinos.[3] Cuando va acompañado de un cambio en la dirección del viento, es un fuerte indicador de que está a punto de pasar un frente.

Se convierte en un proceso rápido de dos pasos: nos fijamos en el cambio en la dirección del viento y comprobamos el cielo en busca de señales en las nubes. Al principio es un hábito consciente, luego se vuelve automático. También funciona en el sentido contrario: una vez somos conscientes de las señales de las nubes, estas nos incitarán a comprobar el viento.

Bajo las nubes, la humedad en el aire fluctúa por cualquier cambio en el clima o en la dirección del viento. El mar y muchos puntos de referencia costeros son visibles desde la cresta de las South Downs, y es gratificante observarlos desaparecer y reaparecer con los cambios en el viento. Antes de desvanecerse, los rasgos distantes pierden brillo, color y claridad; se convierten en fantasmas. Y de esas fluctuaciones se derivan otros conocimientos.

En agosto, cuando la humedad asciende y la costa se funde en blanco a lo lejos, sé que los corzos están por venir. Se vuelven más activos con el bochorno del final del verano y se aventuran a los rastrojos de los campos cosechados. Percibo un cambio en el viento, que ahora sube muy lentamente por las colinas y hace que dirija la vista a la costa, donde la blancura anuncia a los ciervos. Todo sucede en menos de un segundo.

Cada paisaje posee estas asociaciones, y el viento es la clave para desbloquear muchas en nuestros propios paisajes. Comienza con una noción general de cambio, pero progresa hacia una idea más aguda, precisa y rápida de qué significa dicho cambio. Tal vez adviertas que el viento ha cambiado y ahora procede de las rocas oscuras de una ladera, y que poco después encuentres faisanes que se refugian en el lado opuesto a aquel donde sopla el viento en un bosque cercano. Cuatro horas más tarde, llueve. El patrón se repite un par de veces. Empiezas a pensar que la combinación del viento con las rocas oscuras es una señal que indica dónde ver a los faisanes y el clima que se avecina. Puede que incluso escojas llamar a las rocas «faisanes mojados». Pero, con o sin nombre, el cerebro une esos puntos por ti. Has desarrollado una intuición de lo que va a suceder.

Señales salvajes y caminos en las estrellas III

Las luciérnagas se reconocen unas a otras gracias a sus mensajes parpadeantes, los árboles se alertan entre sí de los ataques a través de redes de hongos y las bacterias intercambian mensajes. Vivimos en un mundo de señales, pero la mayoría se nos escapa. ¿Estamos perdidos dentro de una hermosa máquina Enigma?

Estamos vivos porque nuestro cerebro ha evolucionado para dar sentido a la complejidad encontrando señales en el ruido. Todas las especies han hecho lo mismo. Los árboles no necesitan preocuparse por los sonidos que hace un gran mamífero, pero nosotros sí. Reaccionamos instantáneamente ante un ladrido o rugido inesperado, o incluso ante el chasquido fuerte de una rama bajo los pies, y nos volvemos para mirar. Incluso aunque no queramos, nuestro sistema límbico enfocará nuestra atención; está fuera de nuestro control.

Ciertas cosas son innatas, como un sano recelo hacia las serpientes. Reconocemos a las serpientes más deprisa que a otros animales,[1] y algunos investigadores han demostrado que, cuando el nivel de camuflaje aumenta de forma constante hasta el punto en que dejamos de ver la mayoría de las formas de animales, todavía distinguimos la de una serpiente. Esto es parte de nuestro sistema de reconocimiento innato, uno que puede variar de una especie a otra, pero que compartimos con el resto del reino animal. Los leopardos cazan macacos, pero estos monos sintonizan con los patrones de los leopardos y son capaces de distinguir cuándo sus manchas están «mal».[2] Los investigadores que han usado réplicas de leopardos para examinar el comportamiento de los macacos han descubierto que estos emiten menos gritos de alarma, la señal que hacen al reconocer a un leopardo, si las manchas no formaban un patrón realista.

Pero solo parte de nuestro conocimiento es inherente. Mucha de nuestra capacidad para leer señales se basa en la experiencia. Aprendemos a prestar más atención a ciertas cosas en nuestro entorno, lo que nos lleva a ser capaces de leer situaciones más rápido. El sonido que hace una oveja provoca una respuesta diferente en un excursionista que atraviesa el campo que en un pastor, igual que el ladrido del perro de un caminante. Esto es porque han tenido experiencias diferentes y han adjudicado distintos significados a cada señal.

Si admitimos que no podemos captar y descifrar todo cuanto hay en nuestro entorno rápidamente, la tarea puede simplificarse al entender qué tipo de señales son aprovechables y dirigir nuestra atención hacia ellas. Para ello visitaremos el reino de la semiótica, el estudio formal de las señales y los símbolos. Dentro de este encontraremos los exóticos submundos de la zoosemiótica, la fitosemiótica y la ecosemiótica: el estudio de las señales en y entre animales, plantas y paisajes.

La primera vez que encontré el trabajo de los semióticos fue una revelación. Hacía mucho que presentía que el mundo ofrecía una extravagante riqueza de señales, pero, durante años, esta creencia se había basado en mi experiencia personal. Muchos miles de horas en la naturaleza me habían llevado a reconocer asimetrías y tendencias; eran hermosas, pero a menudo difíciles de explicar. Iba de un lado a otro en una investigación caótica, intentando encontrar el sentido a las formas y sentimientos impresos en mi mente. Cuando tenía suerte, emparejaba los frutos de mis manos sucias y rodillas doloridas con cualquier dato científico que rescatara.

He tenido suerte en otros aspectos: se ha corrido un poco la voz sobre mi trabajo y estoy agradecido a aquellos que me han escrito para mostrarme señales procedentes de todo el mundo.

Al final de una sesión de navegación natural, a menudo digo al grupo al que guío:

—¡Habréis visto y seguiréis viendo más del mundo de lo que yo seré capaz, así que, por favor, compartid vuestras experiencias conmigo!

He recibido correos electrónicos sobre zorros que se lanzan a la nieve en dirección noreste, y uno desde Francia sobre el *Pyrrhocoris apterus,* la chinche de las malvas o chinche roja, que mi correspondiente, Alban Cambe, había divisado al congregarse en la cara sur, más cálida, de los árboles. Alban reveló otro apodo francés, *Cherche midi,* 'buscamediodías', un reconocimiento de su amor por la luz y el calor del sol.[3]

Pero por muy cálidas y encantadoras que fueran estas señales, mi acercamiento y buena fortuna me habían brindado una visión estrecha, «de gusano», de su riqueza. Comprendí, con cierta demora, que el trabajo de los semiólogos, que seguían un camino muy distinto, ofrecía un resumen valioso.

La zoosemiótica, palabra acuñada en 1963, me ayudó a ampliar mi comprensión. Esta disciplina especializada se dedica a comprender las señales que fluyen entre animales, dentro de la misma especie y entre especies distintas. Sexo, depredación, territorio: todos los campos principales de la vida animal se ordenan con la ayuda de señales, y muchas están al alcance de nuestros sentidos.

Pronto advertí que mi intuición resonaba en las palabras de los primeros semiólogos, como Charles Sanders Peirce, que declaró que el «universo está perfundido con señales».[4] Yo no estoy cualificado para opinar sobre la veracidad de la declaración del filósofo americano John Deely, quien afirmó que la semiótica es «tal vez el movimiento intelectual más internacional e importante desde la fundación de la ciencia en el sentido moderno en el siglo XVII».[5] Sin embargo, puedo decir que a mí sí me parece importante. Sé que no estoy solo: la búsqueda de significado debió de empezar mucho antes de lo que podemos rastrear, y cada nueva promesa remueve pasiones e intriga.

Las señales son una promesa de significado y los humanos son «criaturas que buscan significado»,[6] razón por la cual encontramos señales atesoradas, alabadas y entretejidas en los cimientos de cualquier religión.

Tal vez las religiones dividan, pero la búsqueda de significado en la naturaleza une a la humanidad; culturas tan diversas como los primeros cristianos de Irlanda y las tribus nativoamericanas han considerado el árbol no solo como una planta, sino como una «red pansemiótica de significado cósmico».[7] La búsqueda es la del patrón en el desorden, del significado en el caos y la saturación. Nada es más inspirador que sentir que vivimos en un universo que es una «armonía musical de formas y colores variados dentro de un cierto orden y ritmo», como creía san Gregorio de Nisa.[8] Porque la alternativa es mucho menos atractiva, para decirlo suavemente. ¿Quién querría considerar su vida un interludio sin sentido entre dos periodos de olvido infinitos? Incluso aquellos que creen en ello no pueden desearlo. Es una búsqueda que se repite a través de las épocas en el arte y la escritura, y siempre lo hará. Mientras sobreviva la sed por el significado en la vida, las señales tendrán valor.

Aun así, todavía me quedaba el reto personal de escudriñar todas las señales que percibía, entender dónde encajaban en la familia más amplia de la semiótica y, luego, decidir cuáles funcionaban. Necesitaba saber cuáles podía aprender nuestro sistema de pensamiento rápido. Si la tarea era inmensa, al menos ahora era definible.

Ya hemos visto que las serpientes, los árboles y las constelaciones poseen una característica que el cerebro puede aprovechar rápidamente: la forma. Empleas esta habilidad al aire libre muchas veces al día, en general sin advertirlo. Distinguimos nubes amenazadoras de otras inofensivas en parte por su color, pero también por su forma. Cualquiera reconoce un cúmulo «algodonoso» como inofensivo; se ha ganado el adjetivo por su forma y porque es benigno. Pero una nube mucho más alta que ancha, como una torre gigante, despertará consternación. Al investigar la forma, los animales pueden ser nuestra inspiración.

Muchos animales necesitan saber identificar un pájaro que representa una amenaza aérea lo más rápido posible. Esto es un buen ejemplo de una situación en la que no funcionaría el pensamiento lento del neocórtex. Mataría a los animales. Imagina que eres vulnerable a los pájaros de presa, como los halcones; podrías recopilar una lista de todos los atributos de cada uno de esos pájaros, incluidas sus diversas formas y los colores de sus alas, patas y cuerpo. Y luego, vigilarías el cielo en busca de pájaros que cumplieran esos criterios. O la evolución podría enseñarte que comparten un atributo en su forma.

La forma es especialmente apropiada para reconocer pájaros rápidamente porque nosotros, al igual que sus presas, a menudo los vemos como siluetas sin color contra el cielo brillante. Pero incluso con respecto a la forma, existe el peligro de que los animales compliquen el asunto al centrarse en que ciertos pájaros de presa tienen «garras», unos poseen plumas separadas en las puntas de las alas y otros no, o en que algunos tienen la cola en forma de abanico o bifurcada y otros no. Este nivel de detalle es estupendo para el desarrollo de etapas posteriores de reconocimiento, cuando tratamos de identificar especies individuales, pero, para los animales y nosotros, la simplicidad es el primer objetivo, y la característica formal que comparten los pájaros de presa es el cuello corto.

Se han realizado experimentos que demuestran que las criaturas vulnerables a los pájaros de presa, como los patos y los gansos, reaccionan ante cualquier silueta con forma aproximada de pájaro que tenga el cuello corto, pero no ante aquellas con cuello largo. Y reaccionan ante réplicas de pájaros de cuello corto, e incluso a formas de pájaros que en teoría no existen pero tienen el cuello corto. Para los patos y los gansos, la «clave» del reconocimiento rápido es esa simple forma.

No es un sistema perfecto. Los pájaros pueden identificar erróneamente a los vencejos como depredadores, a pesar de ser inofensivos para ellos, porque los vencejos tienen el cuello corto. Pero, en términos evolutivos, es una falsa alarma que vale la pena soportar, por muy vergonzoso que sea, sin duda, para el pato macho, que deberá quitarle importancia más tarde entre sus amigos machitos.

Creo que la importancia de la forma del cuello puede estar todavía más profundamente arraigada en nuestra psique de lo que pensamos: pídele a alguien que haga un esbozo rápido de un ave de presa y de un ganso volando e, incluso si protestan diciendo que no les va a salir bien, seguramente habrá una diferencia en los cuellos bastante marcada.[9]

La aproximación simplificadora de los animales es instructiva, porque es lo opuesto a lo que recomiendan la mayoría de los naturalistas hoy en día. Durante los últimos siglos, toda comunicación orientada a mejorar nuestra comprensión de la naturaleza ha apuntado, por definición, a nuestro pensamiento lento. El neocórtex es el rey, porque se encarga del habla y la lectura. Esto ha acelerado nuestro alejamiento de una comprensión intuitiva de la naturaleza. En el pasado, sería más probable que aprendiéramos sobre el comportamiento animal relacionando un crujido en el bosque con que la persona delante de nosotros se quede inmóvil y con su subsecuente lenguaje corporal, áreas que nuestro pensamiento rápido descifra y de las que luego aprende. Vemos claramente esta diferencia en el enfoque contemporáneo respecto a la identificación de aves.

Se asume que lo que queremos es identificar especies individuales, lo cual puede ser el caso más adelante, pero este acercamiento está relacionado con nuestro neocórtex, no con nuestro pensamiento rápido. La RSPB ha publicado un excelente manual sobre pájaros británicos, que incluye una sección de identificación para cada pájaro. En ella aprendemos que el esmerejón, un pájaro de presa, puede identificarse si sabemos que mide unos «25-30 centímetros... [y tiene] alas cortas y puntiagudas de base ancha y cola más corta que la del cernícalo. Cuando está posado, las puntas de las alas alcanzan tres cuartos del largo de la cola...».[10] Este es un nivel de detalle fantástico, pero bastante difícil de emplear de manera intuitiva. Para esto, resulta más útil pensar en grupos muy amplios y en las formas que los unen. Un animal que puede ser devorado por un pájaro de presa no distingue uno de otro: a nuestro «cerebro reptiliano» le encanta la simplicidad.

Hay pocos pájaros con una imagen popular que desentone tanto con su personalidad como el petirrojo. Lejos de ser un toque de color en una escena invernal, con una dulce canción y la voluntad de aparecer en postales navideñas, los petirrojos son unos psicópatas.[11] Son ferozmente territoriales y dedican gran cantidad de energía, incluido su grito de guerra en forma de canción, a establecer y mantener su reino. Si un petirrojo llega al territorio de otro y no se ve disuadido por una canción o una combinación de vuelo y lenguaje corporal agresivos, se producirá un conflicto.

Es muy tentador pensar que el petirrojo se enfurece con el intruso y lo inspecciona con sumo cuidado antes de decidirse a atacar. Sin embargo, a mediados del siglo pasado, el biólogo evolucionista David Lack realizó estudios sobre el petirrojo que siguen siendo un punto de referencia a día de hoy. Revelaron qué rasgo concreto de un petirrojo intruso desencadenaba un ataque. ¿Eran los sonidos, el movimiento, el comportamiento, la forma reconocible, los colores del pájaro u otra cosa?

Lack colocó un petirrojo disecado en el territorio de un petirrojo real. El animal atacó brutalmente al ave inmóvil hasta que le arrancó la cabeza, que cayó cortada limpiamente. Los ataques continuaron. Curioso por ver en qué punto el petirrojo residente consideraría acabado el trabajo, Lack y su equipo retiraron deliberadamente la cola del petirrojo disecado. El torso sin cabeza ni cola fue atacado otra vez. Entonces, retiraron las alas; lo atacó. Este extraño experimento al estilo de una muñeca rusa continuó: retiraron el cuerpo y la espalda del petirrojo disecado. Lo único que quedaban eran algunas plumas rojas del pecho y algunas plumas blancas debajo, sostenidas con un alambre. El ataque continuó. Después de muchos más experimentos, el equipo tenía su respuesta: el desencadenante eran las plumas rojas. Si el color rojo se cambiaba a marrón, los ataques cesaban.

La vieja idea de que el rojo de la capa enfurece al toro es un mito: es el movimiento de la tela lo que puede provocar el ataque de un toro.[12] Pero el rojo sí es un desencadenante para un petirrojo, que no «se enfurece al ver al intruso», sino que, más bien, está programado para limpiar su territorio de otros pájaros de la misma especie ante una simple señal: el rojo de las plumas del pecho.

El mundo está repleto de señales cromáticas, desde mensajes enviados entre pulpos hasta la vívida tonalidad de un hongo. Mi tarea no era encontrar significado en todos los colores, en los tintes vistosos de los órganos internos, como los antiguos hicieron en su época, sino aceptar las señales que se ofrecían y tenían un valor rápido. Un destello blanco revela el trasero de un conejo, justo cuando percibo su existencia en las huellas oscuras sobre la escarcha blanca. La erupción de flores silvestres en un bosque es una señal de la luz del sol y, por tanto, del rumbo.

Adquirí una valiosa comprensión de la importancia del movimiento como señal en la ladera de una montaña en España. Fue una excursión extraña y agradable. Estaba acompañando a un artista, al que solo conocía como Long, mientras subía por las áridas pendientes para erigir una instalación artística temporal en la cima de una montaña de Almería. Había recolectado botellas de cerveza de los alrededores que las gentes del lugar habían abandonado a lo largo de los años y las había roto para obtener trozos de vidrio marrón pequeños; luego, había recortado en papel la silueta de un águila volando. Estaba subiendo la montaña para elaborar un águila de cristales rotos y, luego, sacar una foto, recoger los cristales y volver a bajar la colina. Mientras llevábamos el cristal montaña arriba, caminando entre los pinos, intercambiamos historias sobre la naturaleza y yo le expliqué cómo las flores de almendro podían usarse como una brújula, ya que florecían antes en el lado sur de los árboles.

Long me dijo que las ardillas negras de la zona donde vivía en Canadá se acercaban si imitaba con la mano el movimiento de sus colas. Su mano onduló delante de su pecho mientras explicaba qué hacía que los animales se acercaran a investigar. Nunca había oído hablar de eso y, al volver a casa, lo investigué. En efecto, había casos documentados e incluso un vídeo de ello en YouTube.

Claramente, el movimiento de la mano actuaba como una señal. Desde entonces, lo he probado con las ardillas grises que viven cerca de mi casa y parece surtir algún efecto: observan el movimiento con mucha atención, pero no se acercan ni huyen. A veces parece tener un efecto ligeramente hipnótico sobre ellas. Los estudios científicos que explican cómo los animales perciben el movimiento como una señal abundan, y la cola de las ardillas es, de hecho, parte de un sistema de señales: transmite un mensaje a otras ardillas y comunica a ciertos depredadores que los han visto, por razones que aclararé más adelante.

La evolución ha enseñado a los animales las señales más simples y, por tanto, las claves más rápidas para cada tarea. En pro de la simplicidad, también emplean diferentes señales para distintos estadios de la misma tarea. Las mariposas que buscan unas flores en particular pueden utilizar el aroma como una señal que les indica que están cerca de ellas, pero luego usar el color de una flor individual para volar y aterrizar sobre ella. Emplean el olor como un mapa aproximado y el color como un dispositivo de seguimiento.[13]

Las tareas, y por tanto las señales, cambian con el tiempo y la estación. Los esfíngidos se guían por colores, y estos cambian con las estaciones.[14] Vuelan hacia objetos amarillos y azules cuando buscan comida, hacia objetos verdiamarillentos cuando ponen huevos y hacia lugares oscuros o grises cuando se preparan para invernar.

Existe una señal poderosa a la que no le gusta encajar: la anomalía. Incluso cuando no pensamos que vemos un patrón, al cerebro se le da de maravilla encontrar uno. Y después de haber visto uno, se le da de maravilla advertir cuando algo no encaja en él. Recoge una pila de hojas o ramitas y pídele a alguien que vuelva a esparcirlas de manera que parezca natural. Le resultará sorprendentemente difícil y es probable que el resultado no parezca «correcto». Existe un patrón en las hojas en la tierra y las ramitas en el suelo del bosque, uno que es difícil de describir.

Una de las reglas universales de las señales es la de la dependencia: si un animal o una planta depende de ciertos otros animales o plantas, el hecho de ver a uno es una señal de la presencia del otro. Puede que haya espacio entre ambos, ya sea físico o temporal, pero este debe desaparecer de vez en cuando, y la experiencia puede darnos una noción de cuándo ocurre esto. La eclosión de un huevo de mosca es señal de un pez.

Mi comprensión de los tipos de señales que funcionarían creció, pero todavía necesitaba entender mejor la mecánica de cómo aprender a percibirlas de manera intuitiva. Sabía que quizá no había atajos perfectos; valoramos la experiencia por una razón, y la práctica y la observación tienen que ser la mayor parte del reto. Puede que tengamos que aprender *quinuituq,* la profunda paciencia de los inuit mientras esperan a un animal, pero eso no quiere decir que no debamos buscar maneras de acelerar el aprendizaje. Educadores, entrenadores, instructores y mentores tienen una función en todas las áreas de la vida, porque aprendemos más rápido cuando alguien nos enseña el camino.

Resulta que el proceso es simple y solo consta de tres partes. Tenemos que saber qué buscar, luego buscarlo, y nos tiene que importar. Las tres partes pueden concebirse como conocimiento, experiencia y emoción. Las primeras dos son obvias y se combinan para formar la sabiduría; la tercera, algo menos, pero las tres son lógicas.

La primera parte es la más simple: el cerebro no puede dar sentido a las cosas de las que no es consciente, así que, cuanto más percibamos, más materia prima tendremos. Sin embargo, nuestra percepción es limitada (por ejemplo, no vemos lo que tenemos detrás), así que podemos pensar en las cosas en que centramos cada uno de nuestros sentidos como dinero bien invertido. Es un recurso finito, tenemos que gastarlo sabiamente, y saber dónde enfocar la atención acelerará el aprendizaje y el conocimiento.

La segunda parte es practicar la observación. Nuestro cerebro almacena imágenes, acontecimientos y sus consecuencias (es decir, su significado), y da sentido al mundo filtrando y comparando aquello que recibimos a través de los sentidos con los que hemos experimentado en el pasado. Nos detenemos en el semáforo en rojo «sin pensarlo» porque nuestra experiencia con esa señal pronto alcanzó el punto donde la imagen y el significado se combinaron con nuestro pensamiento rápido inconsciente.

El tiempo que invertimos en fijarnos en cosas construye un área de nuestro pensamiento rápido llamada «activación asociativa».[15] Todo cuanto percibimos hace que nuestra mente inconsciente evoque cosas que han sido asociadas con ello en el pasado. Si lees la palabra «nube», tu cerebro se lanza de inmediato al proceso de recuperar conceptos, experiencias y emociones asociadas. Estará más sintonizado con cualquier elemento relacionado con el cielo que con las cuevas. Del mismo modo, la palabra «cueva» desencadenará una colección de asociaciones muy diferentes. Es mucho más probable que pienses en los colores blanco o azul en el primer ejemplo y en murciélagos en el segundo, pero las asociaciones exactas dependerán de tu experiencia.

Si has tenido un accidente desagradable en una cueva, la palabra en sí desatará multitud de asociaciones poderosas, emociones y respuestas fisiológicas. Antes de que tengas tiempo de pensarlo conscientemente, tu pensamiento rápido te habrá acelerado el pulso y habrá iniciado otras tantas respuestas fisiológicas y emocionales muy diferentes; tu expresión facial cambiará de forma involuntaria.

La buena noticia es que el proceso está automatizado. Si las primeras veces que oímos la melodía del camión de los helados recibimos un helado pocos minutos después, nuestro cerebro hará la asociación espontáneamente. La melodía nos hará salivar. Una vez experimentamos una conexión, el cerebro hace el resto. Cuanto más frecuente sea la experiencia, más automático se vuelve el proceso. Nuestro desafío solo consiste en reparar en esas conexiones, lo que nos devuelve a saber qué buscar.

El filósofo David Hume identificó tres maneras en las que establecemos asociaciones:

1. Entre cosas que se parecen entre sí.
2. Entre cosas que ocurren al mismo tiempo o en el mismo lugar.
3. Entre cosas que provocan o son provocadas por otras cosas concretas.

Las dos últimas son de especial relevancia para nosotros.

La naturaleza no existe de manera aleatoria: todo tiene una conexión con el tiempo y el lugar y otras partes de la naturaleza. Donde vemos conejos encontramos hierba; donde hallamos ciervos hay garrapatas; donde vemos ortigas descubrimos acedera; donde vemos granito encontramos ciénagas; donde vemos y olemos flores silvestres hallamos polillas; cuando vemos las estrellas, hace más frío; cuando vemos a Orión alto en el cielo, casi es invierno; y cuando vemos regresar a Escorpio, olemos el fragante aroma de la menta silvestre junto al sendero.

El comportamiento de los animales tiene ciertas causas, y acabamos asociando el comportamiento con la causa. Una vez relacionamos ambos, el cerebro puede forjar la apreciación rápida. Aceleramos el proceso porque sabemos de antemano que tenemos que buscar la asociación y, por tanto, nos fijamos en ella en vez de captarla muy lentamente, tras pasar décadas en la naturaleza. Puede que ya relacionemos el ladrido del perro con el desconocido que se acerca, pero quizá no hayamos pensado en relacionar al desconocido que se acerca con el cambio previo en el vuelo de un pájaro distante. La próxima vez lo haremos y, la siguiente, el ladrido del perro parecerá que llega tarde.

Saber qué buscar y la práctica se dan la mano en un proceso llamado «retroalimentación». Si las consecuencias de una situación se hacen aparentes poco después, generaremos una percepción intuitiva para esa situación más rápido. Todos nos hemos quemado con una sartén caliente en la cocina, a menudo después de que otra persona la haya utilizado, pero enseguida asociamos los olores y sonidos de un fogón caliente con la necesidad de tener cuidado con todo lo que hay encima de él. Las consecuencias de ser descuidados cuando estamos cerca de un fogón caliente son instantáneas e inequívocas. También lo opuesto es verdad: si la retroalimentación es lenta, como cuando intentamos descifrar qué crece bien en un jardín, desarrollaremos la intuición, pero será un proceso lento.

En la naturaleza, la mayoría de lo que observamos encaja en algún lugar de este espectro. Cuanto más rápida y precisa es la respuesta, más atención se merece. La señal de alarma de los pájaros cantores puede relacionarse fácilmente con amenazas en el entorno; tal vez oigas jaleo en el jardín tres mañanas seguidas y veas al gato pasar un minuto más tarde esas mismas mañanas. Enseguida llegarás a percibir al gato antes de verlo. Sin embargo, aunque los sonidos de los cuervos sin duda tienen un significado más rico, la respuesta es pobre y lenta por la complejidad de sus vidas y su lenguaje. Es mucho más difícil relacionar los sonidos de los cuervos con un significado exacto; nos parece que está pasando algo, pero ¿qué?

Si un acontecimiento es demasiado infrecuente, resulta difícil construir una noción rápida de su significado. Puede que sepamos que ciertos comportamientos animales indican que se acerca un tsunami, pero a menos que vivamos en una zona amenazada por tsunamis y desarrollemos un ojo experto para esos comportamientos, incluidas falsas alarmas, seguirá siendo un pensamiento lento. Se deduce que cuanto más común sea la planta o el animal, y más común la asociación, más posibilidades tendremos de establecer su significado.

La tercera parte, el interés, puede parecer difusa hasta que pensamos en cómo y por qué nuestro sistema límbico ha evolucionado de la manera en que lo ha hecho. Se encarga de la emoción y el aprendizaje, y ambos están conectados con nuestra comprensión del entorno. Históricamente, muchas más experiencias en la naturaleza habrían estado asociadas con oportunidades o situaciones de vida o muerte. Pensad en las veces que, en casa, habéis olido de repente a gas o a quemado; seguramente esta reacción sea bastante similar a la de nuestros ancestros ante ciertos sonidos en el bosque, aunque sin duda ellos habrían reaccionado más rápido, dado que tenían mucha más práctica.

No querríamos ponernos en peligro para dar más significado a determinadas situaciones, pero que nos importe es mucho más complejo que la vida o la muerte. El bombero aún confía en su intuición para mantenerse a salvo, pero el cirujano mucho menos; por lo general, son otros los que están en riesgo. Pero a los cirujanos les sigue importando, si son buenos en su trabajo. Lo mismo es cierto para la mayoría de profesiones: a los buenos profesores les importa su trabajo y, porque les importa, perciben los resultados de diferentes estrategias. A lo largo del tiempo desarrollan una intuición de qué funcionará mejor con cada alumno o grupo. No recordamos a nuestros mejores profesores por su conocimiento académico, sino porque percibían qué nos iba mejor.

También hay un rasgo psicológico que todos compartimos que ayuda a convertir la práctica en interés. Damos más importancia a aquello que recordamos con más facilidad, y estas son las cosas a las que estamos más expuestos. Por lo tanto, cuanto más tiempo pasemos en la naturaleza, más importancia adjudicaremos a los fenómenos naturales y más nos interesarán. Si reconoces las huellas de un animal o formas de hojas concretas, el sentimiento positivo que se deriva de detectarlas te resultará familiar.

No podemos inventarnos el interés por algo, pero, puesto que estás leyendo esto, el deseo y el interés ya están ahí, y seguirán creciendo. La experiencia y saber qué buscar conducen al éxito, y eso convertirá un interés en una pasión. El interés se fortalece. Un presentimiento o una sensación de inquietud pasa de ser algo que desestimamos a algo que valoramos y buscamos. Cuanto más nos importa, más registra nuestro cerebro las consecuencias y más rápido se construye la intuición. Si nos importa lo bastante como para advertir que una constelación parece más arriba tres horas después de la primera vez que la hemos visto, estamos en el camino correcto para entender el significado de ese patrón.

Existe un punto de inflexión. El deseo de ver las conexiones crece: sentimos más, aprendemos más, y eso mejora nuestras posibilidades. La satisfacción que deriva del éxito aviva el interés. Este es el mejor tipo de retroalimentación. Pasamos de esperar encontrar señales y significado en lo que vemos en la naturaleza a percibir que todo en la naturaleza es una señal con un significado. Lo sentimos.

Segunda parte

En lo alto y bajo nuestros pies: el cielo y la tierra

La cizalladura

Un frío día de marzo vi un viento invisible.

En el siglo VII, el monje inglés Aldhelmo afirmó que el viento es invisible.[1] Tenía razón y no. El viento nos da una oportunidad de observar cómo nuestro pensamiento pasa de lento a rápido. Trata de determinar la dirección del viento observando el movimiento en las nubes distantes. Es posible, pero se tarda unos cuantos segundos, y las primeras veces que lo intentamos no revela nada de manera intuitiva. Sin embargo, si practicamos tras reconocer una forma concreta en las nubes, podemos desarrollar un método intuitivo.

La velocidad del viento casi siempre se incrementa con la altitud, lo cual provoca una cizalladura en la parte superior de las nubes altas. Si pensamos en las nubes altas como si fueran una baraja de cartas, las cartas de arriba se deslizan más lejos con los vientos más fuertes y revelan la dirección del viento. De momento no tenemos que preocuparnos por las diferencias graduales entre la dirección del viento en la altitud y en el suelo: lo que nos interesa ahora es la psicología de experimentar con un nuevo método.

Cuando veas nubes con una cizalladura en la parte superior, haz una nota mental de que te están revelando la dirección del viento. Hazlo con tanta frecuencia como te sea posible y pronto sucederá algo interesante: llegará un momento en que verás la dirección del viento en el cielo. Habrás percibido algo de manera instantánea sin pensar en ello.

La rampa

Era una húmeda mañana de verano. Había caído un chubasco y tomé el sendero de la costa que se alejaba de la playa y discurría a través de un bosque mixto hasta donde solo quedaban algunos árboles, aislados entre matorrales de zarzas, tojo y hierba.

Continué cuesta arriba y sentí toda la fuerza del viento. En el mar, las «patas de gato», unas suaves ondas, arañaban la superficie. Alrededor de un montón de zarzas había un emplazamiento de cañón vacío de la Segunda Guerra Mundial. Una de las esquinas estaba llena de latas de bebida y envoltorios de comida, como suele ocurrir.

Me senté en el techo de cemento y miré hacia el mar. El viento pasaba entre dos cabos como en un embudo y formaba olas en un corredor, que se abrían en abanico al atravesar la entrada de la bahía. Las observé desfilar, altas delante y chatas por detrás. Alrededor de las rocas imponentes que había debajo de mí se formaban patrones familiares. El mar se alzaba y dispersaba con cada giro del viento.

Más adelante en el camino, me encontré con un hastiado sicómoro occidental. Había pagado el precio de estar expuesto y lucía las marcas de un tirano. Sus cicatrices me gritaban el rumbo.

Cada paisaje soporta las inclemencias del tiempo durante las semanas, meses y años que nosotros evitamos. Nuestras vidas y trabajos se reflejan en nuestros rostros y manos, y cada entorno tiene sus arrugas.

Una vez sintonizamos con lo que el viento está haciendo en el presente y la forma temporal que crea en las nubes, debemos desarrollar una sensibilidad hacia las tendencias a largo plazo. Hay una ley de la naturaleza, bella en su simplicidad, que dicta que el viento confiere una forma familiar a todo lo que esculpe. Podemos pensar en ella como «la rampa».

De la nieve y el hielo a la arena, el polvo, el agua, los árboles, los arbustos, las hierbas e incluso las rocas, el viento talla feliz esta forma en todo cuanto encuentra. En la naturaleza, todo cuanto ha sido sometido a vientos lo bastante fuertes durante periodos de tiempo lo bastante largos desarrolla una inclinación más baja en el lado del que procede el viento y una más empinada en el lado hacia el que sopla. La rampa está en todas partes en la naturaleza; se encuentra incluso en las ondulitas de sedimento en Marte. Lo único que cambia es el tamaño, la duración y los nombres que les damos. Esta forma puede durar unos segundos en el agua o cientos de años en la roca.

Para empezar, nos resultará más fácil localizar este efecto en árboles que se encuentren en lugares expuestos, donde son azotados por el lado a barlovento. Pero si observamos las hierbas que los rodean, pronto veremos también el efecto en ellas. Lo mismo ocurre en el mar y en desiertos de arena o hielo. El efecto recibe diferentes nombres según el medio en el que aparece (olas de agua, dunas de arena, yardangs de roca y sastrugis de hielo), pero esto no debe preocuparnos. Al sentido que estamos reconstruyendo no le importa el vocabulario.

Hay sutilezas casi infinitas dentro de la rampa. Cuando se trata de un bosque pequeño en la ladera de una colina, lo llamo el «efecto cuña»: los árboles en el lado de barlovento de una arboleda no crecen tan altos como aquellos en el lado protegido a sotavento. Pero, para desarrollar nuestra consciencia rápida, lo único que tenemos que hacer es sintonizar con la rampa: la manera en que el lado bajo de estas formas señala de forma consistente de qué dirección procede el viento; el lado más empinado señala la dirección opuesta.

La rampa

Dirección del viento

Árbol azotado por el viento

Efecto cuña

Duna de arena

Sastrugi

Yardang

Hierba azotada por el viento

Ahora contamos con una forma que aparece por todas partes y nos ofrece dos datos: un sentido del rumbo y el viento dominante en el paisaje.

Tan pronto como aprendemos a reconocerlo, descubrimos que su dirección es consistente a lo largo del paisaje.

Podemos añadir otra pieza al puzle: nombrar de dónde procede el viento; es decir, el punto cardinal del viento predominante. En el noroeste de Europa, tiende a llegar desde el suroeste, pero, como ya he dicho, el nombre no es importante, la rampa es una clave del rumbo más que el rumbo *en sí*.

Si localizamos la rampa en los árboles o en la hierba, obtenemos una señal que permite adquirir una noción instantánea del rumbo. Podemos viajar empleando esta señal como nuestro único concepto de rumbo; tal vez caminemos en el mismo sentido que la rampa de la hierba durante una hora y, luego, en contra para encontrar el camino de vuelta a casa. En el momento en que traducimos la rampa a puntos cardinales nos alejamos de una noción intuitiva del paisaje y nos acercamos a una más analítica. Esta decisión no es correcta o incorrecta, es una mera decisión. Hay veces en las que querremos hacerlo: es una manera moderna de mirar el mundo, por lo que resulta difícil resistirse. Mientras seamos conscientes de lo que hacemos, podemos pasar de un método a otro. Sin embargo, tardaremos más en desarrollar una percepción intuitiva si sentimos la necesidad de analizar y etiquetar todo cuanto vemos.

A veces, la sal y la arena, o el hielo y la nieve, reforzarán el viento fuerte dominante, lo que exagerará el efecto en el paisaje o provocará efectos secundarios. El sicómoro en el camino costero mostraba dos señales claras. En primer lugar, exhibía la rampa: había sido esculpido por la fuerza de los vientos dominantes del suroeste. Pero también lucía las marcas de la sal, en un efecto que se conoce como «quemado». Las hojas del lado barlovento eran más pequeñas y estaban arrugadas y muertas en los bordes. Aquellas en el lado sotavento eran más grandes, verdes y estaban más sanas.

Hace falta práctica para percibir esto de manera intuitiva, pero, una vez nos hayamos familiarizado con la forma de la rampa, veremos que se encuentra en todos los paisajes de la Tierra, desde el centro de Tokio hasta Transilvania.

La brújula rosa

Había escampado y la lluvia había dejado a su paso un surtido desordenado de nubes altas y asimétricas. Al final del día, el sol se puso detrás de las colinas arboladas. Me guié con los tonos rosas salpicados a lo largo del horizonte.

La mayoría de las personas está más o menos familiarizada con la idea de que el sol sale por el este y se pone por el oeste. Pero este conocimiento tiene muchos niveles y es una de las diferencias que divide el punto de vista moderno del antiguo.

Después de aprender por dónde sale el sol en un sentido general, puede que lleguemos a saber que también indica el sur a mediodía Luego, quizá aprendamos que sale más cerca del noreste en junio y del sureste en diciembre. Una vez nos sentimos cómodos con estos conceptos básicos, la brújula solar se convierte solo en familiaridad e interpolación. Si sabemos que el sol señala el sur a mitad del día y que se pone cerca del suroeste a finales de diciembre, podemos aceptar que estará cerca del sur-suroeste entre el mediodía y la puesta de sol.

Como hemos visto, podemos orientarnos usando el sol sin pensar en puntos cardinales ni utilizar una brújula moderna, y, con práctica, este proceso se vuelve intuitivo. Los antiguos empleaban varias nomenclaturas o ninguna, y a menudo veían la relación desde la perspectiva contraria: la dirección en la que salía el sol desde un lugar fijo revelaba la época del año, no al revés. El principio del sol como indicador de dirección y tiempo estaba extendido, y lo encontramos en todas las culturas antiguas.

Una vez percibimos el rumbo del sol de manera automática (es decir, intuitiva), todo lo que ilumina directamente y las sombras que arroja pueden también, con la práctica, resultarnos igual de familiares. Si percibimos que es casi mediodía, de modo que nuestra sombra se proyecta hacia el norte, y nos guiamos con ella durante media hora, hacia el final de ese corto periodo habrás establecido la misma asociación intuitiva entre la sombre y el norte que entre el sol del mediodía y el sur.

El siguiente paso es fijarse en cómo el sol se refleja en muchas cosas que nunca habríamos considerado brújulas. En las profundidades de un valle arbolado, levanta la vista a los árboles más altos hacia el final de un día soleado y encontrarás brújulas brillantes salpicadas en sus copas mucho después de que hayas perdido de vista el sol. Ahora mira más arriba, hacia las nubes, dedica un tiempo a observar sus lados, unos más brillantes y otros más oscuros, y cómo eso se acentúa hacia el principio o el final del día.

Las nubes altas distantes pueden conservar la luz del sol en un costado horas después de que hayamos perdido de vista el sol. Y si hemos practicado asociando el sol con el rumbo, el lado brillante de la parte superior de una nube distante no solo señalará el sol, sino que se convertirá también en una brújula. El lado rosa brillante de una nube pronto ofrece una noción del rumbo tan rápido como el sol del mediodía.

El mapa del cielo

Había estado unas cuantas horas en el agua aquella mañana de sábado, experimentando con un nuevo juguete de la familia, un velero inflable. El puerto estaba repleto de yates amarrados que hicieron que virar de un lado a otro por los canales durante nuestro viaje inaugural fuese un agradable reto. Me esforcé más que de costumbre en leer las brisas del puerto, estudiando patrones en el agua y el cielo mientras nuestro juguete de una sola vela zigzagueaba de un lado a otro. Me fijé en cada pequeño torbellino y cada nube espumosa sobre la tierra con el fin de alcanzar las metas poco ambiciosas de conseguir no mojarnos y evitar las burlas de aquellos en barcos de verdad.

Sobreviví y evité volcar y hacer el ridículo. Para cuando iniciamos el trayecto de regreso, la vista se me había agudizado, los músculos de los hombros exhibían su poder y fue esta presteza lo que convirtió en tan exquisita la visión de una colina flotando en el cielo. Existe una sensación de euforia que acompaña el momento en que una señal intensa da la bienvenida a la percepción agudizada.

Las nubes se forman cuando hay más humedad en el aire de la que puede soportarse en forma de gas. Cuando se alcanza este punto, el vapor de agua transparente se condensa en forma de diminutas gotitas que dispersan la luz y crean las nubes. Es la dispersión de la luz lo que les confiere el color blanco. Cuanto más grandes se vuelven las gotitas de agua, más cantidad de luz absorben (lo que provoca que la nube se vuelva gris) y más probable es que empiecen a caer en forma de lluvia. Por eso, asociamos nubes más oscuras con lluvia inminente.

Hay dos factores principales que influyen en la formación de las nubes: la cantidad de vapor de agua en el aire y la temperatura. Cuanto más caliente está el aire, más vapor de agua puede contener en forma de gas. Esto significa que, si la cantidad de vapor de agua en el aire sigue aumentando, en algún momento se formará una nube. O, si la temperatura de cualquier masa de aire que contiene vapor de agua desciende, en algún momento, en el punto de condensación, se formará una nube.

Ambos procesos ocurren de manera regular en la naturaleza, razón por la cual vemos tantas nubes. Es también por eso por lo que no asociamos la niebla con días calientes; la niebla es solo una nube muy baja y, cuando la temperatura del aire es cálida, puede contener mucho vapor de agua. Como consecuencia, hay mucha más niebla a primera hora de la mañana y al final de la tarde que durante el mediodía, un periodo más cálido.

El aire sobre el mar es muy húmedo, ya que el agua se evapora constantemente. Esto aumenta las probabilidades de que aparezca niebla sobre el mar si el aire se enfría lo suficiente. Pero también significa que, si cualquier fuerza eleva el aire húmedo a un nivel donde el aire es más frío, se formarán nubes. Por ello, todos los países con un litoral y un gran mar en la dirección de la que proceden los vientos dominantes suelen recibir muchas lluvias, especialmente en el lado de dicho mar; en la zona oeste de los países de Europa occidental a menudo se producen muchas más precipitaciones que en el este, porque los vientos predominantes llegan del suroeste. En Reino Unido, Gales es mucho más húmedo que la región de Anglia Oriental.

La luz del sol no produce exactamente el mismo efecto cuando toca la tierra que cuando toca el mar, porque la tierra se calienta mucho más rápido que el agua. Esto quiere decir que el aire que hay sobre la tierra también se calienta más rápido que el aire sobre el mar, y el aire cálido sube. Si el aire húmedo y cálido de la costa se eleva a un nivel donde se enfría lo suficiente, se formarán nubes.

Como es lógico, las nubes que hay sobre la tierra están a un nivel de altura mucho mayor que la tierra en sí y, durante miles de años, esta sencilla ley de la física ha permitido a los navegantes marítimos divisar islas mucho antes de que haya tierra a la vista. Una isla que se eleva hasta treinta metros por encima del nivel del mar se divisará a una distancia de unos veinte kilómetros, pero una nube que está a unos seiscientos metros por encima de la misma isla será visible a una distancia de al menos ochenta kilómetros.

Una de las claves sobre las nubes que se forman en las islas es que tienen un aspecto y un comportamiento muy diferentes de cualquier otra. Su forma es diferente, pero, lo que es aún más importante, se mueven de manera distinta: si ves un horizonte salpicado de nubes que se mueven con el viento y una nube que cambia de forma lentamente pero se niega a moverse, entonces lo más probable es que haya tierra bajo esa nube. Aunque el aire forma y disuelve constantemente la nube de la isla, el resultado es una nube que parece inmóvil. Mi alegría al divisar estas nubes sobre las islas del Caribe después de veintiséis días de navegación en solitario en el mar es un grato recuerdo, solo superado por el olor de la dulce vegetación de Santa Lucía que percibí unas horas más tarde.

El viento navega a velocidades y ángulos ligeramente diferentes sobre la tierra y el mar, lo que significa que, a lo largo de la costa, pueden reunirse masas de aire muy húmedo que crean largas bandas de nubes que marcan el litoral y son visibles a gran distancia. Al caminar por los South Downs del sur de Inglaterra es muy común ver la línea de la costa pintada en el cielo hacia el sur, incluso cuando el mar en sí permanece invisible. Divisar una larga línea de nubes y comprender que estábamos viendo en el cielo un mapa de la costa sur de Creta, después de días de duro camino, fue una experiencia totalmente aterradora.

A una escala más pequeña, los bosques, las ciudades e incluso los aeropuertos se calientan notablemente más rápido bajo un sol intenso que el campo de tonos más claros que los rodea. Esto da lugar a la formación nubes locales mucho más pequeñas. Los científicos han descubierto que los terpenos, unas sustancias químicas liberadas por las coníferas, ayudan a «sembrar nubes» al formar un aerosol de partículas que posibilitan la condensación y hacen más probable la creación de nubes sobre los bosques de coníferas.[1]

Hace un tiempo, acudía a una pista de aterrizaje de césped, alarmantemente cerca del aeropuerto de Heathrow, para volar pequeños aeroplanos y me fijé en cuán a menudo el oscuro templo de alquitrán del aeropuerto tenía más nubes encima que nuestra pista verde. El sol calentaba el asfalto más deprisa que la vegetación que lo rodeaba, lo cual creaba corrientes térmicas y nubes localizadas. Este es también el motivo de que a menudo se vean aves de presa planeando en las corrientes térmicas sobre los bosques de coníferas. A una escala todavía inferior, los cazadores de Alaska han afirmado ser capaces de localizar rebaños de caribúes a kilómetros de distancia, antes de verlos y de que los perros detecten su olor, por el pequeño banco de nubes que forma su aliento.[2]

En lugares donde hay una clara diferencia entre el color de la tierra y el mar también se detectan variaciones de color en la parte inferior de las nubes. En el Ártico, este tipo de mapa del cielo se usa con frecuencia, sobre todo un efecto que recibe el nombre de «cielo de agua», que se produce cuando un cuerpo de agua abierta otorga a las nubes sobre ella un color más oscuro.[3] Las gentes del Ártico experimentadas leen otros colores en las nubes: un bloque de hielo refleja un blanco absoluto, una banquisa les otorga un tono grisáceo, mientras que la nieve sobre la tierra añade un tinte amarillo a las nubes. En el Pacífico, los navegantes en busca de islas se basan en los mismos principios, pero emplean para ello una paleta diferente. Una nube sobre la arena blanca será de un blanco brillante, sobre una extensión de tierra boscosa parecerá más oscura, sobre un arrecife seco detectaremos un matiz rosado y sobre una albufera, tal vez, un toque de verde.

El día que vi las colinas en el cielo después de zarpar fue especialmente memorable porque observaba una de mis señales favoritas del mapa del cielo. Cada vez que un viento se encuentra con un terreno elevado, se eleva a la fuerza y se crea una turbulencia. Esto se debe exactamente a la misma ley física que hace que se formen remolinos en el agua cuando un río atraviesa las raíces de un árbol: siempre se crean torbellinos cuando un fluido se encuentra con un obstáculo. El viento crea vórtices de polvo al pasar por las esquinas de los edificios, y el agua que fluye sobre las rocas genera ondas estacionarias, agua que parece querer fluir contra la corriente.

Al pasar sobre las montañas, el viento se eleva y se forman remolinos. Si el viento sopla con fuerza y se encuentra con terrenos empinados, puede ser muy potente, y se han dado casos en que aeronaves ligeras han sucumbido a él. Pero lo más habitual es que se generen el impulso y las turbulencias suficientes como para llevar parte del aire a regiones más altas y frías; si es lo bastante húmeda, esta corriente estará marcada por nubes, tales como las nubes lenticulares o «de lente», *Altocumulus lenticularis*; su forma recuerda a muchos a la de una lente o incluso a un *OVNI*. Las primeras veces que observamos este efecto es normal que nos maravillemos antes las extrañas formas, pero, a medida que nos acostumbremos, veremos montañas en el cielo.

El pasamanos invisible

Cuando estoy en el bosque, duermo en cualquier postura, pero me gusta despertarme bocarriba porque me acuerdo de la creencia de que los jaguares de la selva ecuatoriana no atacan a una persona que duerme bocarriba.[1] Al ver unos ojos y una cara, los jaguares reconocen a un ser vivo, como ellos mismos, pero no dudarán en hincar el diente a alguien que esté bocabajo, al considerarlo carne. No hay jaguares en West Sussex, pero es un pensamiento estimulante con el que despertar.

Aún no había anochecido mientras caminaba por un amplio sendero que cruzaba la colina, en dirección este, hacia Leo, con Orión marcando el sur a mi derecha. Entonces tomé una senda de animales hacia el sur, antes de doblar de nuevo hacia el este y Leo. Cuando caminaba con la luna delante, la visibilidad fuera del bosque más denso y lejos de los tejos monolíticos era buena. Facilitaba la lectura de las arrugas de la tierra. Nos sentimos tentados a pensar que veremos más fauna bajo una luna brillante, pero muchos animales nocturnos son menos osados en ese momento y prefieren mantenerse a cubierto. Los márgenes del bosque están vivos en noches como esa.

Tomé un desvío, y subí por una ladera para evitar el sotobosque denso e incómodo que crecía en una parte del lecho seco del arroyo. Por la noche, las rutas más largas y amables son la elección más fácil. *Imshi sana wala tihutt rijlak fi gana,* como dicen los beduinos.[2] Es mejor ir por el camino largo durante un año que arriesgarse a caer en una zanja.

Entonces llegó esa sensación, no de desorientación (las estrellas y la luna me ofrecían cientos de brújulas fáciles), sino de no tener ningún punto de referencia a la vista. Me encontraba en un valle entre las colinas y su forma no se veía con claridad, salvo por las ondulantes líneas oscuras que tocaban el cielo. Tampoco se distinguía la forma del bosque, y no se veían ni oían ríos ni arroyos. Veinte años antes, en algún lugar remoto, habría sentido que se me aceleraba el pulso. Puede que hubiera cabalgado sobre las primeras olas del terror y contemplado sus crestas con un pánico inminente. Pero en aquel momento supe que «el pasamanos» estaba allí. (La palabra «pánico» procede de la antigua figura de la mitología griega de lo salvaje, Pan: es la sensación que experimentamos cuando nos hemos extraviado en su reino).

En la navegación, un «pasamanos» es una característica linear del paisaje que puede identificarse y seguirse con facilidad, tal como ríos, senderos, carreteras, vías férreas o crestas montañosas. Constituye una de las técnicas de navegación universales, empleada por gentes de todo el mundo, desde personas indígenas a caminantes esporádicos, porque es muy efectiva.

No resultará sorprendente saber que podemos evitar perdernos siguiendo una de esas claras líneas en un paisaje, pero lo que veremos aquí es cómo adquirir una fuerte noción de nuestra posición empleando esas líneas *incluso cuando son invisibles*. Uno de los mayores progresos en la navegación natural es la confianza, un sentimiento que experimentamos cuando entendemos que saber exactamente dónde estamos es un regalo excepcional. La mayor parte del tiempo, incluso en un paisaje familiar, aprenderemos a gozar de la sensación de no saber con seguridad nuestra posición exacta al tiempo que estamos rodeados por líneas y formas benignas. Esto es cierto incluso cuando ha pasado mucho tiempo desde que las hemos visto.

Si sabemos que estamos a un lado de una carretera, vía férrea, río, sendero, margen del bosque, cresta montañosa u otro elemento linear y sabemos por dónde discurre, tenemos libertad para jugar. Al añadir una señal más, ya sea en el cielo o en la tierra, podemos vagar junto a este «pasamanos» y no sentirnos perdidos. Podemos avanzar por tierras sin caminos, o incluso por mar, y sentirnos seguros, pues sabemos que las estrellas, el viento o la pendiente nos indican dónde se encuentra nuestro pasamanos invisible.

Si sabes que hay un sendero al norte que va del oeste al este, como en el ejemplo de abajo, siempre encontrarás esta guía si vas hacia el norte; no hace falta que sea un norte perfecto. Si la guía es lo bastante larga, podrás caminar hacia el noreste o noroeste, o hacia una dirección y, luego, hacia otra, y encontrar este pasamanos.

Esto puede hacerse sin emplear como referencia nombres de estrellas o constelaciones y sin siquiera usar los nombres cardinales, como este o norte. Si te alejas de un pasamanos de cualquier tipo durante una excursión corta y caminas con una constelación a tu izquierda, serás capaz de encontrarlo otra vez si caminas en su busca con esa constelación a tu derecha. Las estrellas nos ayudan a crear un camino y el pasamanos forma parte de un mapa mental.

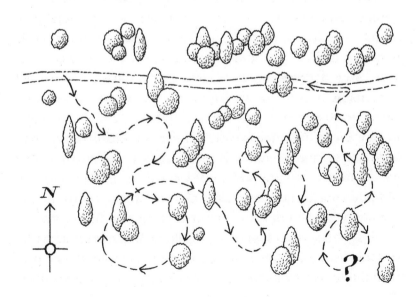

El mismo método se aplica si sabemos dónde se encuentra un pasamanos respecto al sol, el viento, la tierra o los sonidos de los animales. En distancias cortas podemos encontrar el camino de regreso hasta la linde del bosque basándonos en su posición respecto a las pendientes, la brisa e incluso los sonidos de las ovejas.

Para desarrollar esta habilidad, todo lo que tienes que hacer es experimentar con un pasamanos claro y un punto de apoyo sólido. Por ejemplo, una vez escogido cuidadosamente el punto de apoyo, puedes alejarte de un sendero claro en el bosque y aumentar la distancia de forma gradual. Tan pronto como el pasamanos haya desaparecido, emplea la señal para situarlo. Ahora vuelve atrás unos pasos hasta que reaparezca. Aléjate un poco más y repite el ejercicio. Advertirás que empiezas haciendo algunos cálculos básicos: «He caminado hacia abajo, así que el sendero está hacia arriba» o «Tenía el sol en la cara, así que debo dirigirme en la dirección en la que se proyecta mi sombra». Pero el cerebro no te permitirá trabajar durante mucho tiempo: pronto desarrollarás un sentido que te dirá dónde se encuentra el camino. Este ejercicio también puede practicarse en el centro de una ciudad: pierde de vista la calle principal (tu pasamanos) y aventúrate por las bocacalles serpenteantes con tu punto de apoyo en mente; entonces, escoge un momento para regresar a la calle principal.

Existen ciertos riesgos asociados a este tipo de navegación, pero cuanto mayores y más llamativos sean tu pasamanos y tu punto de apoyo, más sencillo y seguro será este método. Lo importante es evitar la ambigüedad. La práctica te permitirá localizar el pasamanos tanto si recorres un kilómetro como cincuenta metros. Con más práctica se puede ampliar a los días de camino de los que son capaces los navegantes indígenas.

Lo único que cambia si nos aventuramos más lejos del camino es que, a medida que pasan las horas, las constelaciones se mueven por el cielo nocturno, los vientos cambian, las pendientes fluctúan y los animales se mueven, así que familiarizarse con estos movimientos permite cubrir distancias mayores. Pero el principio del sentido del pasamanos no cambia. Se aplica a casi todas las claves de la navegación natural, incluida la manera en que se dobla la hierba.

Puede ser tan simple como saber que hay un río que fluye en la dirección de una costa distante. Cuando nos colocamos en un valle entre las colinas y perdemos de vista ambos, esto no tiene por qué arrebatarnos la noción de que el río sigue ahí: todavía es un pasamanos que podemos encontrar si subimos la colina hasta ver el mar y lo dejamos atrás. Sentiremos el pasamanos incluso aunque no lo hayamos visto durante horas o días.

Pronto, el sol se alzó sobre las colinas del este y entrecerré los ojos. Volví a descender hasta las sombras; el alba llega antes a más altura y desciende sobre los valles. Tuve que subir un poco más para encontrar el sendero, mi pasamanos, y me aferré a él mientras regresaba siguiendo mi larga sombra de camino a casa.

Bosques claros y oscuros

Cuando salí del bosque, tenía la cara rasguñada y llena de cortes y la chaqueta estaba cubierta de gotas de resina. En cierto punto, me había desorientado de verdad. El instinto me decía que caminara en una dirección, pero el cielo me indicaba una cosa completamente distinta. Las nubes, visibles a través de un estrecho espacio entre las copas de los árboles, me mantuvieron en el rumbo correcto.

Hubo un momento, unas dos horas después de haber entrado en el bosque de Kielder, en Northumberland, en que empecé a sentirme algo desanimado ante la falta de señales que me indicaran el rumbo. No debería haberme sorprendido: una vieja plantación forestal es como el desierto del navegante natural; mucho más difícil de navegar que un desierto real. Aun así, no es una sensación agradable mirar a tu alrededor y encontrar solo una o dos pistas débiles. Entonces, oí el rumbo que debía tomar.

Podemos dividir ampliamente el hábitat de los ciervos en dos clases: lugares abiertos o cerrados, páramos o bosques. La mayoría de los ciervos usa el olfato para controlar sus alrededores y cualquier amenaza que pueda haber cerca, pero su hábitat determinará con qué otro sentido complementará a este. Los ciervos que viven en páramos dependen esencialmente del olfato y la vista, mientras que los ciervos de los bosques emplean más el olfato y el oído. Nuestro sentido del olfato no es lo bastante potente como para convertirse en una herramienta tan poderosa; no obstante, podemos aprender una lección de los ciervos: en un bosque denso, necesitamos usar todas las pistas que nos ofrezca el sentido del oído.

Mientras atravesaba el bosque de Kielder, recibí un poco de ayuda hacia el final cuando oí un delicado estallido de cantos de aves procedentes de una sola dirección. Un aumento brusco en el número, los tipos y los cantos de los pájaros como aquel solo podía significar una cosa: estaba cerca del margen del bosque. Tras avanzar en dirección al canto de los pájaros durante cinco minutos, llegué al páramo. A medida que nos acercamos a la linde de un bosque aumenta el sonido del viento en los árboles. Es un sonido al que me gusta referirme como «burbujeo».

Más allá del propósito general de intentar escuchar de forma más activa en el bosque, una sugerencia más útil sería practicar la identificación de los árboles a partir de sus sonidos. El objetivo no es identificar el árbol en sí; sin embargo, esta es una manera efectiva de practicar la escucha activa. Si sopla suficiente viento, cada árbol genera su propio sonido, y algunos son más reconocibles que otros. Empieza con el fresno, cuyo delicado repiqueteo característico es difícil de confundir, y continúa con las interferencias de un haya y el susurro de un álamo temblón, hasta las exigentes coníferas. Una vez hayas creado una colección de sonidos de un volumen considerable, puedes añadir otros: el sonido de cada árbol bajo la lluvia. A los amantes de las palabras les gustará saber que existe una para el susurro crujiente de las hojas mecidas por el viento: psiturismo.

La visión de larga y media distancia tiene una utilidad limitada en un bosque denso. De hecho, quienes viven exclusivamente en estos bosques se alejan de este tipo de visión y pueden tener problemas con la escala y la perspectiva al salir de ellos. Hace décadas, en el Congo, un pigmeo salió de un bosque y apareció en un valle, donde confundió a los búfalos distantes con insectos cercanos.[1] Aquellos que trabajan en la silvicultura hablan a veces de la «ceguera del bosque», un estado temporal donde todo parece idéntico.[2]

En un bosque menos denso o en uno caduco en invierno, el sentido de la vista se vuelve primordial. Observa el bosque en todas direcciones y verás que el nivel de luz fluctúa. A veces, las variaciones pueden ser tan grandes que resultan sorprendentes. La causa no solo se encuentra en los cambios en la densidad y profundidad del bosque, sino también en la forma de la tierra: donde el terreno desciende, la luz aumenta, y viceversa. Si practicamos y buscamos cambios en la luminosidad, desarrollaremos una especie de visión de rayos X. Empezaremos a percibir cambios bruscos que quizá antes no advirtiéramos y, con ello, distinguiremos los márgenes del bosque, claros, colinas y cambios de pendiente que antes no veíamos.

Los senderos, caminos y cortafuegos de los bosques provocan un aumento de la luz a lo largo de su longitud debido al espacio entre las copas de los árboles y también a que el suelo alrededor del camino suele ser de un color más reflectante. Los suelos de los bosques absorben luz y se vuelven oscuros, mientras que los senderos y caminos reflejan la luz de manera más efectiva. La hierba es mucho mejor reflectora que la maleza y el mantillo del bosque.

Después de haber prestado atención a estos cambios lumínicos, verás los cortafuegos y caminos más anchos a distancias mayores de lo que habrías creído posible. Puede que, al advertir franjas de claridad en el bosque, sientas que la luz te cerca. Después de mucha práctica también aparecerán senderos más pequeños e incluso sendas de animales.

Prestar atención a las alteraciones en los niveles lumínicos del bosque también nos hará más sensibles a los cambios del clima: es menos probable que se nos escape el oscurecimiento que anuncia cualquier deterioro. Y sintonizar con los sonidos y la luz del bosque añade riqueza al cambio de las estaciones.

Si llevamos un tiempo cruzando un bosque y vemos que estamos a punto de salir a un camino, cortafuegos u otra abertura natural entre los árboles, es buena idea disminuir la velocidad de inmediato y moverse con sigilo. Estos espacios vacíos nos permiten ver a largas distancias y nos ofrecen oportunidades excepcionales de atravesar el bosque con la mirada. Si no vemos la fauna, a pesar de tener la brisa de cara, tal vez sea porque los sonidos que hacemos al caminar alertan a los animales antes de que queden a la vista.

Sin embargo, si nos movemos lenta y sigilosamente en los claros, podemos dar la vuelta a la tortilla. Al salir con cuidado del margen del bosque, puede que de repente veamos a una distancia diez veces mayor que hace un momento, lo que aumenta las probabilidades de divisar animales en un porcentaje similar.

Las cáscaras crujieron bajo mis pies y un pájaro salió volando un poco más adelante. Me detuve, levanté la vista hacia las copas de los árboles y, luego, me giré lentamente. Estaba rodeado de hayas por doquier; sus delgadas ramas superiores entretejían los espacios entre las inferiores, más gruesas. Bajé la mirada y dejé que la vista se ajustara antes de girarme lentamente de nuevo. Vi el color norte.

Los líquenes son sensibles a los nutrientes, el agua, la acidez, la calidad del aire y la luz. En ellos observamos algunas tendencias generales. El número y variedad de líquenes aumenta a medida que nos acercamos al margen de un bosque, donde los niveles de luz son más elevados. Su número cae en picado cuando nos aproximamos a las ciudades, y sus características cambian en dirección al mar. Un liquen marítimo, *Ramalina siliquosa,* tolera la niebla salina y es tan fiel a sus hábitos costeros que en inglés se lo conoce como *sea ivory* ['marfil marino'].

En 1970, se introdujo la escala Hawksworth y Rose para inferir los niveles de contaminación del aire a partir de los líquenes que se encuentran en los árboles. Esta escala puede ayudarte a estimar lo cerca que te encuentras de zonas industriales, ya que los líquenes reflejan los niveles de dióxido de sulfuro y cada especie tiene una tolerancia diferente a sus efectos (el gas y la lluvia ácida que lo acompaña se consideraban una amenaza mayor en los años setenta que hoy en día).

Hay miles de líquenes en el mundo y muchos requieren un análisis para identificarlos o entenderlos. La mayoría favorecen el pensamiento lento y no son fáciles de percibir de manera intuitiva. Por lo tanto, podemos o bien convertirnos en liquenólogos y lanzarnos con una lupa sobre sus cuerpos fructificados o fijarnos en sus colores, tonalidades y texturas y asimilarlos de manera continua hasta desarrollar una percepción intuitiva de las especies que encontramos a nuestro alrededor y su significado. Uno de estos acercamientos da muchos frutos.

La luz es uno de los factores decisivos que determinan qué líquenes prosperarán y dónde. En bosques caducifolios mixtos en los que el sol penetra de vez en cuando, esta influencia se hace evidente en las cortezas de los árboles. Los líquenes confieren color y carácter a la corteza de los árboles. Muchos tonos de verde aparecen salpicados por blancos, grises, amarillos, naranjas, rojos oxidados y negros. El aspecto de la corteza determina su color, lo que significa que vemos diferentes colores y tonalidades según la dirección en que miremos dentro del bosque.

Hacia la mitad del día, el cielo meridional es más brillante, incluso cuando está nublado. Así, los árboles al sur parecerán más oscuros, más recortados contra el cielo. Dado que los líquenes más claros se encuentran a menudo en la cara sur de los árboles, que vemos cuando miramos hacia el norte, el color resultante es una mezcla.

Si durante cualquier paseo por el bosque relacionamos la dirección en la que miramos con los colores que vemos en la corteza de un árbol, llegará un momento en que la tonalidad nos indicará la dirección sin esfuerzo. Sabrás que este momento está cerca cuando te parece extraordinario que, antes, las cortezas de los árboles te parecieran de un solo tono y color.

El margen y el seno

Era abril; había caminado veinte kilómetros y el sol brillaba bajo en el cielo. No me sentía preparado para volver a casa y tomé un desvío para alejarme. Me abrí paso bajo un par de tejos oscuros y, luego, me senté en un tronco podrido.

Un banco de nubes distantes ocultó una porción del sol y, pronto, se colocó bajo el horizonte. Un conejo saltaba a lo largo de la valla y las torcaces entraban y salían de la silueta recortada de la linde del bosque. Escudriñé el sotobosque en el margen lejano de los árboles. A la tercera pasada, mis ojos distinguieron algo. Había una pequeña abertura oscura entre las zarzas que se alzaba hasta unos sesenta centímetros del suelo, era notablemente más ancha en el medio y se estrechaba arriba y abajo.

Poco después, obtuve mi recompensa, pero la dirección de mi trayecto me sorprendió. El tejón bordeó torpemente las zarzas, se metió en el hueco oscuro y desapareció.

En un paisaje, el ecotono es la línea de tensión y fricción entre dos tipos de entorno. Atravesamos un ecotono cuando pasamos del agua a la tierra, de un terreno elevado a uno bajo, de una arboleda a campo abierto, de un bosque de coníferas a uno caducifolio o de un cuerpo de agua dulce a uno de agua salada.

La longitud de un río es un ecotono, una línea amplia donde la tierra se encuentra con el agua, y es lo bastante característico como para haberse ganado su propio nombre: la «zona ribereña». En áreas más secas, verás esta banda, con una vegeta-

107

ción más abundante, desde una buena distancia. En resumen, los ecotonos son márgenes, de ahí el nombre de nuestra clave: «el margen».

Los márgenes nos ayudan a encontrar patrones en la arbitrariedad y nos otorgan perspectiva. Si hicieras una lista de las últimas veinte veces que has estado en un entorno natural y has visto algo interesante, y, luego, una lista de las últimas veinte veces que no viste gran cosa, las primeras veinte incluirían más experiencias cerca de estos márgenes.

La clave del margen ayuda a explicar el sexto sentido del naturalista veterano. La primera vez que alguien lee las obras de cualquier naturalista experto de los últimos siglos parece que estos tengan una suerte extraordinaria: ¿cómo ven pasar lechuzas y zorros cuando yo solo veo ortigas que se mecen con la brisa? La respuesta es que conocen este patrón, esta clave.

En cualquier época del año, es más probable que veamos más cosas en los márgenes que en el corazón de un bosque, un cuerpo de agua o un espacio abierto. Puesto que la actividad de animales y plantas es mayor en los márgenes, tiene sentido que les prestemos más atención.

El margen puede funcionar a diferentes escalas: algunos se extienden durante kilómetros; otros, solo unos pocos metros. Veremos más flores silvestres en los márgenes de senderos y caminos que en mitad de ellos o diez metros más allá. Las islas pequeñas están en permanente contacto y tensión con el agua que las rodea, lo que las convierte en grandes márgenes. Esta es una de las razones por las que las islas son zonas con una actividad relativamente intensa. Es posible que, en una isla, haya patos en medio de un estanque y miles de pájaros en una roca mar adentro.

¿Por qué son los márgenes tales imanes de vida? En parte, se trata de una cuestión puramente matemática: las fronteras son aptas para todas las criaturas a los dos lados y algunas necesitan ambos entornos. Imagina el margen de un bosque que colinda con unos pastos. Para simplificarlo, digamos que el bosque es un hábitat adecuado para quinientas especies y que el pasto es apto para otras quinientas distintas, mientras que otras quinientas necesitan ambos hábitats. Es lógico pensar que veremos cualquiera de las mil quinientas especies en la zona de contacto, pero solo un tercio de ellas a cincuenta metros en cualquier dirección.

Además, la mayoría de las presas prefiere estar a cubierto y no se aventurará a campo abierto a menos que se vea obligada a ello. Los animales tienden a seguir los márgenes y a mantenerse cerca de ellos, en fronteras, paredes y setos. Por lo tanto, todos los márgenes son como autopistas naturales. Y allí donde hay mayor actividad, más oportunidades existen; algunos estudios revelan que los depredadores son más activos en los márgenes que en el interior.[1]

El margen es una señal de que ocurrirán cosas.

Cuando la agricultura llegó a Reino Unido entre el 5000 y el 4000 a. C., lo hizo con el reto de mantener separados animales y plantas. Entonces, nació el seto. Los setos son márgenes y, además, tienen dos caras. No ofrecen refugio a grandes mamíferos, pero su estructura rica en espinas los convierte en un cobijo ideal para pájaros y mamíferos más pequeños.

Desde entonces hasta el día de hoy, los setos no se plantan para separar a los animales más pequeños, sino para crear una barrera para los animales domesticados más grandes, como son las ovejas y las vacas. Los animales más pequeños no pueden atravesar un seto a placer: deben encontrar su propia ruta practicable entre el laberinto de tallos, ramas y espinas. Un proceso de prueba y error ha llevado a conejos, zorros, tejones y otros animales a preferir ciertos puntos de acceso. Con el tiempo, se establecen pequeños callejones naturales; cada margen y seto tiene unos cuantos. Estos pasarán desapercibidos a menos que los busquemos, pero son sorprendentemente fáciles de encontrar. Recorre con los ojos la parte inferior de cualquier seto, a unos centímetros del suelo, y los verás. Si tienes problemas para localizarlos, agáchate para cambiar de perspectiva y per-

mitir que pase más luz a través del seto. Con la práctica, estos huecos serán cada vez más evidentes.

Si combinamos los altos niveles de actividad en los setos con el hecho de que muchos animales se ven obligados a pasar a través de ciertas entradas naturales, esto nos da un medio para predecir la acción. Sabremos dónde aparecerá un animal.

Aquellos a quienes les interesa saberlo, principalmente cazadores comunes y furtivos, han localizado estos puntos desde hace siglos; siempre han sido la ubicación lógica para una trampa. Este punto es tan importante que se ha ganado su propio nombre; puede que lo oigáis nombrar como «paso», pero a mí me gusta llamarlo «seno».

El fuego

Seguí mi camino por el sendero de arena entre los brezos, en dirección a la hilera de pinos en la distancia. Por el rabillo del ojo advertí un fuego. La sensación fue inconfundible, algo extraordinario, pues el fuego se había extinguido, probablemente hacía unos tres años.

Hemos evolucionado para detectar cualquier señal de fuego activo. Su olor característico capta nuestra atención, seguramente porque el fuego siempre ha sido importante. Cuando arrasa un lugar de forma descontrolada, es, por supuesto, letal, y muchos de nuestros antepasados han debido de perecer en bosques convertidos en infiernos. Pero los fuegos más pequeños son igual de significativos, ya que son un indicador de actividad humana. Una pizca de humo en la brisa es imposible de ignorar, como una llamarada que se alza contra el viento.

La naturaleza también advierte el fuego. Este mata a la mayoría de las plantas y obliga a huir a la fauna salvaje, pero es solo el principio del cambio que provoca. Los paisajes recuerdan el fuego durante mucho tiempo. Cuando se origina un fuego se concentran minerales, que permanecen en las cenizas mucho después de que se hayan extinguido las llamas y que alteran la ecología del área, perjudica a muchas plantas y favorece a otras. A los círculos de ortigas amantes de los fosfatos pueden unirse epilobios y cardos. La devoción del epilobio por colonizar zonas despejadas por el fuego le ha hecho granjearse el mote inglés de *fireweed*, 'hierba del fuego'. Más abajo, los musgos y los líquenes de la especie *Cladonia asahinae* prosperan en lugares donde ha habido fogatas. La *Funaria hygrometrica*, conocida en inglés como «musgo de las fogatas», pinta la tierra cubierta de cenizas con sus diminutas hojas en forma de huevo.[1] Un lugar donde ha habido una fogata y que se ha dejado en manos de la naturaleza destacará de la tierra que lo rodea durante al menos una década, a menudo mucho más. Una vez nos hayamos familiarizado con las plantas que colonizan estas zonas, seguirán resplandeciendo, como si el fuego nunca se hubiera apagado.

El ramoneo, el mordisco y el refugio[1]

Sentado junto a una valla en la linde del bosque, estudié el extremo más alejado de un campo en busca de movimiento. No vi nada. Bajé la vista y enfoqué la imagen del tosco sotobosque. Advertí unos conejos. Al cabo de unos minutos, me inquieté y busqué su madriguera.

En todos los paisajes verdes, los animales y las plantas libran una batalla. Encontramos restos de ella y señales de animales invisibles en el follaje que nos rodea, como huellas que planean entre nuestra línea visual y el suelo, pues todos los animales delatan su presencia con las marcas que dejan en las plantas. Los ungulados, animales con pezuñas como los ciervos y el ganado, y los roedores, conejos y liebres, son los más fáciles de advertir.

Las praderas son una señal del dominio de los rumiantes, ya que el terreno se convertirá de nuevo en un bosque si los retoños no se «cortan de raíz», pero esto ocurre a un nivel extremo dentro de la escala. Las señales más interesantes se encuentran en lugares donde ni animales ni plantas tienen ventaja. Algunas señales comunes son el ramoneo, el descortezo y el desgaste.

El «desgaste» es el daño provocado en los troncos de los árboles y el follaje por el hábito que tienen todos los ciervos macho de frotar la cornamenta y las glándulas odoríferas contra ellos para marcar el territorio. Se trata de una práctica bastante agresiva para el árbol que no solo marca la corteza, sino también las ramas más bajas. Otra señal del desgaste es un anillo, total o parcial, de tierra removida alrededor de la base del árbol. Si la observas de cerca, verás que las pezuñas delanteras del ciervo se han hundido en la tierra en busca de agarre, mientras se restregaba con fuerza contra el árbol. Además, como consecuencia de la naturaleza bruta y abrasiva de sus acciones, quedarán pelillos en las áreas afectadas. La altura del desgaste es una señal evidente del tamaño de la bestia, como anotó Eduardo de Norwich en el siglo xv: «De igual manera, reconoceréis a un gran venado por el desgaste (si encontráis la zona que el venado ha desgastado) y veréis que [...] la corteza del árbol está desgastada en lo alto y que ha roto y rodeado las ramas a gran altura; y, si las ramas son de buen tamaño, es señal de que se trata de un gran venado...».[2] Las señales de desgaste en las ramas más bajas te indicarán que ha sido obra de un ciervo.

Los ciervos, ardillas, conejos y liebres arrancan la corteza de los árboles para alimentarse. La altura a la que empieza y termina el descortece, el ancho de las marcas de los dientes y las especies afectadas indican quiénes son los sospechosos. Es posible —sobre todo, si eres un guardabosques— identificar al animal responsable del desgaste o descortece a una cierta distancia. Si observamos señales de que la corteza ha sido arrancada bastante por encima del nivel del suelo, y donde una rama se une con el tronco principal, sobre todo en el caso de árboles como el roble y el sicómoro, esto es un claro indicio de la presencia de ardillas; les gusta usar una rama lateral para agarrarse mientras mordisquean la corteza.

El ramoneo es la práctica de comer brotes jóvenes u hojas. Se trata de la señal destacada en esta categoría por dos razones. Primero, porque es una práctica muy extendida y, segundo, porque podemos aprender sobre él sin necesidad de una larga inmersión. En estos mismos instantes, un animal ramonea cerca de ti.

El ramoneo forma parte del proceso de selección natural de las plantas jóvenes. A un tiro de piedra de donde estoy sentado escribiendo, posiblemente haya mil plantones de fresno diminutos. Dentro de veinte años, tal vez una docena de ellos sean árboles. El ramoneo y los humanos se habrán encargado de ello. (Algunos plantones quizá sobrevivan al ramoneo y se conviertan en poderosos especímenes, pero las señales del ramoneo a veces son visibles muchos años después de que haya tenido lugar. Si el brote apical, la parte superior del árbol que crece, se arranca de un mordisco, el árbol puede seguir creciendo, pero con más de un tallo principal. Un siglo o más después, el resultado quizá sea un árbol con un tronco bifurcado).

Las dos claves para reconocer de inmediato el ramoneo son la altura y el perfil del mordisco. Los animales pueden estirar el cuello, alzarse sobre las patas traseras o incluso apoyar las pezuñas delanteras contra los árboles, pero no pueden desafiar a la física: la altura a la que sucede el ramoneo es una clave importante para reconocer al animal responsable. La próxima vez que estés en un campo y adviertas que el dosel de un árbol es sospechosamente ligero, observa a los animales que hacen compañía a esos árboles y verás que un cuello estirado llega al nivel del follaje superviviente más bajo. Repite este ejercicio las veces necesarias y empezarás a ver los animales en la forma plana de los árboles.

Mi ejemplo favorito de una línea de ramoneo, uno que resulta evidente cuando sabes buscarlo pero que permanece invisible para la mayoría, es la hiedra que trepa por los árboles. Cuando paseas cerca de las lindes de un bosque, es probable que veas un montón de hiedra. Observa los árboles y fíjate dónde empiezan las hojas de hiedra. Si es por debajo de la cintura, hay pocos ciervos en la zona. Si ves una línea de hiedra a lo largo de varios árboles que comienza a la altura del pecho, probablemente haya ciervos cerca. Si practicas durante varios paseos, la línea de hiedra comenzará a destacar. Quizá también adviertas que a los ciervos les gusta ramonear las hojas de los tallos que crecen en los árboles, pero son menos aficionados a comer la hiedra que cubre el suelo, que se expande sin control.

Cada vez que un animal ramonea, muerde, pero no hay dos mordidas iguales. Percibí a los conejos en el tosco sotobosque porque había una mordida diagonal (oblicua) limpia en las zarzas, cerca del suelo. Los conejos y las liebres dejan un corte limpio después de ramonear porque poseen incisivos superiores e inferiores. Los ciervos y otros ungulados, incluidas las ovejas, aprietan el tallo de las plantas entre los dientes inferiores y un área dura de la parte superior de la boca para arrancarlo. Esto deja un borde más descuidado e irregular en el retoño. (Para averiguar si alguna liebre o conejo ha pasado por un lugar concreto, no observes solo la mordida, sino el patrón de ramoneo en general. El ramoneo de los conejos es radial, se abre en abanico desde un lugar cubierto o desde la madriguera, pero las liebres a menudo siguen una línea natural, como el margen de un campo o un bosque).

Los corzos y los gamos comunes son las dos especies de ciervos que veo más a menudo, casi a diario. Los corzos son más bajos que los gamos comunes, pero los árboles y el sotobosque que ambas especies ramonean están dentro del mismo rango. Las zarzas son uno de los alimentos básicos para estos cérvidos, y comprenden tal vez el ochenta por ciento de su dieta en la zona donde vivo. Esto me proporciona un mapa fiable e instantáneo de la actividad de los ciervos durante mis paseos.

«Refugio» es el nombre que doy a cualquier zona protegida del ramoneo. Cada animal tiene su comida preferida y sus limitaciones físicas. Si unimos esto, descubrimos que la manera en que ciertas plantas prosperan o sufren en cada zona ofrece fuertes indicios de la presencia de animales concretos.

Cuando los jardineros, guardabosques o conservacionistas quieren que los árboles se regeneren, una de sus estrategias principales es bloquear el paso a los animales que ramonean. Cerca de donde trabajo se han vallado grandes áreas como parte de un plan para permitir que setenta y cinco hectáreas de tierra de cultivo puedan convertirse de nuevo en el paisaje arbolado de hace un siglo. La zona solo es accesible a través de unas puertas metálicas automáticas muy altas. Se trata de un refugio gigante: los ciervos no pueden entrar, y se nota. Después de solo un par de años, espacios como este adquieren un aspecto notablemente diferente al de las tierras de cultivo, bosques o márgenes vecinos. Todavía no hay árboles grandes, por supuesto, solo unos cuantos plantones jóvenes desperdigados, pero la principal diferencia se encuentra en la densidad y la altura del sotobosque. Hierbas, euforbios, una miríada de flores silvestres, zarzas y muchas otras especies han creado una alfombra cuya altitud varía entre la altura de la rodilla y la de la cintura a lo largo de la zona vallada.

A solo diez metros fuera de la valla encontramos el sotobosque esquilado a la altura del tobillo y la espinilla; es el contraste entre el ramoneo y el refugio en mayúsculas. Pero no es necesario un proyecto oficial de regeneración para apreciar este contraste; existen pequeños refugios esparcidos en todos los paisajes, cualquier elemento que excluye físicamente a los animales que ramonean o los disuade puede ayudarnos a desarrollar una

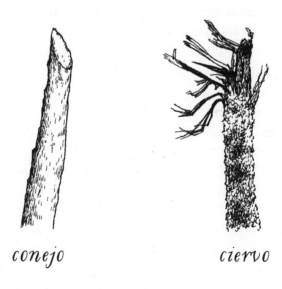

conejo   ciervo

Señales de ramoneo

117

percepción instintiva de los animales que hay a nuestro alrededor, incluso cuando los animales permanecen bien escondidos. El elemento disuasorio que verás más a menudo es la actividad humana; fíjate en cómo la altura de las zarzas y otros matorrales aumenta cerca de los senderos, edificios y otros núcleos de actividad humana. (Esto también se verá influenciado por los niveles de luz y de nutrientes, como las heces de perro junto a los caminos; las ortigas revelarán si los nutrientes son la causa).

Si un animal que ramonea, como un conejo, domina un terreno, encontrarás otra señal de su presencia en las especies que evitan. Los conejos rara vez comen hierba de Santiago, así que los suelos pelados con erupciones de ciertas plantas son otro indicador de las especies de animales que habitan un lugar.

Habrás reparado en que algunas de las señales de esta sección se perciben con rapidez y otras requieren pensar un poco más. Como regla general, el ramoneo y el posible culpable pueden detectarse de forma inmediata, al igual que un refugio. Si estás cerca del suelo, enseguida verás la mordida. Todo lo demás llegará a su debido tiempo. La identificación precisa de especies puede requerir mucho más tiempo que la apreciación instantánea de la existencia de ciervos o conejos en la zona.

La celebración y la sombra

Sentía un hormigueo en la cara y las manos mientras las gotitas de lluvia me golpeaban. Unas oscuras nubes estrato se extendían en todas direcciones. El viento emitía un débil silbido al doblar la esquina de una granja. Un sendero junto al muro de metal corrugado conducía hasta un bosque.

Era finales de julio y las copas de las hayas acaparaban la luz y dejaban pasar poca al suelo del bosque. Las ramitas cedían instantáneamente bajo los pies; las viejas cáscaras de los hayucos resistían un poco antes de quebrarse. Caminé durante diez minutos por el suelo de un bosque que exhibía una gama completa de verdes y marrones.

El musgo silenciaba ahora mis pasos. Sonreí cuando se dibujó una línea del suelo al cielo, que se extendía desde el rabillo de cada ojo y componía una brújula perfecta en el aire delante de mí.

La vegetación que vemos está gobernada por dos tipos de influencias: la genética y la ambiental. Una dicta las especies que vemos y la otra da forma a su carácter. En lugares fríos, húmedos, expuestos y sombríos encontraremos pocas de las plantas que vemos en lugares calientes, secos, protegidos y luminosos. Pero, entre ambos extremos, hallamos ejemplos de cada especie más grandes o más pequeños, más frondosos o más delgados, e incluso más feos o bonitos.

Con excepción de un pequeño número de carnívoras o parásitas, todas las plantas, desde las hierbas cortas hasta las poderosas secuoyas, obtienen su energía de la luz. Esto nos lleva a esperar más vegetación donde hay más luz, y nuestra experiencia lo confirmará. Encuentra un grupo de coníferas en una zona abierta y camina entre ellas; observarás que las plantas más bajas desaparecen a tu alrededor.

La luz del sol supone un segundo estímulo importante para la abundancia de vida: aumenta la temperatura, cosa que incrementa el ritmo de la mayoría de los procesos en las plantas. La luz y el calor permiten la vida y, luego, la aceleran. Todos sabemos que esto tiene limitaciones en entornos extremos, como los desiertos, pero también pasamos por alto muchas sutilezas.

La luz tiene una profunda influencia en el tamaño y el color de las hojas, el crecimiento del tallo, la solidez, las raíces y los brotes, el aspecto y el ritmo de floración de las flores. Los árboles de hoja ancha tienen hojas más delgadas, anchas y oscuras en el lado norte, con más sombra, y las coníferas presentan agujas más delgadas y oscuras también en el lado septentrional. La diferencia más interesante es que, en muchas plantas, más luz significa más flores. Algunas florecen bien en la sombra, como la celidonia menor y la hierba de San Benito, pero son excepciones. Las flores de las plantas que dependen de los insectos para la polinización tienden a mirar hacia la luz. Necesitan que los insectos vean las flores y cuanta más luz reflejan, más posibilidades tienen.

La ubicación es significativa, sobre todo en lo que respecta a la navegación natural. En las zonas septentrionales del mundo, la mayor parte de la luz procede del sur, por lo que vemos más vida en zonas orientadas hacia el sur; la cara meridional de una colina puede recibir hasta veinte veces más luz que la cara norte.[1] Las pendientes orientadas hacia el este reciben más luz por la mañana y las orientadas hacia el oeste, por la tarde; esto es algo que cabe esperar, pero, en esos momentos, también experimentan picos de irradiancia que algunas plantas no toleran. La luz también rebota en superficies reflectantes permanentes, como las rocas, o efímeras, como las nubes. Una pendiente orientada hacia el norte frente a la cara brillante de un acantilado puede albergar plantas que tendrían problemas de supervivencia si el acantilado no compartiera su luz.

El nivel de luz solar también influye en la cantidad de humedad disponible para las plantas; a menudo, los lugares orientados al sur son notablemente más secos que los que están orientados al norte. Juntos, estos factores dan lugar a diferencias destacadas en la flora en ambas laderas de cualquier montaña. Las especies exactas dependerán de la geografía del área (incluidos el suelo, la latitud y el clima), pero enseguida reconoceremos cuáles son habituales en nuestra zona y también las favoritas de cualquier terreno nuevo. Bajo el dosel del bosque existe toda una gama de niveles de luz y de colores, desde la profunda oscuridad de las sombras de los tejos a la luz más brillante y verde de las hayas y los fresnos, mientras que los abedules a veces permiten tomar el sol en un día caluroso.

Cada paisaje posee miles de niveles de luz e intensidades variables. No percibiremos todos estos cambios sutiles ni la transición de la vida vegetal que los acompaña, pero, si nos interesamos por la relación entre la luz y las especies de plantas, los cambios más llamativos se harán evidentes.

Durante mi paseo bajo la llovizna, pasé algún tiempo en un entorno con poca luz en un día nublado, caminando entre especies tolerantes a la sombra, como el mercurial.[2] Al centrarme en los cambios sutiles, descubrí zonas donde la luz del sol era a veces demasiado intensa para estos especímenes fotosensibles, que habían empezado a marchitarse y adquirían una tonalidad marrón. Sin embargo, a solo unos metros de distancia, el tronco de un árbol debía de arrojar sombra al mediodía, porque la planta había crecido en una fina franja.

La rosa de los vientos de la brújula en el cielo se formó cuando vi la pequeña erupción de zarzas, mejorana y otras flores silvestres. Esta pequeña comunidad era indicio de una gran cantidad de sol directo, algo que solo era posible porque el agujero en el dosel del bosque estaba orientado hacia el sur.

Si conviertes la naturaleza en un «laboratorio», puedes acelerar la revelación. Busca un lugar que presente una marcada diferencia entre los diversos niveles de luz (una abertura en el dosel del bosque es ideal) y visítalo a mediodía de una jornada soleada. Observa dónde toca el suelo la luz del sol, estudia las plantas que crecen ahí y repara en las diferencias entre estas y sus vecinas en la sombra cercana. Sigue haciendo esto y pronto «verás la luz» en días nublados y, a veces, incluso de noche. Si practicas y dibujas una línea desde las plantas amantes de la luz hasta la fuente de dicha luz, pronto desarrollarás un sentido del rumbo. Con esta clave —a la que llamo «celebración»— percibirás el rumbo y el significado a partir de la manera en que las plantas revelan un aumento súbito de los niveles lumínicos.

Su equivalente es «la sombra», donde plantas tolerantes a la sombra, como el aro, anuncian una bajada de los niveles de luz entre otras especies amantes del sol. La sombra indica la presencia de un obstáculo que arroja sombra entre esas plantas y el sur. Ambas forman parte de la gama más amplia de claves ambientales.

De la misma manera que las plantas revelan hechos sobre la luz, también nos dan información sobre los niveles de nutrientes y de agua en el entorno. Las ortigas, la acedera y el saúco son indicadores de niveles artificialmente altos de nutrientes; en un paisaje por lo demás salvaje, dan muestra de actividad humana o animal. Los alisos, sauces y otras muchas plantas, como los juncos, indican un suelo húmedo.

He llamado a esta clave «la celebración» porque el descubrimiento de flores silvestres, cuando va acompañado de una percepción instantánea de la luz y el rumbo, nos llena de júbilo y satisfacción.

El amigo, el huésped y el rebelde

Había sido una hora frustrante. Atravesar una plantación de píceas me había provocado una sed de señales. Había encontrado brújulas en los árboles que una tormenta había tirado y empujado desde el suroeste hacia el noroeste, y señales más viejas en la tierra tumultuosa. Las tormentas de siglos pasados habían creado montículos donde una vez hubo viejos raigambres y hondonadas allí donde los había arrancado de la tierra; una línea de suroeste a noreste unía la hondonada con el montículo. Pero los últimos días me había malacostumbrado a recoger pistas y señales en tierras más abiertas, como si fuera su deber presentármelas. Ahora, irritado, las codiciaba.

La luz, los líquenes y la hiedra anunciaron el margen del bosque. Pasé junto a las últimas píceas y vi un roble con ramas bajas que se extendían ampliamente. Ahora tenía claro que habría señales en abundancia.

Cada árbol que encontramos es un amigo, un huésped o un rebelde; cada especie es una parte bien consolidada del paisaje, una adición reciente o, simplemente, está fuera de lugar. Y una vez reconocemos a qué categoría pertenece cada árbol, sabemos al instante qué más nos puede revelar. Las especies nativas han crecido unidas al paisaje: cada árbol nativo que vemos es hogar de un gran número de organismos mucho más pequeños. Estos musgos, líquenes, hongos e insectos pueden aportarnos una comprensión tan rica de cuanto nos rodea como el árbol en sí mismo.

Cada vez que veo un roble siento un estímulo tanto por su familiaridad como porque sé que me ofrecerá muchas pequeñas señales. Los robles viven en Gran Bretaña desde hace miles de años y, en consecuencia, albergan una red vital más compleja. Sé que un roble me dará docenas de brújulas a partir de los líquenes que han construido su hogar en sus ramas y que extraeré información de las agallas y otros miembros de su comunidad.

Los árboles invasores son huéspedes. Han llegado, a menudo sin que nadie los invite, y no se han establecido fuertes asociaciones en un sentido ecológico: los organismos más pequeños todavía no los conocen tan bien. Son anfitriones más pobres y conforman ecosistemas más débiles. Debemos esperar menos vida en una pícea, un sicómoro, un arce de Noruega o un alerce que en los árboles nativos como el roble, el pino silvestre, el tilo o el haya. Un sicómoro puede ser el hogar de 15 insectos y 183 líquenes asociados, pero un roble quizá cuente con 284 insectos y 324 líquenes asociados.[1] En un bosque bávaro, un científico halló 257 especies de animales en un único gran pino nativo.

Si nos encontramos ante un ecosistema rico en especies nativas, las posibilidades aumentan de manera exponencial. Los setos antiguos a menudo contienen las tres especies nativas de espino blanco, endrino y avellano. En una extensión de noventa metros de un seto de Devon, un ecologista encontró un total de 2070 especies.[2] Si nos mantenemos fieles a nuestra filosofía de que cada ser vivo es una señal, entonces la riqueza de información que un tramo corto de arbustos puede ofrecer es prometedora.

El rebelde es el árbol que no pertenece a ningún contexto natural; no es nativo ni un recién llegado accidental. Dice más sobre la actividad humana que sobre la naturaleza. Si caminamos por un paisaje y encontramos un árbol que destaca por no encajar, esto debería darnos una pista sobre la actividad humana. Me deleité con el fruto de un árbol así en el corazón de Borneo, que hablaba sobre un pueblo desaparecido hacía mucho tiempo. Sin embargo, más cerca de casa los árboles anómalos son más comunes.

Las hileras de álamos negros conforman una señal segura de actividad humana en un paisaje. Son inconfundibles, con sus características columnas estrechas, incluso desde lejos; es uno de los pocos árboles que destacan desde el aire y que los pilotos emplean como puntos de referencia. El ciprés híbrido de Leyland y muchas otras especies se plantan para esconder la fealdad de un paisaje, tal vez una planta de tratamiento de aguas residuales, pero también hay ejemplos más agradables. Hubo una época en que se plantaban grupos de pinos silvestres para indicar a los arrieros que podían pasar noche y dejar pastar a los animales durante aquellas horas: una versión más atractiva de los grandes carteles de neón actuales que arrojan luces de color hacia nuestras carreteras y señalan las estaciones de servicio.[3] En este caso, lo que destaca no es la especie, que es nativa, sino el diseño del paisaje, los grupos aislados.

Mi ejemplo preferido de un rebelde lo describe Richard Jefferies:

En las viejas alquerías, sobre todo en zonas expuestas (para lo cual hay un motivo), encontramos uno o más nogales. La gente previsora de aquella época los plantaba con el propósito de tallar las culatas de los rifles con la madera cuando se talaba el árbol [...].

La razón por la que los nogales se plantaban en lugares expuestos, en una pendiente, orientados a merced del este y el norte, es porque el nogal es un árbol estúpido que no aprende de la experiencia. Si siente el calor de algunos días magníficos a principios de primavera, inmediatamente echa brotes; y, a la mañana siguiente, una helada cruel acaba con toda esperanza de frutos ese año y las hojas se tornan completamente negras. Por tanto, se busca el viento del este para mantenerlos tan poco desarrollados como sea posible.[4]

Si tenemos la sensación de que un árbol está fuera de lugar, también percibimos la mano humana que hay detrás.

La parca

Era un día nublado y cálido. Alcancé la cima de la colina y me senté entre dos hileras de dedaleras. Mientras bebía un poco de agua y comía algunas almendras, mi cuerpo comenzó a enfriarse y vi el paisaje con más claridad. Una mariposa almirante rojo me esquivó mientras seguía el sendero en la dirección de la que yo había venido. Distinguí una cicatriz en el costado de un fresno: era la forma del sur.

En la naturaleza abunda la vida contra todo pronóstico. Las probabilidades de cualquier planta o animal de triunfar desde sus primeros momentos hasta la adultez son ínfimas, y, si alcanza esa meta, existen miles de organismos ansiosos por privarla de vida. Cada vez que vemos una planta o un animal, incluso cuando nos miramos al espejo, contemplamos una enfermedad y una muerte que se mantiene temporalmente a raya. Este no es un pensamiento alegre, pero la vida no es un cuento de hadas, sino un florecimiento temporal, improbable y exquisito.

Parte de la sensibilidad que permite que todas las señales anteriores destaquen tiene que ver con la consciencia del bienestar de la naturaleza que visitamos. La naturaleza no dispone de hospitales, hospicios, residencias para ancianos ni pistas de petanca. Cuando el equilibrio va en contra de un organismo, pronto alcanza un punto de no retorno y se produce la muerte.

Nuestros ancestros comprendían esta concepción de bienestar por razones inmediatamente prácticas: evitaban comer animales o plantas enfermos y no construían campamentos bajo árboles que estaban a punto de caer. Pero esta consciencia también es parte de una sensibilidad más amplia. Del mismo modo que un padre o una madre se percata antes que otros adultos de que su hijo o su hija se está resfriando, aquellos plenamente inmersos en la naturaleza permanecerán en sintonía con las fluctuaciones del bienestar de esta familia más extensa.

Ser consciente permite acceder también a la interconexión de nuestro entorno, ya que las plantas y los animales sucumben a otros organismos o a los elementos. Una parcela de bosque moribunda es señal de que los hongos han matado las raíces, y esos hongos son consecuencia de una inundación que ha privado a las raíces de ventilación. Un animal delgado, débil y enfermo puede haberse envenenado, obligado a comer algo tóxico que normalmente no ingiere.

Un animal con heridas recientes puede haberlas sufrido como resultado del conflicto con otro animal; esta puede ser una pista de una disputa territorial, normalmente relacionada con comida o sexo. Vale la pena saber cuándo hay un animal cerca que protege su territorio, y a menudo se le puede identificar por sus heridas. Un pájaro muerto revelará si sufrió el ataque de un mamífero, como un zorro (busca marcas de mordiscos en las plumas) o un ave de presa (los tejidos blandos se habrán extirpado con una mayor precisión y se le habrán arrancado plumas).

Existen cientos de señales que indican que un organismo está en problemas, y todas ellas poseen una complejidad y una riqueza diferente. Si empezamos fijándonos en las que son más evidentes, el tiempo nos permitirá añadir más capas. La señal de que estamos viendo a un ser vivo sucumbir es «la parca».

Como con tantos indicadores relacionados con las plantas, los árboles son el mejor punto de inicio, porque las cosas suceden a una escala mayor y más útil; a los árboles les encanta ofrecer un buen espectáculo.

A estas alturas probablemente sabrás que una de las señales más evidentes del sufrimiento de un árbol es su forma. Todos los árboles caducifolios deberían tener troncos rectos; cualquier desviación tiene una causa y es señal de estrés. La forma de la copa también nos da información acerca de su salud. Antes de morir, los árboles se vuelven vulnerables a parásitos y patógenos. Los árboles caducifolios que son víctimas de estos empiezan a morir por arriba; las coníferas pierden agujas y adelgazan de forma dramática antes de que su punta se marchite.

Los árboles maduros ligeramente retorcidos pueden estar expuestos a más viento en un costado, pero los árboles más jóvenes que muestran un efecto sacacorchos más pronunciado han sido víctimas de trepadoras como la madreselva. Aunque la trepadora ya no esté en el árbol, es posible que haya dejado sus huellas en la escena del crimen. La madreselva crece en el sentido de las agujas del reloj, mientras que otras, como la correhuela, lo hacen en el sentido contrario.[1]

Los saprótrofos, organismos que se alimentan de materia orgánica muerta o moribunda, son la señal más habitual. No hay escasez de ellos. Un quinto de todos los seres vivos depende de la madera muerta y, entre estos, algunos de los más fáciles de recordar y reconocer son los hongos. La *Daldinia concentrica,* conocida en inglés como *King Alfred's Cakes* ['pasteles del rey Alfredo'], se ha ganado ese sobrenombre por su aspecto oscuro, quemado y redondo. Crece con frecuencia en los fresnos y es una señal de muerte; en ocasiones se encuentra en otras especies caducifolias, pero nunca en ramas sanas. También se lo conoce como «hongo de carbón», y los *bushcrafters* y los supervivencialistas lo utilizan como combustible natural para encender fuegos.

La oreja de Judas es fácil de identificar solo con el nombre y nos indica que un árbol de saúco está muerto o tiene problemas. Se dice que el saúco es el árbol del que se colgó Judas Iscariote. El hongo responde a los cambios en el tiempo: se arruga en épocas secas y se vuelve más gelatinoso después de la lluvia. La *Tremella mesenterica* puede encontrarse en madera caducifolia muerta, especialmente de abedul, avellano y tojo. El *Hipoxylon fragiforme,* semiesferas que pasan del rosa al marrón y, luego, casi hasta el negro, se encuentra en ramas muertas de hayas.

Estos hongos aparecen con frecuencia como parte del ciclo de un medio en equilibrio, pero también son víctimas de epidemias en todo el mundo, cuando especies invasoras se aprovechan de poblaciones que no tienen mucha resistencia. La grafiosis del olmo y la acronecrosis del fresno son dos ejemplos recientes en Reino Unido.

La madera húmeda bacteriana, también conocida como enfermedad del flujo de limo, es el equivalente en un árbol de una herida animal infectada. Cualquier corte en la corteza de un árbol deja la sabia expuesta a infecciones bacterianas. Se vuelve tóxico, desprende un olor agrio y reacciona a la humedad expulsando una espuma después de la lluvia que se seca y forma una corteza blanca. Si ves una herida con señales de «sangrado» debajo, ese árbol lucha por sobrevivir. Puede que la herida se cure a tiempo o que algunas ramas mueran.

Si vemos retoños, muchos brotes, creciendo de la base de un roble, esto significa que tiene problemas.[2] Representan una apuesta por una vida mejor y pueden ser consecuencia de que otro árbol ha eclipsado a un roble. En algunas especies, como los tilos, los retoños son comunes y no deberían verse como una señal de debilidad. A menudo verás retoños que crecen de un tocón caído hace poco. El estrés que ha experimentado ese árbol es evidente y aquí los retoños representan una apuesta desesperada por la supervivencia.

La corteza puede estar cubierta de musgo y líquenes, en sus múltiples colores. Pueden parecer amenazantes, pero son habitantes inofensivos. La hiedra no es un parásito ni un saprótrofo y no provoca un daño directo en los árboles, pero puede hacerlos más vulnerables a los temporales cuando actúa como una vela y, ocasionalmente, compite también por la luz. El muérdago supone una amenaza mayor, ya que es, en parte, parásito: a menudo mata ramas y, en el mejor de los casos, dificulta ligeramente el crecimiento del árbol.

Los animales, como las ardillas, las liebres y los ciervos, causan un daño localizado en las partes bajas de los árboles, pero es más probable que una cicatriz larga y vertical sea resultado de un rayo. A veces, esta aparece acompañada de una quemadura oscura. La cicatriz que vi en el fresno sobre la colina, que señalaba el sur, la había provocado algo diferente: una quemadura solar. En las zonas templadas del norte, la cara sur de los árboles está expuesta a fluctuaciones de temperatura dramáticas en invierno, que van de temperaturas bajo cero a otras más cálidas con la llegada del sol del mediodía. Existen investigaciones que han demostrado que la variación de temperatura entre la cara sur y norte de los árboles en invierno puede llegar a los 25 ºC.[3] Una quemadura solar puede provocar una cicatriz permanente, que, por lo general, forma una línea vertical en la corteza del árbol orientado entre el sur y el suroeste. A veces se la denomina «herida invernal suroeste» y es mucho más habitual en árboles jóvenes por su corteza fina. Por lo general, estos sobreviven y, a medida que crecen, pueden producirse contusiones alrededor de la cicatriz vertical.

Los árboles reciben ataques desde múltiples frentes, así que es agradable saber que no están indefensos. Las especies colonizadoras, como los abedules, crecen rápido en lugares donde son vulnerables a animales, luz solar intensa y patógenos. El abedul común desarrolla con rapidez una corteza gruesa que lo protege de los animales; la parte plateada de la corteza contiene betulina, un compuesto antibacteriano y antiviral que actúa como filtro solar. Las píceas y los pinos contienen sustancias químicas que funcionan como antibióticos; son tan efectivas que el aire de sus bosques está prácticamente desprovisto de gérmenes y las agujas pueden utilizarse para matar protozoos si se mezclan con agua.

Las señales que evidencian una salud precaria en animales pueden ser físicas, muy evidentes, o estar relacionadas con un comportamiento poco habitual. Las probabilidades que tenemos de ser testigos de estas últimas dependerán de lo familiarizados que estemos con esos patrones. Soy consciente cuando alguno de nuestros perros o gatos está enfermo, normalmente por sus hábitos alimenticios. Es mucho menos probable que detectar una señal de mala salud en nuestras gallinas; mi mujer pasa más tiempo cuidándolas que yo. El animal con el que todos estamos más familiarizados es el ser humano. Es muy común preguntar a alguien que conocemos mucho si se encuentra bien cuando se tumba o se queda callado durante un rato.

No dudo, querido lector, que es probable que seas inmune a las tentaciones del exceso, pero nuestros amigos y colegas pueden no serlo tanto. Habrás reparado en que la gente se vuelve más o menos locuaz y se inquieta después de una gran noche de juerga. Uno se queda sentado quieto y en silencio, la otra se pasea arriba y abajo y farfulla; al día siguiente, todo vuelve a la normalidad. Algo similar se observa en los animales en cautividad: los pájaros y los peces conocen sus límites en jaulas y tanques, y cualquier roce impropio contra ellas es una señal de malestar. En la naturaleza también se producen cambios de comportamiento similares, pero nuestra falta de familiaridad con ella hace que sean un poco más difíciles de detectar. Es probable que un animal salvaje que no responde cuando cabría no goce de buena salud (o, como veremos más adelante, quizá se sienta amenazado). Apreciaremos la diferencia en los niveles de energía: un animal enfermo estará inusitadamente agitado o letárgico, como nosotros.

Muchos animales, incluidos los simios, elefantes, osos y pájaros, son capaces de automedicarse, una técnica también llamada zoofarmacognosis. Nuestros perros acostumbran a mordisquear hierba en sus paseos, algo que no garantiza cancelar una visita al veterinario, pero otros animales a menudo ingieren cantidades de hierba mayores para aliviar un problema intestinal, al provocarse vómitos o diarrea. Los carnívoros, incluidos los perros, mordisquean plantas para complementar su dieta, y herbívoros como los ciervos a veces lamen carroña. La fertilidad de las hembras de mono araña lanudo en Brasil puede aumentar o disminuir al incorporar ciertas plantas a su dieta.[4]

Tercera parte

Criaturas de significado: los animales

La percha y el centinela

En mitad de un campo de rastrojos había un roble, muerto desde hacía mucho tiempo. Su figura esquelética se cernía sobre el conejo que avanzaba junto a la valla a mi izquierda. Caminé sobre la hierba del perímetro con mucho cuidado. La hierba demasiado larga o demasiado corta puede ser escandalosa, aunque de diferentes maneras. Las briznas largas crujen, pero las cortas no amortiguan el sonido de ramitas, cáscaras o piedras que producen nuestras pisadas.

La silueta de un cuervo destacaba cerca del punto más alto del árbol. Mis ojos iban de la forma inmóvil y oscura al conejo mientras este se alejaba con saltos lentos. Observé al cuervo volverse, detenerse y echar a volar. Antes de mirar otra vez al conejo, supe que se había ido.

Por lo general, nos interesa ver lo efímero antes que lo que es más permanente. Sería extraño pasar un minuto estudiando la forma y los colores de un árbol, y levantar la vista solo para ver si hay un halcón sobrevolándolo.

En cualquier espacio natural abierto habrá al menos algunos lugares elevados (una piedra alta, un seto o la rama de un árbol) que nos ofrezcan una vista privilegiada. Formarán parte de la lectura del paisaje de un animal y tienen que formar parte de la nuestra. Los depredadores y las presas ven estos «puestos de vigilancia» de manera diferente, como una estructura defensiva o de ataque. Las aves, como los halcones y las lechuzas, los usarán como puestos de observación para inspeccionar su dominio, en busca de presas que cazar. Las presas que han detectado la presencia de depredadores en estos lugares serán conscientes del peligro de viajar dentro de su campo visual.

La altura es una ventaja tan grande que no solo los depredadores acaparan estos puestos. Muchas otras especies de pájaros y mamíferos aprovechan esta vista privilegiada para inspeccionar el paisaje en busca de amenazas. Cuando esto se convierte en un rol especializado dentro de un grupo, al animal o ave se lo conoce como «centinela». Se sabe que hay especies de cuervos, mirlos, palomas y chochines que usan centinelas.[1] Esta no es una situación idónea: la cantidad de tiempo que el animal puede dedicar a la búsqueda de alimento se reduce y, además, las probabilidades de sufrir un ataque se incrementan. En la mayoría de especies con centinelas, el cargo es rotativo.

Existe la probabilidad de que seamos testigos del cambio de guardia de algunas especies cuando el centinela sale a buscar alimento y el sustituto toma su puesto. Los suricatas son famosos por sus centinelas: cuando están de guardia, se alzan sobre las patas traseras y emiten sonidos suaves constantes. Cuando es hora de que el centinela suricata abandone el servicio, modifica los sonidos para anunciar el cambio de guardia.[2] Cuando el tordo sargento macho protege un nido, emite cantos constantes que revelan que está vigilando y que no hay peligro inminente. Si detecta alguna amenaza, su canto cambia.[3]

La altura de cualquier centinela determina cuánto ve, lo cual tendrá una influencia en el comportamiento de otros miembros del grupo. Cuanto más elevada sea la posición de un centinela, más sabrán los miembros del grupo que pueden confiar en él y más tiempo podrán dedicar a la búsqueda de alimento.[4] Si ves un grupo de pájaros picoteando el suelo, sin ninguna preocupación aparente, existe una buena posibilidad de que, si levantas la vista y miras a tu alrededor, descubras que uno de ellos ha encontrado una percha alta.

La sensibilidad de los pájaros a las perchas explica por qué la altura de cualquier seto determina qué especies es más pro-

bable encontrar en él. Se han realizado estudios que demuestran que hay más probabilidades de encontrar petirrojos, zorzales comunes, carboneros comunes y pinzones comunes en setos altos, mientras que los escribanos cerillos y los pardillos se sienten más cómodos en setos bajos.[5]

Cuando avanzamos campo a través, debemos recordar estudiar el paisaje en busca de la percha —la posición alta— y el centinela. Esto es clave para entender por qué los pájaros o algunos animales parecen tener ojos en la espalda y una de las maneras más rápidas de determinar si se ha detectado nuestra presencia. También revelan nuestras posibilidades de acercarnos a los animales en el suelo y la ruta que debemos tomar si queremos avanzar con sigilo.

El retorno

Todo estaba tranquilo a mi alrededor, pero sabía que, en realidad, no era así.

Salí del bosque, llegué a un claro, me senté bajo el roble, con la espalda contra el tronco, y esperé. La hiedra mordisqueada por los ciervos formaba una especie de cubierta sobre mi cabeza y me protegía de ojos aéreos. Después de cinco minutos o más, un camachuelo aterrizó en el acebo que había unos seis metros delante de mí. Pronto se le unieron otros pájaros. Oí un crujido y vi que algo daba un brinco en un avellano al otro lado del claro: una ardilla que saltaba de una rama delgada a otra. Segundos más tarde, advertí un suave golpe: una joven bellota cayó a través del dosel que había sobre mi cabeza y aterrizó cerca de mis pies. La siguieron más bellotas, una de las cuales aterrizó en mi muslo, mientras la ardilla invisible iba de un lado a otro entre las semillas del árbol. Una paloma cantó desde lo alto de un haya. Había pasado un cuarto de hora cuando oí el crujido de una ramita.

Por mucho que caminemos con sigilo contra el viento, incluso si lo hacemos de puntillas sobre tierra blanda con zapatos todavía más blandos, enviamos una ola que recorre el paisaje que nos rodea y anuncia nuestra presencia. A menudo, los sentidos de los animales son demasiado sensibles como para que los embauquemos y que no nos detecten. Quizá nos acerquemos lo bastante a ellos como para verlos durante nuestro paseo, a veces incluso tanto que podríamos tocarlos, pero tenemos que admitir la posibilidad de que, cuando nos movemos, la fauna del entorno inmediato esté al tanto de nuestra presencia. Esta consciencia reprime el comportamiento natural, ya sea provocando señales de alarma, una huida o, a menudo, solo silencio. Sus sonidos y movimientos se desvanecen y los animales desaparecen de nuestros sentidos.

Pero si nos escondemos y permanecemos inmóviles y en silencio, la vida retoma poco a poco su normalidad: esto es el «retorno». De la misma manera que los animales captan las señales de alarma de los demás (sus sonidos, huidas o el lenguaje corporal), también existe un lenguaje común que comunica seguridad. La llegada del primer pájaro anima al resto; luego, a la ardilla, el ciervo, el zorro y el tejón.

Después de pasar una hora bajo la hiedra, las raíces del roble empezaban a magullarme las nalgas, así que me levanté y sacudí el cuerpo. La vida se desvaneció una vez más.

La cara y la cola

La ardilla estaba sentada en mitad del camino, a unos noventa metros. Al principio no estaba seguro de si me había detectado y avancé unos pasos más en su dirección. Tan pronto como empezó a sacudir la cola, supe que me había descubierto. En efecto; un paso más y desapareció.

Un amigo, con hijos de la misma edad que los nuestros, compartió con nosotros hace unos años un astuto truco de crianza. Es como una especie de detector de mentiras: si sospechas que un niño ha contestado a una pregunta con una mentirijilla, dile: «Siempre sé si estás mintiendo porque mueves la nariz». Entonces, hazle la pregunta de nuevo. Si miente, su cara adoptará una expresión muy poco natural de concentración al tiempo que trata de determinar si está moviendo la nariz y reprimir la sensación de que quizá esté a punto de hacerlo. Es algo desternillante y creo que solo produce daños psicológicos pasajeros.

Nuestra habilidad intuitiva de descifrar claves visuales tiene su máximo alcance en los rostros. Antes de aventurarnos hacia rutas salvajes, podemos aprender mucho sobre los rostros humanos y el sistema de codificación facial (FACS por sus siglas en inglés), desarrollado por anatomistas hace unos cuarenta años.[1]

Los anatomistas han estudiado rostros humanos y deconstruido las acciones individuales que hay detrás de nuestras expresiones. Sabemos que una sonrisa implica la elevación de las comisuras de la boca, pero los anatomistas han ido mucho más allá y han descubierto las docenas de acciones que constituyen nuestras expresiones de rabia, felicidad, tristeza, sorpresa, miedo y asco, entre otras. La felicidad es una de las más simples: implica levantar las comisuras de los labios al tiempo que se elevan las mejillas. El miedo es mucho más complejo y conlleva una selección de siete acciones faciales: levantar el extremo interior y exterior de las cejas, bajar el ceño, levantar o tensar los párpados, estirar los labios y dejar caer la mandíbula.

Pero esto ya lo sabías, aunque nunca hubieras oído hablar del sistema de codificación facial. Puedes saber al instante si un desconocido está enfadado, contento o triste aunque no conozcas o no sepas describir las acciones que realiza su rostro. Esto forma parte de nuestro set de herramientas intuitivas: la vida sería muy difícil si no fuéramos capaces de saber que alguien está descontento mucho antes de que lo exprese. Pero, en las relaciones, existen cientos de matices más sutiles que, gracias a la práctica, refinan nuestro kit de herramientas básico.

Imagina a alguien que se muerde el labio inferior con los dientes de arriba justo antes de empezar a cantar, pero rara vez en otros momentos. Si predijeras con éxito ante un observador neutral que la persona está a punto de empezar a cantar, tal acierto podría considerarse algo paranormal o relacionarse con un sexto sentido (o simplemente verse como algo extraño). Sin embargo, esto es fruto de la práctica de unir una expresión facial con una emoción o acción. El observador neutral sería capaz de realizar el mismo truco con un desconocido, aunque nunca hubiera visto al desconocido morderse el labio, siempre que estuviera al corriente de dicha señal. Lo que comienza como un análisis consciente de una simple clave en una persona pronto se convierte en una noción intuitiva de lo que ocurre y de lo que está a punto de suceder. Y esto nos devuelve a la naturaleza, donde tales señales son abundantes.

Podemos aprender a establecer estas conexiones solo a través de la observación, como muchos de nuestros ancestros, pero es posible acelerar el proceso. Es necesario que sepas cómo hacerlo sin perder el tiempo. Podrías pasar toda la vida buscando pistas en las expresiones faciales de pájaros o reptiles y deducir poco o nada; sus rostros apenas revelan cosas. Los peces, por otra parte, serían unos terribles jugadores de póker, ya que el mismo nervio *(nervus facialis)* que controla nuestras expresiones faciales también controla el opérculo de los peces, lo que lleva a algunos expertos a afirmar que la velocidad y ritmo de las branquias de un pez es la mejor herramienta para conocer lo que piensan. En algunas especies, la apertura de las branquias es una señal de ataque inminente, mientras que el estado de excitación de los anfibios se estima mejor mediante la observación de la piel de su garganta. Las serpientes enrollan el tercio delantero de su cuerpo y pueden aumentar el ritmo de sacudidas de la lengua antes de un ataque.[2]

La primera ventaja viene de saber dónde vale la pena centrar nuestra atención. Los caballos, gatos, ciervos y elefantes expresan mucho con las orejas. Los gatos, perros y leones marinos pueden exteriorizar emociones a través de los bigotes. Los depredadores abren más la boca que los animales que pastan, así que un ungulado, como una oveja, que abre la boca más de lo normal quizá experimente angustia o excitación. La posición de los labios y la mandíbula en osos y rinocerontes puede revelar el nivel de agresión.

Mucho de esto ya forma parte de nuestra intuición: el gruñido de un animal nunca es una señal de bienvenida y las muecas humanas tienen sus raíces en estas expresiones animales. Sin embargo, hay señales contradictorias que vale la pena conocer por si somos testigos de ellas. Los monos y los hipopótamos que bostezan no se preparan para echarse una siesta, sino —probablemente— para un ataque; esta señal recibe el nombre de «bostezo colérico». Y la señal falsa más famosa es la sonrisa del cocodrilo: no es una muestra de amistad, se mantiene fija. Los cocodrilos nos ofrecen pistas de su nivel de excitación con los ojos: en una bestia tranquila son finas rendijas, pero estas se convierten en círculos cuando el animal está excitado.[3]

Deducimos muchísima información de los animales si seguimos su mirada. Los animales no pueden desafiar las leyes de la física, por lo que deben enfocar la mirada hacia cualquier cosa que quieran ver y esto a menudo también implica mover la cabeza. Evidentemente, cuanto más se guía una especie por la vista, más información recibiremos de sus ojos. No sirve de mucho deducir adónde mira un tejón, pero sí seguir la mirada de un perro. Puede que los pájaros no tengan expresión en el rostro, pero sus ojos son poderosos, e incluso si nos encontramos demasiado lejos como para apreciar dónde miran, su lenguaje corporal nos lo revela. Un cernícalo que planea en el aire apuntará con la cabeza y el pico a la actividad del suelo (y al viento).

Una señal común que todos empleamos con la gente y que advertir conscientemente cuando observamos pájaros es la acción de dar la espalda. Los pájaros suelen aterrizar cerca de nosotros, nos detectan y, luego, nos evalúan con movimientos de cabeza regulares, mirándonos bien con un ojo o con ambos por turnos. El hecho de que nos den la espalda significa que ya no les preocupamos. Cualquier movimiento que hagamos y que detecten hará que se den la vuelta de nuevo enseguida. Podemos observar esto a diario en los comederos para pájaros o en los jardines.

Tenemos un gran potencial para desarrollar nuestra habilidad en esta área, como han revelado estudios de la urraca canora.[4] Un grupo de científicos en Australia ha descubierto que lo que revela su próxima acción no es tanto el hecho de que la urraca mire algo, sino con qué ojo lo hace. Si una urraca canora se prepara para alzar el vuelo, analiza una posible amenaza con el ojo izquierdo; si emplea el derecho, es más probable que se aproxime para observar algo más de cerca. Lesley Rogers, profesora de Neurociencia y de Comportamiento Animal, y su equipo de la Universidad de Nueva Inglaterra en Australia, que llevaron a cabo esta extraordinaria investigación, creen que la explicación para esta conducta tal vez se halle en nosotros mismos. La información que recibe nuestro ojo izquierdo la procesa el hemisferio derecho del cerebro, que empleamos en situaciones novedosas o cuando advertimos una posible amenaza. El hemisferio izquierdo del cerebro humano, que recibe información del ojo derecho, es mejor a la hora de analizar. Tal vez esto ofrezca una nueva percepción sobre el pensamiento rápido o lento en pájaros según cómo giren la cabeza y qué ojo empleen en una situación determinada.

Existe cierto debate dentro de la comunidad científica sobre hasta qué punto esto es recíproco. En general, se acepta que muchos primates y perros pueden seguir nuestra mirada y descifrar qué miramos, pero no se sabe cómo de extendida está esta habilidad en el reino animal. Si los perros lo hacen, pero los lobos aparentemente no, ¿podría ser esta una de las fronteras entre lo domesticado y lo salvaje?[5]

Algunos veteranos recomiendan mirar a los animales por el rabillo del ojo y, a menudo, siento la necesidad instintiva de hacerlo, en especial si he detectado a una criatura huidiza, como un zorro, con mi visión periférica. Sin embargo, solo obtenemos una visión detallada cuando observamos algo directamente, así que me limito a mirar de reojo para seguir movimientos generales. Todavía no estoy seguro de qué animales son capaces de deducir cosas por la dirección de mi mirada, pero mi experiencia personal me dice que la posición de la cabeza y el movimiento son muy relevantes para el comportamiento de numerosos animales. Muchos pájaros parecen callar cuando levanto la vista hacia el árbol en el que se encuentran y las ardillas a menudo se quedan inmóviles, pero es difícil saber si es el movimiento de mi cabeza y mi lenguaje corporal o mi mirada lo que desencadena esto. Se sabe que los córvidos y las palomas reconocen rostros individuales, así que es posible que sean conscientes de saber dónde miramos.

Muchos ciervos observan algo directamente si sienten curiosidad, pero se vuelven para mirar de perfil si están alarmados. A menudo este es un proceso de dos pasos: el ciervo me oye y levanta la cabeza, de frente y con la mirada puesta en mi dirección; entonces, al descubrir que hay un humano cerca, se aleja con unos brincos y se gira para observarme de costado. Siempre trato de centrarme en la lengua y las orejas del ciervo para predecir el segundo paso: un ciervo alerta se lamerá la nariz, ya que la humedad amplifica su sentido del olfato. Su siguiente movimiento casi siempre va precedido de un mayor movimiento de las orejas.

En el otro extremo, una cola es menos compleja que una cara, pero puede revelar el estado de un animal. La cola de una ardilla es digna de observación. Cuando estamos quietos y detectamos a una ardilla antes de que nos vea, el más mínimo movimiento de la cabeza, los brazos o el cuerpo puede provocar impulsos nerviosos en el animal y hacer que mueva la cola.

Cuando un perro agita la cola no es señal de felicidad, como suele suponerse, pero puede interpretarse como un saludo o una señal de que el perro sabe que tiene compañía. Una cola levantada es señal de un perro que se siente seguro o dominante, mientras que una cola baja es más sumisa. Cuando tiene el rabo entre las piernas, es señal de rendición o apaciguamiento: tú ganas, por favor, no me hagas daño.[6]

Los ciervos y los antílopes, al igual que algunos lagartos y muchos pájaros acuáticos, agitan la cola para indicar que han percibido la presencia de un depredador.[7] Algunos monos llevan la cola hacia atrás en posición horizontal cuando están asustados, mientras que los babuinos reflejan su miedo al llevarla hacia arriba en vertical.[8]

El foco

Venus se rebeló. Aunque esto suele ofrecerme cierto consuelo durante mis paseos al atardecer, me sorprendí al verlo más al sur del horizonte de lo que esperaba. Venus puede ponerse tan al sur como un sol de invierno, así que no debería haberme sorprendido. Era un recordatorio de que últimamente había habido pocas tardes despejadas.

Salí de Arundel siguiendo el camino de la ribera el último día de octubre; me alejaba con frecuencia para investigar las muchas distracciones que crea el agua. El sonido de una focha me llevó al descubrimiento de un pequeño afluente, escondido y anunciado a la vez por su manto de juncos.

Doblé por el camino y atravesé un prado. Unas cuantas vacas pastaban y dos estaban tumbadas. Un par de cuervos pasó volando por la zona; observé su recorrido disciplinado hasta que los perdí de vista en la cresta de una colina. Aún no habían salido las estrellas, pero no tardarían demasiado en hacerlo.

Cuando bajé la vista hacia el prado, resultó evidente que estaba a punto de ocurrir algo interesante.

Existe un gran debate sobre la dirección en que los animales escogen alinearse. Gracias a investigaciones, sabemos que las vacas tienen preferencia por el norte-sur y que muchas presas prefieren tener el viento de espaldas cuando buscan comida, ya que esto les permite llenar con el olfato la estrecha laguna de su visión periférica. No obstante, siempre habrá cierta variabilidad. Basta un ruido o incluso una pequeña zona de hierba exuberante para que un animal se gire.

Las tendencias son comunes, pero es poco habitual que el ganado o los caballos miren todos en la misma dirección, a menos que haya un buen motivo para ello. Si vemos dos o más animales perfectamente alineados, de pie e inmóviles con la cabeza alta, nos encontraremos ante el «foco», una clave que nos indica la existencia de algo de interés en esa dirección. Esta era una de las muchas técnicas que los cazadores furtivos y los guardabosques de antaño utilizaban para estar al tanto los unos de los otros, incluso cuando estaban bien escondidos.

Desde una perspectiva evolutiva, el foco cumple una doble función. Permite a un animal controlar cualquier indicio de peligro, pero el lenguaje corporal también señala a un depredador potencial que ha sido localizado. Los depredadores dependen del elemento sorpresa para la mayoría de cacerías, así que cualquier animal que deja claro que ha detectado al cazador reduce las posibilidades de un ataque. Un almuerzo atento y listo para correr por su vida no es tan atractivo como esperar a uno que esté menos al tanto; por ello, esta estrategia está tan extendida entre mamíferos y pájaros. Al detectar peligro, las liebres dirigen la vista hacia la amenaza, se alzan y levantan las orejas, acción que mejora su visión y oído. Esta señal también nos indica que la liebre no tiene intención de dejarse sorprender.

Las dos vacas que había visto tumbadas en el prado de Arundel se incorporaron. Sus cuerpos estaban en paralelo y tanto ellas como sus camaradas miraban en la misma dirección. Habían dejado de pacer. Seguí la dirección de sus cuerpos y descubrí el origen de su consternación.

En el extremo más alejado del prado, un zorro caminaba junto a un seto escuálido. Desapareció detrás de un montón de hierba y, acto seguido, volvió; un patrón que repitió hasta que hubo recorrido unos dieciocho metros. Las vacas se movieron para seguirlo. Su atención no se desvió del movimiento del animal caoba en la hierba.

Mientras el zorro se acercaba a uno de los límites del prado, una de las dos vacas que había estado tumbada echó a caminar y, luego, a trotar hacia él. El zorro parecía no advertirlo. Estaba concentrado en otra parte y parecía acechar a alguna presa pequeña entre las matas. Saltó una vez y luego otra, pero no tuvo éxito. Entonces, se volvió y vio a las dos vacas acercarse y, mientras lo hacía, la vaca de delante echó a correr. El esquivo zorro se alejó trotando y desapareció por un seno en el seto cuando la vaca más rápida estaba a solo unos pocos metros.

El vistazo

Después de un mes seco con algunos chaparrones insinuantes, la lluvia llegó en mayo. Los bosques parecieron reverdecer en cuestión de horas, pero, a menos que el brillo húmedo sobre las hojas realzase el color, debí de imaginarlo. Lo que no imaginé fueron los sonidos.

En cualquier zona arbolada, el sonido de la lluvia tiene tres niveles. El susurro más débil de las gotas al caer sobre un campo abierto quedará ahogado por las interferencias que producen al caer sobre las hojas. Este sonido sibilante es como el de una radio analógica mal sintonizada, un ruido blanco constante que fluctúa al mismo tiempo. Luego está el «plaf» más sonoro de la lluvia que cae de las hojas y golpea las que se encuentran por debajo de ella o en el suelo. Verás las marcas en forma de agujerito que dejan las gotas gruesas al deslizarse y caer sobre el barro mojado. Agáchate y dirige la vista hacia el cielo abierto por encima de las zonas de barro picado y observarás un tapiz moteado en el suelo que cambia con cada nuevo plaf.

Cualquier periodo largo que pasamos en la naturaleza bajo la lluvia constituye un acto de equilibrio entre el movimiento y la quietud. Pasar demasiado tiempo sentados y quietos en la lluvia es un problema, pero demasiado tiempo caminando bajo ella nos distrae de lo que está sucediendo. Con movimiento y pausas; esa es la manera de abordar la lluvia. Si hace frío, mandará el movimiento.

No puedo engañar a nadie; prefiero la lluvia, pero, entonces, cuando otra gota más de agua fría me golpeó el cuello, me deleité con el cálido pensamiento de que nuestro estanque revertiría su declive y volvería a rebosar. También me alegró la visión de un castaño de indias. Unos días atrás me había fijado por primera vez en cómo las pirámides blancas rosadas no crecían verticalmente, sino que estaban inclinadas hacia el sur. ¿Cuántas veces había visto las flores en aquel árbol y esto se me había pasado por alto? Una curruca capirotada cantó cerca; pareció dar voz a mis pensamientos. La última floritura de su canción sonó como un «te lo dije».

Me apoyé contra un árbol para descansar. Mi vista se adaptó al bosque hasta que un pequeño movimiento la puso en marcha de nuevo. Un mirlo daba saltos por el sotobosque de hiedra. Picoteo, picoteo, arriba, picoteo, picoteo, picoteo, arriba, picoteo, picoteo, arriba, saltito, saltito, picoteo, picoteo, arriba, saltito, picoteo, picoteo, arriba. Lo observé hasta que me hice una idea del ritmo del pájaro; aquello me indicó cuándo debía dar mis siguientes pasos.

Durante muchos años habría visto el conjunto de acciones de los pájaros como parte de una única entidad llamada «mirlo», de la misma manera en que un puñado de arena es solo arena hasta que la observamos de cerca y advertimos que es un conjunto de partículas de diferentes colores, cuarzo, conchas y oscuras motas volcánicas. Los movimientos individuales de los animales están recogidos en los nombres que les damos. Un mirlo no es solo un pico amarillo distintivo o una dulce canción o la manera en que vuela; es todas estas cosas y más. Este es el objetivo de la identificación: reconocer el conjunto, nada más. Sin embargo, para tener una noción más profunda de lo que hace el animal y de la acción que está a punto de emprender, esto no basta. Debemos abrir el paquete y observar su comportamiento.

Todos los animales cuentan con varios niveles de vigilancia, pero podemos dividirlos en dos estados: el animal está o no alerta. Un animal concentrado en cualquiera de sus hábitos diarios, como alimentarse o los diversos estadios de la reproducción sexual (desde anunciarse o defender el territorio a la copulación), no está alerta. En términos humanos, podríamos decir que el animal está tan concentrado que «tiene la cabeza en las nubes». Aunque no de manera literal, esta frase hecha es más pertinente de lo que parece: uno de los indicadores básicos del nivel de alerta de un animal es la posición de la cabeza. Observa a dos personas cualquiera que conversan mientras caminan por la acera y fíjate en cómo cambia la posición de sus cabezas cuando se preparan para cruzar la calle; para mucha gente, los coches son lo más parecido a un depredador. Si oímos cualquier ruido fuerte inesperado, nos sobresaltamos, entramos en un estado de alerta y levantamos la cabeza. Piensa en el conejo o la ardilla que se alza sobre las patas traseras. Como hemos visto, hay razones buenas y prácticas para levantar la cabeza: vemos y oímos más lejos y mejor, y, cuanto más pequeña es la criatura, más dramático es el efecto. Intenta tumbarte bocabajo en el sotobosque y observa y escucha el entorno con atención. Si realizas una simple flexión, el mundo se abrirá a tu alrededor.

Existen dos tipos de vigilancia, la rutinaria y la inducida, y estas dependen de si el animal es consciente o no del peligro. O bien toma precauciones o tiene motivos para estar más alerta. Un animal que está buscando alimento y no percibe ninguna amenaza alternará de todos modos entre la alimentación y la vigilancia. Se trata de un comportamiento evolucionado y prudente: que no haya percibido un depredador a diez metros no quiere decir que no esté ahí. La vigilancia rutinaria es fácil de detectar porque tiene un ritmo: la vigilancia y la búsqueda de alimento se alternan. Nunca es un ritmo perfecto, pero tiene una forma. Fíjate en cómo todos los pájaros que buscan alimento en el suelo picotean su comida y en que alternan esta acción con alzar o ladear la cabeza.

En el momento en que un animal se percata de una amenaza, dejará lo que está haciendo y entrará en un estado deliberado de vigilancia. De nuevo, esto es fácil de detectar si lo hemos estado observando, porque el estado altera su rutina. Si contemplas a las ardillas durante un periodo de tiempo cualquiera, muchas veces observarás ambos tipos de vigilancia. Una ardilla que levanta la cabeza mientras está a cuatro patas probablemente continúa en un estado de vigilancia rutinaria, pero es más probable que una que está sobre las patas traseras haya detectado algo preocupante. Las ardillas también trepan a los troncos, tocones o rocas para ganar algunos metros de altura y vigilar mejor.

Muchos ciervos, incluidos los corzos que veo tan a menudo, tienen su propio patrón de vigilancia deliberada. Como hemos visto antes, si un corzo percibe algo preocupante, alzará la cabeza y se alejará al trote algunos metros antes de volverse de costado hacia la amenaza. Esto puede parecer extraño, ya que el animal expone su flanco a un depredador humano o animal, pero esta estrategia sigue una lógica. Al ciervo no le conviene alejarse y dirigir su trasero hacia una amenaza, ya que esto le dificulta la visión, pero tampoco quiere estar de frente a ella, pues esto le dificultaría la huida en la dirección opuesta. No tenemos que entender las presiones evolutivas ni el proceso de pensamiento de los animales que vemos; solo observar su estado y pensar: «Trote corto, de perfil... ¡Ah! Se encuentra en un estado de vigilancia inducida». Enseguida, las palabras desaparecen y percibimos lo que sucede.

Los depredadores están meticulosamente sintonizados con la vigilancia y centran su atención antes en los animales que buscan alimento que en los que vigilan.[1] Para las presas, esto supone siempre un acto de equilibrio: ¿qué amenaza es mayor? ¿Un depredador o no obtener alimento?

Existen estudios sobre mamíferos y aves que demuestran que los animales sintonizan con los niveles de riesgo y modulan su nivel de alerta en consecuencia. Muchos pájaros, incluidos algunos favoritos como gorriones, pinzones comunes, estorninos, petirrojos y mirlos, están más atentos a medida que se alejan del escondite,[2] y los animales adoptan con más frecuencia un estado de vigilancia si han detectado un depredador u otra amenaza, que es lo que cabría esperar.

La vigilancia también aumenta cuando los animales advierten que se adentran en un terreno que los hace más vulnerables. Las ardillas grises se detienen más a menudo cuando salen del bosque a campo abierto que cuando regresan a su refugio. Y, al parecer, este estado de vigilancia está asociado con la madurez: la atención de los adultos es mayor que la de los jóvenes.[3]

El comportamiento de diferentes poblaciones de focas es un ejemplo extremo de la sensibilidad a los posibles peligros. En el Ártico, las focas anilladas debe cuidarse de los depredadores, como los osos polares, lobos y zorros, y se sobresaltan ante el mínimo desencadenante. Las focas de Weddell viven unas vidas relativamente tranquilas en el Antártico, sin que las molesten semejantes depredadores. Disfrutan de un sueño tan profundo que los humanos pueden acercarse a ellas hasta tocarlas.[4]

La carga de la vigilancia es compartida dentro del grupo, pero también entre especies. Los carboneros montanos escudriñan menos sus alrededores cuando en la bandada hay carboneros garrapinos,[5] y tanto las aves como los mamíferos perciben el tamaño y la forma del grupo. Los gorriones están menos alerta a medida que la bandada aumenta de tamaño, pero vigilan durante más tiempo cuanto más lejos se encuentran de otros pájaros. Los conejos tienen una sensibilidad similar: un conejo solitario dará la impresión de estar más agitado que uno en un grupo como resultado de sus frecuentes episodios de vigilancia.

La confianza de los gorriones en la estrategia de vigilancia de sus vecinos puede explicar por qué, como otros muchos animales, anuncian el descubrimiento de comida. Cabría pensar que un animal hambriento se limitaría a devorar este alimento, sin embargo los gorriones tienen un canto específico, un chirrido, que comunica el descubrimiento de comida a otros gorriones, que acudirán entonces en bandada hasta el lugar, se alimentarán juntos y harán turnos para vigilar.[6] Los ánades reales extienden la vigilancia grupal también a las horas de sueño. Abren un ojo de vez en cuando, y los patos en el margen del grupo abren el ojo que da al exterior.[7]

Observar cómo los animales entran y salen del estado de vigilancia nos proporciona un mayor entendimiento de lo que sucederá a continuación y es el primer paso para desarrollar una consciencia que nos permita acercarnos mucho más a ellos de lo que antes era posible.

Quedarse quieto, agacharse y disimular

Era mediados de marzo y el sol trepaba por la colina al final del día. Mi paseo había empezado bajo la fresca sombra, pero un corto y empinado trayecto montaña arriba me había devuelto al sol y al aire cálido. Hay algo amenazador en la visión de la inmensa sombra de la puesta de sol que avanza hacia ti en lo alto de una ladera, como una sábana larga, fría y oscura a punto de cubrirte. Pero perseguir una por una en la colina inglesa es algo muy especial.

Aparté unas zarzas jóvenes y me acomodé sobre la hojarasca. Ahí estaba yo, tumbado en el margen del bosque, mirando las vallas y los pastos. Los pitos reales se habían pasado toda la tarde llenando los árboles con sus risas estridentes, aunque desde sus escondites. Entonces, uno, con un cuerpo de tamaño considerable, aterrizó frente a mí, sobre un poste a solo unos diez metros de distancia. Era el primer pájaro realmente colorido, mayor que un carbonero común, que veía de cerca desde hacía muchos días. El verde apagado de su espalda, como el de una mesa de billar, estaba coronado en la testa por un rojo cereza. Un momento parecía rollizo y, al siguiente, musculoso.

El pito me miró y soltó una carcajada. Sabía que era un canto territorial, pero, aun así, sonreí. Entonces me dio la espalda, bruñendo el rojo de su cabeza con el sol bajo, antes de alzarse en un vuelo ondulante y desaparecer.

Dejé que la sombra completara su viaje. El sol se aferró durante unos segundos a las copas de los árboles en las colinas del oeste antes de marcharse. Las canciones de los mirlos pronto se disiparon y dieron paso a un tintineo. Un faisán patrullaba

155

el campo abierto que había más abajo; su cabeza y su cola sobresalían entre los sembrados bajos, y la brisa se suavizó. Me levanté, sacudí las extremidades y continué mi camino.

Me subí al recodo de un haya, me giré hasta quedar de cara a la suave brisa y enganché un brazo a una rama. Estaba cómodo; los minutos pasaban. Me quedé sentado, quieto y en silencio, hasta que sentí cierta somnolencia, con la mirada medio enfocada en la rala floresta que había ante mí.

La luz disminuyó todavía más y los faisanes volaron hasta sus nidos, batiendo las alas y cantando con vehemencia. Un silencio llenó el bosque y contuve mi pesada respiración.

Me despertaron unos fuertes crujidos. Procedían de un denso grupo de coníferas que había delante de mí, a unos cien metros, más allá de las hayas. Automáticamente pensé: «Un ciervo grande, un gamo». Me pregunté por qué no había considerado la posibilidad de que fuera algún otro animal, o tal vez, una persona.

Era más fácil descartar que se tratara de una persona. Había caminado entre esas coníferas: era una tarea ingrata, ardua e intimidatoria incluso en pleno día, y aquel no era un escenario probable en el crepúsculo. El sonido de ramas rotas poseía una cualidad intermitente más propia de un animal. Cuando la gente se mueve a través del bosque, por lo general el ruido tiene consistencia y, a menudo, va acompañado de voces. Dos personas no caminarían a través de un bosque tan denso y oscuro sin hablar, a menos que quisieran ser sigilosas, y eso era prácticamente imposible, por la madera seca que cubría el suelo y la red de ramas a la altura del pecho. Los animales pueden atravesarlas en un «silencio con imperfecciones», pero una persona fracasaría. Lo que oía eran imperfecciones, una pata mal colocada de vez en cuando que rompía algo lo bastante grande como para que el crujido viajara, seguido de más silencio. Un ciervo, uno grande y, por lo tanto, debido a la zona en que me encontraba, un gamo.

La luz comenzaba ahora a desvanecerse de verdad y los colores del follaje desaparecían. El bosque se había convertido en una colección de formas casi monocromas. Entonces, una de ellas se movió. Un corzo caminaba de derecha a izquierda entre las hayas. Anduvo con pasos cuidadosos y deliberados hasta quedar enfrente de mí, a unos cincuenta metros. En ese momento, otro crujido surgió de entre las coníferas y el ciervo se quedó absolutamente inmóvil. Sentí que se me cortaba la respiración. Pasaron unos segundos, tal vez tres, antes de que el corzo siguiera su camino exactamente igual que antes.

Medio minuto después de que pasara, su compañero siguió sus pasos. Cuando estuvo delante de mí, parte de mi excitación se filtró sin permiso a mi cuerpo y debí de moverme. Las fibras de algodón de mi chaqueta se engancharon en una sección áspera de corteza y emitieron un ligero chirrido. El ciervo se detuvo de repente. Ambos permanecimos inmóviles. No cabía ninguna duda de que el animal estaba alerta y era consciente de que había algo vivo en mi dirección. Unos segundos más tarde continuó su camino, posiblemente un poco más rápido que antes.

De los lagartos a las marmotas, muchas presas se paralizan cuando perciben una amenaza. Este comportamiento es parte de la atención amplificada de la vigilancia inducida y lo desencadena una sensación de peligro: imágenes, sonidos u olores alarmantes. En ocasiones, he observado que un ciervo que pasaba a mi lado en la dirección del viento se quedaba inmóvil al captar mi olor.

Algunos animales se paralizan por completo. Cuando el avetoro se queda quieto, es posible aproximarse y tocarlo sin que se mueva. Antes de convertirse en una estatua, mejora sus probabilidades de éxito un poco volviendo la espalda hacia cualquier amenaza y mostrando la parte de su cuerpo que más se parece al color de su hábitat, los juncos.[1]

El camuflaje es uno de los motivos por los que los animales se quedan inmóviles. Muchos tienen colores, incluidos puntos o rayas, que les ayudan a confundirse con el fondo, y algunos incluso cambian de color para encajar con su entorno. Se ha descubierto que animales tan diversos como las focas grises y los roedores exhiben una característica llamada «melanismo», un oscurecimiento de la piel o el pelo, y la prevalencia de este rasgo se ve influenciada por su entorno. Estudios en Estados Unidos han descubierto que las ardillas zorro que habitan áreas propensas a sufrir incendios forestales tienen un porcentaje mayor de negro en el pelaje y las ardillas grises de color claro son más fáciles de encontrar en bosques húmedos resistentes al fuego.[2]

Pero el camuflaje solo funciona si uno no se mueve, de ahí que estos animales se queden completamente paralizados. Es un intento básico de desaparecer. También permite que el animal escuche mejor. Como estrategia defensiva es algo contradictoria, pero se ha demostrado que es efectiva; no solo la evolución lo corrobora, sino también las observaciones científicas. Las aves rapaces y lechuzas que cazan roedores atrapan menos presas cuando estas se quedan inmóviles.[3] Irónicamente, algunos cazadores usan esta respuesta en su beneficio y emiten un breve sonido penetrante para inmovilizar a un animal que pasa por donde quieren durante los pocos segundos necesarios para disparar.

Algunos animales se quedan inmóviles después de un breve pico de actividad. Las liebres salen corriendo a toda velocidad en busca de refugio antes de quedarse quietas, una estrategia efectiva contra algunos depredadores, pero no contra los que son inteligentes. Los cazadores que han descubierto esta estrategia han aprendido a rastrearlas y atraparlas. Y el francolín, un ave parecida a la perdiz que habita en África, es todavía más predecible, para su desgracia: al percibir peligro, alza el vuelo tres veces, pero solo tres, antes de quedarse inmóvil.[4] Uno, dos, tres, almuerzo.

Para los humanos, una de las mejores maneras de paralizar a un animal es permanecer inmóvil, pero de verdad: alargar la mano para buscar la cámara, dar golpecitos en el hombro a un amigo o ladear la cabeza no es quedarse inmóvil.

Hace algunas semanas, mientras daba un paseo matutino en el que una agradable brisa me acariciaba la cara, un corzo me sorprendió. Estaba a casi treinta metros de mí cuando se volvió y se quedó inmóvil. Por instinto, yo hice lo mismo. Allí estuvimos los dos, durante al menos dos minutos, inmóviles, mirándonos fijamente. El ciervo sacó la lengua unas cuantas veces y arqueó la espalda en dos ocasiones antes de relajarse y bajar ligeramente las ancas. Movió las orejas y, luego, se alejó con unos saltos. La inmovilización es una medida intermedia: el animal busca indicios para decidir si debe escapar o retomar su comportamiento habitual. Creo que el hecho de que un animal al que considera un depredador, como nosotros, se quede inmóvil lo confunde ligeramente y lo atrapa en ese limbo; crea una maravillosa oportunidad para compartir momentos más largos desde cerca.

Richard Jefferies se encontró con una bandada de avefrías durante una cacería una brillante mañana de octubre. «Había tal vez cincuenta pájaros, todos miraban en la misma dirección y estaban completamente inmóviles; actúan con tal coordinación que parece que hayan entrenado.[5] Tan pronto como el posible peligro desaparecía, cada uno comenzaba a buscar comida y avanzaba».

La inmovilidad es una señal simple y poderosa que nos dice que un animal está vigilando en un estado de hiperalerta y que está al tanto de una posible amenaza en su entorno, una que muy a menudo somos nosotros. Cualquier otro motivo de alarma, por pequeño que sea, hará que el animal huya. Si no echa a correr, sabremos que el animal percibe que la amenaza ha disminuido cuando empiece a moverse otra vez.

La acción de agacharse está estrechamente relacionada con la costumbre de quedarse inmóvil. Es otra manera que tiene el animal de llamar menos la atención. Todos recordamos jugar al escondite y escabullirnos por la casa o el jardín, espiando agachados desde las esquinas. Es raro ver a un niño espiar desde una esquina de pie. Agacharse es una manera lógica e instintiva de reducir el tamaño de nuestro cuerpo como objetivo visible, y funciona. Las crías de gacela que son perseguidas por guepardos tienen más posibilidades de sobrevivir si se agachan.

Vale la pena recordar la diferencia que pueden suponer unos centímetros cuando vemos el mundo desde abajo. Si no estás convencido, prueba a marcar con tiza un árbol al aire libre a intervalos hasta alcanzar una altura de un metro y, luego, mira el árbol desde una distancia de cien metros. Baja el cuerpo lentamente hasta quedar bocabajo, con la barbilla apoyada en el suelo, y observa cómo desaparecen las marcas de tiza. Al agacharte, ayudas a que se produzca esta simple desaparición. También es ingenioso en otro sentido, ya que cubre cualquier sombra, una de las señales que captará un depredador aéreo.[6]

En los pájaros, el acto de agacharse puede desencadenarse mediante cantos, sobre todo el de la madre.[7] Al oír el canto de alarma de un progenitor, las crías se agachan y ponen en marcha una serie de respuestas invisibles. Cuando nos asustamos, se nos acelera el pulso, pero algunos ciervos y pájaros, como la perdiz nival, experimentan una bajada en su ritmo cardíaco, una respuesta conocida como «bradicardia del miedo».

Con frecuencia veo pájaros cantores que se agachan al tiempo que emiten sus alarmas, pero algunos pájaros inteligentes adaptan su respuesta a la amenaza. Los cuervos tienden a encogerse cuando los amenaza un halcón peregrino, pero escapan volando si se acerca un azor.[8]

Los depredadores, tanto animales como humanos, también usan la estrategia de agacharse. La posición baja que adoptan los leopardos cuando acechan a una presa es tan icónica que, en inglés, ha dado nombre a la táctica militar que utilizan los soldados de infantería para aproximarse al objetivo arrastrándose y gateando por el suelo: «*leopard crawling*». En ambos casos, se muestra la superficie más reducida y baja posible. En general, los depredadores al acecho conservan la cabeza en la posición más baja que les permita mantener a la presa a la vista: el acto de agacharse en movimiento.

Agacharse es una señal que fluye en ambos sentidos, de la presa al depredador y viceversa. Vale la pena tener esto en mente cuando nos acercamos a cualquier animal, incluso en un escenario no salvaje. El sentido común dicta que no debemos acercarnos a un caballo desde atrás, sobre todo agachados.

Permanecer inmóvil no es lo mismo que hacerse el muerto. Después de agotar otras respuestas, algunas presas lanzan los dados una última vez y fingen estar muertos. La inmovilidad es común, y es probable que veas alguna manifestación de ella durante cualquier periodo largo en la naturaleza, pero la práctica de hacerse el muerto, o tanatosis, es una estrategia difícil de presenciar. Dicho esto, puede observarse en una amplia colección de animales, incluidos reptiles, gallinas, patos, zorros, ardillas, ratas, conejos y, de forma más notable, zarigüeyas. Cuando una zarigüeya se hace la muerta, lo hace con decisión. No importa cuánto la agarremos o la sacudamos, nada la convencerá de que abandone esta táctica extrema de supervivencia.

Si quedarse inmóvil parece una estrategia extraña para un animal vulnerable, entonces hacerse el muerto delante de un depredador es sin duda una locura, pero lo cierto es que no; tiene algo de lógica. Hacerse el muerto es lo más común en situaciones donde puede haber una pausa entre el momento en que el depredador captura a la presa y cuando la mata. Piensa en el zorro que se cuela en el gallinero y mata todo lo que encuentra. La exterminación es la costumbre de un zorro experimentado. Es posible que los zorros con menos mundo vean un montón de gallinas aparentemente muertas y decidan llevárselas para llenar la despensa, para los días de vacas flacas. En un estudio de cincuenta patos que se hicieron los muertos al ser atacados por un zorro, veintinueve sobrevivieron para contarlo.[9] Es fácil imaginar a los zorros novatos que regresan más tarde a su despensa y se irritan al descubrir que su cena se ha largado; seguramente, los próximos patos y gallinas no tendrán tanta suerte. De hecho, el mismo estudio descubrió que los zorros experimentados eran más propensos a matar a las presas que se hacían las muertas o, como mínimo, a arrancarles las patas a mordiscos; de ahí el caos que provocan en los gallineros.

La huida

El sol comenzaba a ponerse detrás de mí y una suave brisa me acariciaba la cara mientras trepaba por la colina. El zorro salió del sotobosque y se metió en el camino. Me quedé inmóvil. El animal ladeó la cabeza, se volvió para mirarme y salió disparado en la dirección de la que había venido.

Minutos más tarde, salté una valla de alambre de espino para adentrarme en un campo y sorprendí a un faisán, que salió corriendo. Todavía estaba emocionado por los colores que los últimos rayos de sol habían arrancado al pelaje del zorro. Atravesé el campo y me acerqué a otra valla. Una torcaz salió volando delante de mí y, segundos más tarde, otra la siguió. Las ovejas levantaron la cabeza y, en ese momento, supe que me observaban mil pares de ojos. Mientras volvía a adentrarme en el bosque, se oyó el habitual estallido del batido de alas cuando la bandada de palomas echó el vuelo.

Un petirrojo descansaba sobre la rama de un bonetero. Di un paso adelante y se agachó. Su próximo movimiento dependía de mí. Di un paso más; el pájaro se marchó volando.

Un animal que percibe que está en peligro mortal inmediato hará una de estas tres cosas: agacharse, pelear o huir. Todos hemos presenciado estas respuestas y reconocemos las preferencias de determinados animales. Un erizo, como otros animales con armadura, puercoespines o tortugas, izará el puente y confiará en sus defensas. Los herbívoros saldrán corriendo. Un león o un tigre acorralado no se quedará quieto ni huirá: estos animales pelean; tengo cicatrices que lo demuestran.

Las presas son capaces de realizar acciones más agresivas, como puede atestiguar cualquiera a quien haya perseguido una vaca, pero utilizan la huida más a menudo que cualquiera de las otras respuestas. Es importante señalar que, en este contexto, «huir» hace referencia a la acción de escapar del peligro. Un roedor que se cae de una ramita cegado por el pánico al detectar una comadreja cerca practica un tipo de huida, aunque imperfecta.[1]

La huida aparece hacia el final de la cadena de reacciones que hemos analizado hasta ahora. Los animales pasarán de buscar alimento y vigilar de manera rutinaria a la vigilancia inducida (el vistazo) a la más mínima señal de peligro. Según la especie, esto puede llevar a un animal a permanecer inmóvil o agacharse. Entonces, el animal valora con rapidez qué hacer a continuación; se trata de una cuestión de economía energética.

Recuerdo que, cuando era pequeño, mi padre decía un extraño dicho militar: «No corras si puedes caminar, no camines si puedes estar de pie y no te sientes si puedes tumbarte». Parece un manifiesto a la vagancia, pero la cuestión es que, si sabemos que vamos a necesitar mucha energía pronto, es buena idea conservarla mientras sea posible.

Los animales no gastan energía de forma caprichosa; aquellos que lo hicieron acabaron agotados, fueron vencidos por aquellos más juiciosos y terminaron extintos. Huir es efectivo (la mayoría de las persecuciones las gana la presa, no el depredador), pero requiere mucha energía y no es una carta que pueda usarse cada vez que un animal detecta un depredador. Un pájaro pequeño gastará unas treinta veces más energía en un vuelo corto de lo que habría hecho de haberse quedado descansando.[2] Todos los animales se debaten entre conservar energía o gastarla; es una cuestión diaria de vida o muerte.

A veces, los animales que no huyen tienen que usar sus energías con prudencia mientras controlan a un depredador.

Si existe la probabilidad de que la vigilancia se alargue durante un largo periodo, el equilibrio cambia: es mejor huir durante un lapso corto que gastar largos minutos, durante los cuales no se puede buscar alimento, en un estado de alerta máxima cerca del depredador. (Este comportamiento de huida preventiva tiene un mote: MIEDO [Márchate Inmediatamente y Evita Demorarte Ocultándote]).[3]

Todos observamos este fenómeno cuando caminamos despacio junto a animales en lugares en los que están acostumbrados a la presencia humana, como un parque. Cuando pasamos cerca de ellos, los animales entran en un estado de alerta; tal vez se queden inmóviles, pero no siempre huyen. Si nos detenemos y esperamos, existe la posibilidad de que se marchen. Quedarse en un lugar donde hace falta estar en constante alerta máxima supone demasiado esfuerzo.

Rob, el guarda forestal de la zona en la que vivo, es el encargado de evitar que la población de ciervos se descontrole; los árboles, las flores silvestres y otros animales sufrirían sin esta gestión. Me explicó que uno de sus métodos de caza preferidos se basa en comprender cómo los animales sopesan las tareas de vigilancia y la huida. «Si llevo el rifle sobre el hombro y camino a la misma velocidad que un paseador de perros, veré a un ciervo que me contempla desde el bosque al lado del camino, pero este no saldrá corriendo a menos que me detenga. Si continúo un poco más, el ciervo volverá a buscar comida y lo único que tendré que hacer es coger el rifle; es un disparo fácil. Si me hubiera detenido y, luego, hubiese tratado de sorprender al mismo ciervo, moviéndome sigilosamente de un árbol a otro, habría desaparecido».

Sabemos que algunos animales saldrán corriendo o volando ante nuestra presencia, pero hemos perdido la sensibilidad al proceso y somos incapaces de predecir la secuencia. Quizá nos parezca extraño que sea tan fácil acercarse a los lagartos hacia el principio del día pero que resulte imposible alrededor de la hora de comer. Nuestro ancestro muerto de hambre, sin embargo, sabía que es menos probable que un lagarto huya si hace frío que si hace calor, así que la altura del sol en el cielo tiene una relevancia directa sobre las probabilidades de acercamiento a este animal.

Los animales también son sensibles a las estaciones, al hambre, la localización, la experiencia y el rango social.[4] Los pájaros que están más abajo en el orden jerárquico tardan más en huir, ya que ven una oportunidad de alimentarse después de que los pájaros de mayor rango hayan huido. Si combinamos este conocimiento con lo que sabemos sobre el estado de vigilancia, vemos que es mucho más probable que un animal hambriento de rango bajo que busca comida se quede donde está —expuesto al ataque— que su superior, que se ha alimentado y está alerta. Puede que no detectemos todo esto la primera vez que observamos un grupo de animales, pero, gracias a la práctica, identificaremos muchos comportamientos. Es probable que nuestros ancestros fueran conscientes de estos matices por su condición de cazadores.

Si un animal sospecha que va a ser víctima de un ataque, emplea todos sus sentidos para analizar la distancia, el ángulo de movimiento, el lenguaje corporal y la velocidad de cualquier depredador que se acerque. La distancia y el cambio de velocidad son señales claves. Lo más importante es el cambio de velocidad, no la velocidad en sí misma. Se han llevado a cabo estudios que han demostrado que los animales son un sesenta por ciento más propensos a juzgar que un ataque es inminente, y, por tanto, que la huida es esencial, si el depredador acelera.[5]

A diario nos encontramos, ya sea en la naturaleza o en la ciudad, grupos de pájaros que echan a volar cuando nos acercamos. Todos reconocemos esto como una huida, pero nos hemos vuelto insensibles a la coreografía que la compone. En un grupo, la alarma puede extenderse muy rápido y conducir a una huida en masa de cualquier grupo de presas. Los pájaros no pueden permitirse salir volando cada vez que lo hace uno de sus colegas, ya que esto provocaría demasiadas falsas alarmas y les haría malgastar mucha energía.[6] Aun así, alzar el vuelo es una de las señales de alarma que observamos en los pájaros. Si observas con cuidado, verás que el primer pájaro que echa a volar envía una señal a los otros y desencadena un estado de vigilancia inducida; nunca sorprenderás a un pájaro después de que haya provocado que otro cercano salga volando.

No obstante, el resto de la bandada no huye solo porque uno de sus miembros haya echado el vuelo. Aquí vemos el ahorro energético: el primer pájaro activa el estado de vigilancia en el resto del grupo; esto se aprecia en el lenguaje corporal cuando alzan la cabeza y rompen la rutina que he descrito antes. Si uno de los otros pájaros detecta una amenaza, quizá salga volando. El tiempo que transcurre entre los dos hechos es crítico: la bandada es sensible a la diferencia entre uno y dos pájaros que alzan el vuelo y el tiempo entre ambos hechos. Cuando dos pájaros echan a volar en rápida sucesión, esto actúa como una señal distinta, más urgente, y desencadena la huida en masa.

Las señales que provocan la huida no tienen por qué ser idénticas: diferentes señales se apoyan entre sí si se suceden deprisa. Al principio, es más fácil identificar esta secuencia en los animales que reaccionan relativamente despacio. A menudo veo faisanes que me detectan y entran en un estado de vigilancia con la cabeza levantada; el ave permanecerá en ese estado, incluso mientras se aleja lentamente, a menos que mi presencia provoque la huida de una sola torcaz. La segunda señal impulsa al faisán a alzar el vuelo. Ni mi acercamiento lento y distante ni la paloma habrían provocado la huida del faisán, pero sí ambas acciones en rápida sucesión.

Todas las señales de vigilancia que hemos observado indican que la huida es más probable, ya que la vigilancia precede a la huida, pero existen indicadores específicos de la preparación para la huida. Algunos son extraños y grotescos: las garzas y los pelícanos regurgitan la comida antes de huir y los elefantes experimentan algo conocido como «diarrea de la huida».

Eduardo de Norwich observó una reacción similar en los lobos durante una cacería a finales de la Edad Media: «Cuando el lobo los ve [a los galgos] y está lleno, se vacía tanto por delante como por detrás mientras corre, como para volverse más liviano y veloz».[7]

Más comunes y útiles son las preparaciones físicas menores que llevan a cabo todos los animales: los pájaros no pueden echar a volar sin dar un pequeño salto, así que es lógico que se agachen antes de huir; suelen balancearse hacia delante y bajan la cabeza y el pecho, casi como si hicieran una flexión. Los faisanes indican su nivel de vigilancia durante todo el proceso previo a la huida con su velocidad y la forma que adopta su cuerpo. Si no se sienten alarmados, se bambolean con la cabeza alta, pero acelerarán hasta correr con el cuerpo estirado y alargado si se preparan para despegar. Tanto la velocidad como la forma del faisán indican el cambio del estado de vigilancia a la preparación para la huida.

Un petirrojo alerta (izquierda) y, luego, justo en el momento en que se dispone a echar el vuelo

Hemos visto que una cabeza alzada es señal de un estado de vigilancia, pero esta no es la posición idónea desde la que huir. El hecho de que un animal baje la cabeza después de un estado de alerta puede significar dos cosas: que la amenaza ha pasado o que la huida es inminente. La manera más fácil de saber de qué se trata es fijarnos en si ha retomado o no su comportamiento habitual. Si un pájaro cantor detecta algo preocupante, deja de alimentarse y alza la cabeza o la ladea; vigilancia inducida. Luego, sigue alimentándose o se agacha con la cola levantada y la cabeza baja. Si hace lo segundo, sabemos que la huida es inminente. Los ciervos se comportan de manera similar: ramonean el sotobosque, alzan la cabeza de vez en cuando y la vuelven a bajar luego. Si un ciervo realiza cualquier movimiento con la cabeza que no sea alzarla y alimentarse, es probable que vaya a huir.

Los animales perciben el lenguaje corporal de la preparación para la huida y vemos cómo esto se extiende en grupos de gansos o patos.[8] Observa un rebaño de ovejas a medida que te acercas a ellas y verás cómo se extiende esta preparación.

Hasta aquí, pocas sorpresas: los animales pueden huir y hay señales de que tal vez están a punto de hacerlo. Pero abrimos nuevos caminos cuando consideramos qué sucede a continuación. Algunos cazadores modernos experimentados se habrán centrado lo suficiente en los hábitos de sus especies preferidas, pero, fuera de ese pequeño grupo, se consideraría fantasioso imaginar que se puede predecir qué hará a continuación un animal que parece haber entrado en pánico y huido. Lo cierto es que podemos predecirlo, dentro de unos límites.

Hay tres elementos que moldean el patrón de huida de cada animal: la causa, el entorno y los hábitos arraigados de su especie. Si asustamos a un gamo en una ladera, huirá de nosotros, pero es mucho más probable que se dirija hacia arriba que hacia abajo.[9] No saldrá corriendo hacia abajo por elección propia y, si tiene que correr hasta un valle, no permanecerá allí, sino que seguirá corriendo en un intento de llegar a un terreno elevado.

Puede que todavía exista cierto escepticismo con respecto a la idea de que un animal aterrorizado se comporta de maneras predecibles, así que vamos a desentrañarlo. En primer lugar, he escogido la palabra «aterrorizado» deliberadamente porque antropomorfiza la situación: proyectamos en los animales nuestra experiencia del miedo. No obstante, lo cierto es que es más probable que se trate de una respuesta más simple y, tal vez, más automatizada.

Diversas investigaciones han demostrado que los peces reaccionan con la huida casi como si fueran un reloj. Dependiendo de si un ataque se lanza desde un costado, arriba o detrás, y si observamos si el pez nada de forma activa o si solo está a la deriva, podremos predecir con seguridad cómo se comportará el pez-presa. Todavía más abajo en la escala, los colémbolos y las pupas de mosquito escapan siempre en una dirección fija en relación con el lugar adonde miran. Algunos pájaros que han sido capturados y luego puestos en libertad exhiben un extraño pero fiable comportamiento de huida: vuelan en la misma dirección sin importar el clima, los patrones migratorios o el entorno local. Los ánades reales vuelan hacia el noroeste cuando son puestos en libertad.[10]

Pero ¿en qué nos ayuda este tipo de conocimiento? Llegados a este punto, quizá merezca la pena tomar un desvío hacia nuestra experiencia personal. ¿Quién no ha disfrutado jugando al pillapilla, donde una persona *la lleva* y tiene que perseguir a las demás y tocar a otra persona, que, entonces, pasa a *llevarla?* Es un juego divertido, pero ofrece una nueva perspectiva sobre cómo podemos moldear nuestras habilidades.

Si observas a un grupo de niños y niñas jugando al pillapilla e intentas analizar lo que sucede, existe la tentación de verlo como un caos energético y aleatorio. Pero recuerda la última vez que participaste en el juego.

Si jugamos con alguien más rápido que nosotros (algo típico en muchas persecuciones depredador-presa), nuestra única esperanza es la anticipación. Al aprender que ciertas personas dan vueltas, otras prefieren esquivar y algunas cuentan solo con la velocidad, sabremos cómo lanzarnos hacia el lugar donde alguien estará después de que aceleremos en su dirección, no hacia donde se encuentra en un primer momento. Por supuesto, no pensamos así cuando jugamos, solo corremos de un lado a otro entre resoplidos y jadeos. Pero esta es la cuestión: nos hemos adentrado en un estudio inconsciente de las «respuestas de huida» de quienes nos rodean; percibimos lo que harán a continuación.

Se produce un cálculo de riesgos similar cuando un deportista trata de placar a otro. En los deportes de pelota, una de las tácticas más comunes que usan los defensas es fingir un ataque, tal vez lanzándose sobre el contrincante, y ejecutar luego un placaje según la respuesta esperada. En el fútbol, un pie va en un sentido, pero cambia de dirección de un momento a otro. Por otra parte, deportes como la esgrima y el ajedrez se basan en esto.

Hay una razón para que estas situaciones reciban el nombre del «juego del gato y el ratón»; todo empieza con el comportamiento de huida animal. Y, si alguna vez sucumbimos al pensamiento de que la huida de cualquier animal es una respuesta aleatoria, debemos salir y volver a jugar al pillapilla. Anticiparse al comportamiento de huida animal es el pillapilla más grande y excelente que existe.

Podemos jugar al pillapilla con animales sin pensarlo demasiado. Después de todo, es lo que los cazadores han hecho durante miles de años: estudian su presa y aprenden a prever su próximo movimiento sin pensamiento lento estratégico. Pero el objetivo de este libro es acelerar el proceso, y para ello, necesitamos conocer algunos de los elementos que participan en él.

Si nos asustamos y huimos de algo, no tendremos en cuenta la dirección del viento, pero muchos animales sí. Cada especie tiene sus costumbres: los ciervos de cola blanca suelen huir contra el viento, los ciervos comunes a favor o, como lo expresa Eduardo de Norwich, huyen «a menudo con el viento de tal modo que pueda siempre oír a los sabuesos que van tras él. Así, de este modo, los sabuesos no podrán olfatearlo ni dar con él, pues es su cola la que está en el viento y no su nariz. También, así, si los sabuesos se le acercan, puede dejarlos sin aliento y alejarse apresuradamente».[11]

La dirección en la que huye un animal se verá también determinada por la urgencia de la amenaza. Los pájaros tienden a escapar volando en paralelo de un ataque lento y perpendicularmente de uno rápido.[12] Las aves que huyen de una amenaza terrestre vuelven a aterrizar en un árbol cercano, a menudo más arriba, pero aquellas que huyen de un ataque aéreo saldrán disparadas y no regresarán a la misma zona. El ángulo del vuelo de un pájaro también viene determinado por el ángulo del ataque: los herrerillos comunes huyen en un ángulo más vertical de los ataques laterales que de aquellos procedentes de arriba.[13]

Existe una debilidad obvia en las huidas que es demasiado predecible y la evolución ha equipado a muchas especies con el elemento sorpresa como mecanismo de defensa. Pero, para tomar prestado y corromper el léxico de Donald Rumsfeld, todavía es una imprevisibilidad predecible. Muchas especies de ciervos se alejarán de una amenaza en zigzag. Es un movimiento hermoso de observar, pero extrañamente predecible: salto, salto, viraje, salto, salto, viraje. Tal vez notaría que es más efectivo si corriese a toda velocidad tras él, sintiendo el ardor anaeróbico, y tratara desesperadamente de clavar los dientes en uno de sus cuartos traseros, pero, desde la posición privilegiada de quien pasea por el bosque, resulta casi cómicamente fácil predecir el próximo movimiento del ciervo. Me recuerda a esas escenas de persecución de las películas, a James Bond huyendo de las armas gigantescas del helicóptero en un coche o esquivando balas mientras baja por una pista de esquí haciendo eslalon. Las balas siempre arrojan algo de nieve o gravilla al aire al fallar y alcanzan el lugar exacto del que Bond acaba de apartarse. (Mientras tomábamos una copa, tomé el pelo a un amigo, que ha sido guionista en una de las películas de James

Bond, y le sugerí que los malos pueden anticipar estos virajes apuntando más adelante, previendo la dirección en que Bond tan evidentemente está a punto de ir, no en la que se mueve en ese momento. Creo que Bond vivirá para zigzaguear un día más).

El zigzagueo es una técnica común entre el ganado y algunos roedores, y muy habitual en especies a las que se da caza en campos abiertos. En los vastos paisajes de la tundra, animales tan diversos como las liebres y la perdiz nival emplean el mismo patrón zigzagueante.[14] Es más probable que estos animales lo utilicen si el depredador es más pesado que la presa: los giros bruscos son más complicados para la criatura más grande; esta es una de las maneras en que una gacela puede vencer al guepardo pese a que este es más veloz.

Hay variaciones del zigzag, como el movimiento de detención-avance de algunos roedores, como las cobayas, o diferentes tipos de salto. Las ardillas terrestres de California saltan hacia los lados al escapar, mientras que las ardillas africanas dan saltos verticales.[15] Y los pájaros tienen su propia versión del zigzag. Los herrerillos que son atacados por aves de presa muy a menudo ejecutan una especie de acrobacia justo después de despegar.[16] Cuanto más rápido es el ataque, más probable es la acrobacia.

Existen tantas especies en el mundo natural y tantos tipos de comportamiento que podemos caer en el error de pensar que la manera en que huye un animal es aleatoria, pero lo único que debemos hacer es centrarnos en los hábitos de las especies que vemos más a menudo o que nos intrigan; así, los patrones se harán visibles. De momento, escoge solo uno o dos animales que veas con frecuencia y observa cómo se desarrollan los diferentes estadios: alimentación con vigilancia rutinaria → vigilancia inducida → huida. Haz una nota mental de la huida del animal y su destino. La comprensión de lo que está a punto de suceder te sorprenderá.

La guarida

Me tropecé con un claro en el bosque. Había algunos acebos, unos cuantos avellanos solitarios, un orgulloso sauce cabruno en el centro y una colección de hayas y cerezos silvestres al otro lado. La ardilla se alzó sobre las patas traseras, se quedó inmóvil y salió corriendo. No fue hacia donde quería ir, sino hacia donde yo quería que fuera. Esta última frase no es cierta, pero es una reflexión verdadera sobre la sensación que se tiene cuando se anticipa con éxito el próximo movimiento de un animal.

La huida nos ayuda a comprender cuándo y cómo un animal intentará escapar de una amenaza. Ahora veremos cómo anticipar sus próximos movimientos.

Podemos predecir la localización del «ascenso» de un pez, las ondas que se forman a medida que se acerca a la superficie y al cazar un insecto, analizando cómo fluye el agua, así como los insectos y el clima. Después de practicar el placentero deporte de observar el ascenso unas cuantas veces, empezaremos a sentirnos como si percibiéramos el mundo como una trucha y viéramos el paisaje acuático como ellas. Pero esto no es una incursión poética o filosófica en la mente y el cuerpo de otra criatura; es un ejercicio práctico. Aprendemos a evaluar los factores que influencian el comportamiento de cualquier animal, lo que nos ayuda a esquematizarlo y predecirlo. Adquirimos una intuición de lo que está a punto de hacer.

El pez está realizando un ejercicio de depredación, pero podemos tener el mismo éxito si observamos cómo huyen las presas, pues hay un método en el frenesí de la huida. Cuando las presas corren, no solo se alejan de la amenaza, sino que se dirigen a un lugar seguro: un árbol, un agujero en el suelo, una grieta, un matorral o el cielo. Una vez conocemos los refugios favoritos de los animales que vemos, la predicción se vuelve sencilla.

Las ardillas usan los árboles como sus guaridas predilectas; todos las hemos visto trepar a toda velocidad cuando nos acercamos. Pero existen patrones dentro de esta simplicidad. A las ardillas no les gustan los árboles solitarios, porque un árbol aislado es un callejón sin salida, ya que los depredadores pueden esperar al pie del árbol o tal vez trepar, y eso dejaría a la ardilla sin escapatoria. Las ardillas siempre escogerán un grupo de árboles, y sus ramas entrelazadas, antes que un único árbol que esté a la misma distancia, y a menudo recorrerán una extensión mayor para alcanzarlos. La ardilla huyó de mí subiéndose al cerezo, siguió por una rama y, luego, saltó a la rama de un haya mucho más alta. Sabía que esto sucedería: la ardilla nunca habría escogido los árboles bajos aislados, aunque estaban más cerca.

Una de las reglas más simples de la guarida se resume con la frase «todos a cubierto»: bosques, setos y matorrales forman parte del mapa del entorno de una presa y actúan como un imán cuando llega el momento de huir. Algunas plantas ofrecen una mayor protección que otras. Si un animal desaparece, intento echar un vistazo en el interior de cualquier endrino, ya que sus duras espinas lo convierten en el refugio perfecto. Los ciervos corren hasta la guarida: si ves un ciervo en una zona despejada pero con árboles dispersos, estudia dónde se encuentra el refugio más cercano y, cuando el ciervo se asuste, observa cómo los árboles lo llaman.

Las presas son conscientes de la distancia a la que se encuentra la guarida más cercana, y esto tiene un efecto en la elección del momento de la huida.[1] Cuanto más lejos de la guarida se encuentran, más probable es que una amenaza desencadene una huida. Es fácil observarlo: cualquier animal que reconoce a un depredador en una zona abierta, como un pasto o un páramo, saldrá corriendo mucho antes de que este se le acerque. Es tentador pensar que esto solo sucede porque les resulta más sencillo percibir al depredador, pero también se debe a que los animales son literalmente más «huidizos» cuando saben que tienen que recorrer una gran distancia para ponerse a cubierto. En el bosque, podemos acercarnos hasta quedar a pocos metros de una presa, pero es difícil aproximarse a cien metros de ella en una zona abierta. Por esta razón, a veces vemos ardillas al pie de un árbol guarida en un parque que nos observan con despreocupación mientras pasamos junto a ellas, pero esto no ocurre en zonas abiertas. Los conejos parecen más aletargados cerca de sus madrigueras y más inquietos cuando se han alejado ligeramente del hogar. Es interesante que los animales que no nos reconocen como depredadores, como algunos renos salvajes, se acerquen a los humanos por pura curiosidad.

Los pájaros siguen sus propios patrones según el grupo al que pertenecen. Los cantores se dirigen hacia los árboles y los pájaros carpinteros, agateadores y trepadores huyen hacia la parte trasera de los troncos de los árboles.[2] Las especies de las ciénagas o pastizales avanzan hacia los arbustos, mientras que las palomas, gallinas, gaviotas y córvidos echan a volar e intentan vencer la amenaza desde el aire. Los animales a menudo distinguen entre un depredador terrestre y uno aéreo. Los topillos agrestes huyen hacia un campo abierto cuando los persigue una comadreja, pero se refugian si se ven amenazados por un cernícalo.

Por supuesto, existen ciertos matices. Los animales tienen preferencias geográficas, y debemos considerar sus hábitos de huida. Como hemos visto, los animales pueden valorar la dirección del viento o la inclinación del terreno en su preparación de la huida: los gamos y las liebres prefieren ir cuesta arriba y los renos huyen primero hacia arriba y contra el viento, pero todos viran hacia la guarida si está disponible. Así, aunque un movimiento empiece como la huida de una amenaza, pronto se convierte en una carrera hacia el refugio. Si combinamos estos dos estadios, comprendemos que predecir que un ciervo pronto correrá hacia la arboleda que se encuentra más arriba no es cuestión de telepatía, sino la consecuencia de la asociación de dos claves: la huida, cuesta arriba, y la guarida, la arboleda.

Cuando un animal llega a la guarida, debe decidir cuánto tiempo permanecerá escondido (porque, como sabemos, el tiempo que está escondido es tiempo en que no puede alimentarse), y esto depende sobre todo de lo grande que haya estimado la amenaza inicial. La velocidad de un ataque es crítica: cuanto más rápido se aproxime el depredador y más acelere, más tiempo permanecerá la presa escondida.

Habrás advertido que, en su huida, las ardillas salen corriendo y suben a toda prisa por el otro lado del árbol, combinando en una sola respuesta las acciones de huir, guarecerse y esconderse. Puede que también hayas observado que a la ardilla no le gusta permanecer escondida mucho tiempo. Si te quedas quieto con el viento en contra, el animal no tendrá manera de saber qué haces. Esto no le gustará y, como consecuencia, retomará el comportamiento del estado de alerta. Asomará la cabeza por un lado del árbol para vigilarte, se esconderá de nuevo y te espiará por el otro lado. Ten esto presente la próxima vez que des un paseo con un amigo. Si veis una ardilla, tal vez seáis capaces de hacer una predicción inquietante: «Esa ardilla a la que nos acercamos está a punto de alzarse sobre las patas traseras y quedarse inmóvil; luego saldrá corriendo hacia el cerezo, trepará y nos mirará a mitad de camino». Vigilancia, inmovilidad, huida, refugio, vigilancia. «Lo siento, no estoy seguro sobre por qué lado asomará la cabeza, pero supongo que será por la izquierda, ya que la brisa sopla desde el otro lado».

La cacofonía

Se acercaba el crepúsculo y yo estaba arropado bajo una tuya gigante, con un libro sobre las rodillas, cuando el sonido de la indignación de un mirlo resonó por el campo. Los bosques cobraron vida con una canción cada vez más sonora y rápida, que activó toda una colección de tintineos, cacareos y batir de alas. Levanté la vista y vi a un cárabo común descender en picado y aparecer delante de mí mientras se zambullía bajo las ramas inferiores de la tuya. El ave me vio cuando estaba a unos tres metros de distancia, y me esquivó. Luego, subió a las hayas cercanas. Los mirlos continuaron con su protesta y, pronto, se les unieron los chochines y otros paseriformes. Mientras me aventuraba a investigar, una ardilla gris añadió su cuc-cuc-cuc-cuc-craaa al estrépito.

La naturaleza está repleta de mensajes. Cada organismo forma parte de una red de comunicación. Las hormigas intercambian información acerca de cuáles son las mejores rutas hacia la comida y los árboles se avisan unos a otros de los ataques de insectos, ambos por medio de feromonas, un tipo de charla química de la que estamos excluidos. Gran parte de la conversación tiene lugar cerca de nosotros pero justo fuera del alcance de nuestros sentidos. Los elefantes detectan a una hembra en celo a casi diez kilómetros de distancia gracias a las vibraciones del suelo[1] y, bajo tierra, las ratas topo descifran las vibraciones producidas por otras ratas a quince metros de donde se encuentran. Un petirrojo macho entona una canción diferente cuando corteja a una hembra concreta que cuando canta a solas, expectante; esto es discernible para la receptora de su afecto, pero, por desgracia, nosotros no advertimos la diferencia.

Las buenas noticias son que una gran proporción de los intercambios de animales son tanto audibles como inteligibles. Esto no es suerte ni una feliz coincidencia, sino que es fruto de la lógica evolutiva y parte del propósito original de nuestros sentidos. Si necesitáramos entender el sonar de los murciélagos u oír los cantos de las ballenas para sobrevivir, entonces podríamos hacerlo, pero no es así, de modo que siguen siendo interesantes, aunque académicos. Oímos todo cuanto necesitamos oír; lo único que falta es nuestra habilidad histórica de percibir el significado en nuestro exuberante paisaje sonoro natural. No hemos perdido la habilidad biológica; en una situación de supervivencia, muchos descubren que estas habilidades regresan.

Fred Hatfield era un pionero que pasó casi cincuenta años en las tierras salvajes de Alaska a mitad del siglo pasado. Controlar los sonidos de la fauna era crítico para su supervivencia, pero también para comprender los movimientos de otro humano. Klutuk, un psicópata asesino, vivía en la misma región que Hatfield, y, para este, a menudo era más importante saber qué tramaba el otro hombre que averiguar lo que hacían los grandes mamíferos. Por suerte, el código era fácil de descifrar: una especie de chasquido era un castor que chapoteaba con la cola en el lago al zambullirse; un gruñido indicaba que había un alce cerca; un rugido similar a una tos era un oso grizzly, «molesto y enfadado por algo, como es su costumbre». Sin embargo, lo más alarmante era el ladrido de un perro; no había perros salvajes, así que un ladrido significaba Klutuk, y Hatfield tenía tiempo de coger su rifle.

No necesitamos estar en peligro de muerte para recuperar esta habilidad. Este código existe en todo momento, sin importar el lugar del mundo en que nos encontremos. No tenemos dificultades para identificar el relincho de un caballo, así que ¿por qué deberíamos sentirnos intimidados por el cambio de sonido cuando un carbonero común pasa de picotear una nuez a advertir a sus colegas de que nos ha visto acercándonos?

Los animales crean sonido principalmente de cuatro maneras. Algunos emiten sonidos nasales: el carnero azul y el muflón del Atlas, el íbice, el rebeco y las marmotas silban a través de la nariz. Algunos emplean otras partes del cuerpo: las serpientes de cascabel son conocidas por agitar la cola y todos hemos oído el sonido de los dientes al cerrarse una mandíbula, el repiqueteo de un pico, el sonido de piel y cabezas al sacudirse y, posiblemente, el traqueteo de las púas de puercoespín. El aleteo deliberadamente ruidoso de las torcaces al alzar el vuelo es el sonido más común en los bosques de mi zona y son pocas las veces que no lo oigo cuando voy allí.

Algunos animales hacen ruidos cuando interactúan con objetos de su entorno, como el castor que he mencionado antes, pero muchas aves acuáticas chapotean con las alas en el agua al despegar. Otros, como los anfibios y las ratas toperas, hacen un ruido de salpicadura o similar a una pequeña explosión al entrar en el agua. Los conejos golpean el suelo y lo utilizan a modo de tambor, los camellos y otros animales dan pisotones, y todos estamos familiarizados con el redoble de tambor de un pájaro carpintero.

Nosotros mismos empleamos los tres primeros métodos: resoplamos de incredulidad, damos palmas para demostrar apoyo o golpeamos la mesa cuando estamos enfadados. Pero, sin duda, el método de comunicación más común para nosotros y otros animales es la voz. Los animales gritan, ladran, trinan, chillan y ronronean, igual que nosotros.

Existen diferencias biológicas; los pájaros no jadean porque sus pulmones permiten una circulación del aire más compleja que los nuestros, razón por la cual el canto de un pájaro nunca se asemejará a un jadeo, pero los objetivos en el mundo animal son similares. Una combinación de impulsos en torno a la supervivencia, la comida, el sexo y el territorio pueden explicar la mayor parte de la comunicación animal y una buena porción de la conversación humana.

Si bien el mundo de los sonidos animales es complejo (los loros pueden decir todo lo que nosotros somos capaces de articular y emitir muchos ruidos fuera de nuestro alcance),[2] hay una regla de oro útil: cuanto más importante es el mensaje, más simple suele ser. Las abejas realizan su célebre danza para transmitir información a otras obreras sobre la dirección en que se encuentra la comida en relación al sol y la distancia. Se trata de una comunicación compleja para un insecto, pero pueden permitir que lo sea porque es útil, no urgente. Los mensajes más apremiantes suelen estar relacionadas con amenazas a la supervivencia y, por lo general, son vocalizaciones cortas y penetrantes.

A miles de kilómetros de distancia y cientos de años antes de que Fred Hatfield percibiera ladridos de perro para detectar el peligro, el extraordinario barullo que armaban los loros de la selva advirtió al pueblo leco de Bolivia de la proximidad de los conquistadores españoles. La «cacofonía» es la clave auditiva más simple y llamativa. Si un grupo de animales empieza a comunicarse de una forma escandalosa poco habitual, siempre hay una razón para ello. La lógica es ineludible y todo se reduce a la energía. Los animales no invertirán energía en generar una barahúnda sin motivo. La causa de tal alboroto puede ser algo positivo, como una fuente de alimento recién descubierta, o una posible amenaza. Quizá se equivoquen (es posible que identifiquen a un animal benigno como un posible depredador), pero siempre hay un motivo para el ruido.

Primero, veamos cuáles pueden ser las razones positivas. Muchos pájaros emplean cantos de contacto, sonidos cortos que usan para establecer contacto entre ellos. Si tiene lugar una reunión lo bastante grande, un coro de cantos de contacto puede alcanzar un volumen considerable, pero el tono será constante y no habrá urgencia en él. Sonará a lo que es: una charla.

Algunas especies anuncian el descubrimiento de abundantes fuentes de alimento, lo cual puede parecer, como hemos visto antes, ilógico, pero existen buenas razones para ello. Esta práctica fomenta la mayor vigilancia que ofrecen los grupos, pero también es una manera de inclinar la balanza a favor de un visitante. Los cuervos son territoriales, y una pareja dominante puede ocupar un área donde se ha encontrado una abundante fuente de alimento, como el cadáver de un animal grande.[3] Si un forastero hace este descubrimiento, al difundirlo revelará el hallazgo a otros y, de este modo, superará a la pareja dominante. Es como compartir una publicación en redes sociales sobre una revuelta: atrae a otros y, al final, se vence a una pareja de guardias de seguridad y se desencadena un saqueo masivo.

Cuando el naturalista y explorador prusiano Alexander von Humboldt exploraba la región de los Llanos y el Orinoco de América del Sur, fue testigo de una soberbia cacofonía.[4] Una vez, en mitad de la noche, el bosque estalló en una ruidosa conmoción que despertó a Humboldt. Este decidió analizar el coro de sonidos en busca de una señal en ese ruido. La encontró en una reacción en cadena. Unos jaguares estaban persiguiendo a unos tapires, que se dieron a la fuga. En su huida despertaron a los monos que había en los árboles, que a su vez activaron a los pájaros. Una simple cacería depredador-presa era la fuente de tal revuelo; es la causa más probable de cualquier aumento súbito de los ruidos animales: una o más especies perciben una amenaza inminente.

Si un ave de presa, como un gavilán, pasa por encima de pájaros cantores o pequeños mamíferos, la noticia se extenderá rápidamente y los sonidos se propagarán por la zona. La percepción de que «algo pasa» a menudo significa que «alguien pasa». Sin embargo, nuestro objetivo es perfeccionar nuestra intuición para saber de quién puede tratarse.

La cacofonía típica es un conjunto de alarmas. Todo el mundo la detecta: el sonido retumba desde el fondo y atrae la atención, incluso de los más reticentes. Desencadenará rápidamente la conciencia general de que hay un depredador en la zona. En ocasiones, el ruido nos permite descifrar de qué depredador se trata, pero, para cuando lo hacemos, quizá hayamos empezado a separar los distintos componentes de la cacofonía.

La mayoría de los animales sociales que necesitan cuidarse de los depredadores cuenta con una manera de advertirse los unos a los otros cuando detectan peligro. Las señales de alarma sonoras siempre se encuentran entre los sonidos más simples que produce cada especie, ya que deben ser breves, prácticas y comprensibles para los más jóvenes. Las señales de alarma sonoras son una característica integral de cada especie y un aspecto clave de su comportamiento; los polluelos de faisán pueden ser criados por pavas porque comparten un canto de alarma similar, pero no por gallinas, pues no las entienden.

Los pájaros necesitan tiempo para aprender una canción compleja con el fin de que no parezca una señal de alarma. No somos tan diferentes: imagina que caminas con un amigo y algo te asusta. Es poco probable que tu primera reacción sea lanzarte a ofrecer un monólogo poético sobre el soplo de viento que ha arrojado un avispón que ha volado frente a ti. Es mucho más probable que sueltes una palabra contundente en una voz bien alta.

Cada animal tiene su propio sonido de alarma y nos familiarizaremos con aquellos que experimentamos con más frecuencia. Es una de esas capas de percepción que es difícil pasar por alto una vez hemos sintonizado con ella, y muy fácil de ignorar hasta entonces. Hace algunos días estaba sentado en un bosque con un grupo de quince personas, dando un curso. Como era habitual, el silencio del bosque se veía interrumpido por el canto de alarma esporádico de algún que otro pájaro, incluido, en una ocasión, un chochín que estaba posado cerca. Mi reacción instintiva fue levantar la vista hacia la alarma, pero lo ignoré para observar los rostros de los miembros del grupo. De los quince, tres participantes volvieron la vista o la cara al instante hacia el canto; los otros no parecían haberlo reconocido. Si hubiéramos sido un grupo de cazadores-recolectores, probablemente habría sido al revés. La señal la había provocado el regreso al grupo de alguien que había ido a orinar. El chochín detectó a la persona cuando regresaba, segundos antes de que ninguno de nosotros la viéramos.

Existen variaciones en el tono y el ritmo de las señales de alarma entre pájaros. Podemos reunir unas cuantas que reconocemos individualmente, pero ayuda saber que la mayoría de los pájaros cantores emite un sonido corto y repetitivo, normalmente algo parecido a un «tic-tic-tic-tic» y el ruido de dos piedras al chocar; la tarabilla recibe su nombre en inglés, *stonechat* ['charla de piedras'] por su canto de alarma.

Subía por una pendiente larga y suave que no era lo bastante empinada como para justificar un descanso, ni lo bastante llana como para permitir que se me estabilizara el pulso. Hacía calor, estaba nublado, había humedad y sudaba. El camino se alejaba del bosque en la intersección con un sendero del guarda forestal y me planté en el medio para disfrutar de una clara vista del cielo gris y plano. La humedad y la disminución de la luz prometían lluvia.

Se oyeron un crujido y un chasquido. Bajé la cabeza y miré en la dirección de la que venían los sonidos. Esperaba ver un ciervo; sospechaba que se trataba de un corzo. Después de unos segundos, un movimiento muy sutil hizo que el animal destacara contra el fondo *beige* del suelo del bosque. El corzo se había quedado inmóvil, lo que lo volvió invisible por un momento, pero un ligerísimo movimiento de las orejas lo descubrió. Nos miramos fijamente. El corzo berreó y se alejó unos tres metros saltando antes de volverse para mirarme y quedarse inmóvil otra vez. Aparté la vista del corzo y escudriñé el bosque a ambos lados del animal, a la espera de que mis ojos perdieran el cielo y recuperaran el bosque. Percibí que debía de haber otro ciervo por ahí. Si esta intuición pudiera representarse en palabras, estas habrían sido: «¿Dónde estás?».

Si pensamos en el propósito primario de una señal de alarma (comunicación dentro de una especie), esto añade una primera capa de significado al simple sonido. Las señales de alarma no son para nosotros y, a menudo, indican la presencia cercana de otros miembros de la misma especie. Estudios sobre diferentes especies, desde pequeños pájaros a grandes monos, han revelado que las señales de alarma no se desperdician: es menos probable que emita la señal un animal solitario que uno que está acompañado.

Las primeras veces que experimentamos la señal de alarma de un animal es normal centrar la atención en dicho animal, pero si nos familiarizamos con la alarma de cualquier especie, tardaremos muy poco en ser conscientes de otros animales. El berrido del corzo es un ejemplo de esta reacción. Los corzos pasan gran parte de su vida solos, así que ver a uno no sugiere de forma automática la presencia de más; sin embargo, el berreo de un corzo a menudo desencadenará una respuesta en otro.

Después de unos segundos, empecé a buscar al segundo ciervo por el margen del sendero, pero, antes de que lo localizara, oí al segundo ciervo berrear en respuesta al primero. El berreo continuó durante varios minutos, los ciervos se respondían el uno al otro. Otros animales de pezuña hendida, como las ovejas, las cabras y los antílopes, también emiten señales cortas y estridentes en respuesta a una amenaza.[5] Una vez nos acostumbremos a escuchar con atención, a la espera de la respuesta, percibiremos al otro animal cerca, aunque sea invisible.

(Vale la pena destacar que una señal de alarma no es una respuesta emocional. No la provoca el miedo; es un método efectivo para reducir el riesgo de depredación que se ha desarrollado en muchas especies. Algunos animales emiten a veces una señal de miedo, pero esto es menos común. La señal de miedo o angustia es casi el acto final de un animal cuando está a punto de sucumbir ante un depredador;[6] puede servirle para sorprender a su atacante, alertar a otros miembros de la misma especie o invitar a depredadores rivales y generar así un caos que le permita escapar.

Estas explicaciones soportan un examen minucioso en un contexto evolutivo, pero es difícil no antropomorfizar la situación y preguntarnos si la pobre criatura tal vez grita porque simplemente está aterrorizada. Antes de las señales de angustia, algunos animales también emiten señales de defensa; los carnívoros a los que acorrala un depredador a menudo gruñen o bufan.[7] Los conejos y las liebres también lo hacen a veces; puede que sea mimetismo.[8] La secuencia completa puede estar formada por señales de alarma, defensa y angustia, pero esto es poco común y deberíamos mantenernos centrados en la extendida señal de alarma).

En ocasiones, un animal necesita expresar la naturaleza del peligro a otros de una manera que provoque una reacción que no solo sea rápida, sino que también se ajuste a la medida del peligro específico. Los monos verdes emiten diferentes señales para distinguir entre un león y un águila. Un mono que haya respondido al ataque de un león puede ponerse en una situación de mayor peligro si un águila se prepara para bajar en picado. Los monos verdes reaccionan ante un león que trepa a un árbol, pero levantan la vista ante la señal del águila.[9] Esta capacidad de diferenciar entre señales de alarma terrestres o aéreas es algo que se repite en muchas especies, de las gallinas a los mapaches. Y nosotros podemos sintonizar nuestros sentidos con ellas.

Una de las señales de alarma comunes entre los pájaros cantores indica una amenaza aérea y es conocida como señal «seet» o «halcón». Solo hace falta mirar de manera consciente unas cuantas veces cuando la oímos antes de interiorizarla.

Es interesante considerar lo instintivas que son las señales de alarma y la respuesta. Para nosotros, es difícil imaginarlo, pues imaginar algo constituye un esfuerzo consciente y, en este caso, se trata de una unión inconsciente de sucesos. Pero si pasamos un rato con Niko Tinbergen, uno de los verdaderos héroes en el campo de la investigación del comportamiento animal, nos haremos una idea más clara de su funcionamiento.

Tinbergen, un biólogo holandés ganador del premio Nobel, estaba estudiando el comportamiento de una familia de gaviotas argénteas desde un escondite cuando, sin querer, se movió y asustó a uno de los ejemplares adultos. El ave reaccionó como era de esperar: se alejó rápidamente y emitió una señal de alarma. Los polluelos de gaviota interpretaron esto de una manera que podríamos describir como «¡a cubierto!».[10] Sin embargo, la señal en sí misma no ofrece más detalles. No especifica si se trata de una amenaza terrestre o aérea y no aporta información sobre la dirección de la que procede.

Los polluelos oyeron la señal de alarma y reaccionaron al instante: echaron a correr con la cabeza bien alta y el cuello estirado hacia un refugio (huida → refugio). Lo que ocurrió fue que el refugio más cercano era el observatorio donde se encontraba Tinbergen: al asustar a la gaviota progenitora, había provocado una reacción en cadena que llevó a los polluelos a lanzarse precipitadamente hacia él y reunirse a sus pies.

En parte, es una historia adorable, pero, también, instructiva, pues ofrece una visión muy clara de cómo funcionan las señales en la naturaleza. Cuando los científicos ponen grabaciones de las señales de alarma de un león a los monos verdes, estos trepan a los árboles. Y esta es la cuestión decisiva: lo hacen incluso cuando no hay ningún león ni otro mono a un kilómetro de distancia. Perciben y responden a la señal, no a la amenaza; la clave no son los animales que hay cerca ni su comportamiento, sino la señal de alarma. La idea de que los animales interpretan señales, no animales, es un desvío bastante radical de la visión popular del comportamiento animal, así que puede extrañarnos hasta que nos acostumbramos a ello. De hecho, es poco probable que nos sintamos cómodos con esta idea hasta que la experimentamos por nuestra cuenta.

Existen dos factores que aumentan las posibilidades de que esto suceda: primero, los animales son generosos con sus señales y, segundo, la información se comparte, no se desperdicia. Los animales se sirven de las señales de alarma de otras especies, además de las suyas propias. La mayoría de ecosistemas posee algún tipo de plan de vigilancia vecinal, donde las señales de alarma de los animales vigilantes aumentan el nivel de vigilancia de otras presas. Y se trata de especies necesariamente parecidas; las señales de alarma sirven como advertencia a un amplio número de animales. Los cercopitecos verdes reaccionan a los estorninos, las mangostas, los cálaos, las ardillas y los mirlos;[11] la lista completa probablemente se extendería hasta el final de este libro. En el sur de África, el turaco unicolor emite una señal de alarma al ver un león, lo que desencadena una respuesta en muchas gacelas autóctonas. También advierte de la proximidad de humanos, para disgusto de los cazadores de gacelas.

Pero lo que en un momento es un obstáculo, en otro puede ser una ayuda. Durante miles de años, los cazadores han sabido que la presa de su presa puede ser un amigo. Cualquiera que quiera saber dónde está un pájaro de presa puede rastrear sus pasos mediante los sonidos y movimientos a su alrededor. En el pasado, los halconeros utilizaban un pequeño pájaro carnívoro llamado verdugo. En 1883, el naturalista inglés James Harting escribió: «Este elegante pajarillo es empleado no para atraer al halcón como podría suponerse, sino para dar aviso cuando se aproxima. Su capacidad de visión es maravillosa, ya que detecta y anuncia la presencia de un halcón en el aire mucho antes de que este sea visible para el ojo humano».[12]

El verdugo es un pájaro fascinante: mata a su presa empalándola con pequeños pinchos, como espinas largas o incluso alambre de espino. Más relevante es la teoría de que su nombre en inglés, «shrike», es onomatopéyico, lo que nos da una pista de su canto agudo y estridente.

Si la señal puede ayudarnos a presentir lo que hay ahí fuera, el siguiente nivel de consciencia consiste en percibir la historia dentro de los sonidos. Las señales de alarma de algunos pájaros varían según la urgencia de la situación; adoptan un estilo cuando perciben un peligro potencial y otro para un ataque sorpresa.

Es poco probable que una llamada habitual sea una señal de peligro urgente y más probable que se trate de una advertencia general, hasta que acelera o se vuelve notablemente más aguda. El carbonero cabecinegro, un pequeño pájaro cantor de América del Norte (otro cuyo nombre en inglés, «*chickadee*» [pronunciado como «chicadí»]), se basa en el sonido de su canto), añade «díes» extra a medida que se acerca un depredador; así, «chicadí» pasa a ser «chicadí-dí-dí-dí».[13] Sus vecinos perciben su canción y la aprovechan.

El mirlo común tiene siete canciones y la mayoría es fácil de identificar sin demasiada práctica. Para mí, su canción de huida, que emite cuando se asusta, suena como el motor más pequeño del mundo al encenderse. Acelera y se vuelve más agudo enseguida; lo oirás si caminas por cualquier bosque en el que haya mirlos. Es un sonido con el que quizá disfrutemos las primeras veces que lo reconocemos, hasta que comprendemos que lo provocamos nosotros. Al resonar por los campos circundantes, alerta a todos de nuestra cercanía y reduce la probabilidad de los avistamientos sorpresa; los pájaros, conejos, zorros y ciervos se alejarán o se pondrán en alerta.

Vemos comportamientos similares en los mamíferos. Los roedores, incluidas las ardillas, suelen acelerar su señal de alarma a medida que crece el peligro. Muchas ardillas cuentan con señales independientes para amenazas aéreas o terrestres. Cada ardilla tiene sus propias señales, pero los depredadores aéreos suelen provocar un silbido o dos, mientras que una amenaza en el suelo es el detonante de un sonido vibrante, similar a un parloteo. Los cercopitecos verdes emiten diferentes señales según si la amenaza es una serpiente, un leopardo o un águila, y cada una desencadena una oportuna respuesta;[14] la señal de la serpiente provoca que se alcen sobre las patas traseras e inspeccionen la hierba.

Los animales no siempre son sinceros. Se sabe de carboneros comunes que, al encontrar una bandada de gorriones agrupados alrededor de una fuente de alimento, han emitido una falsa señal de alarma, que dispersa a los gorriones y les proporciona una ubicación excelente para una merienda traviesa.[15]

Sabemos que la comunicación entre los primates y los córvidos es de una riqueza y una complejidad que todavía no hemos desentrañado. Y, sin duda, existen niveles de comunicación en el reino animal de los que todavía no somos conscientes. No obstante, podemos aprender a descifrar gran parte del significado que se nos ha escapado hasta ahora fijándonos primero en los sonidos y combinándolos luego con sucesos que tienen lugar en el entorno. Cuando nuestro inconsciente establece la asociación, el ruido se convierte en señal.

El rastro

La telaraña me bloqueaba el paso y me animaba. El cielo nublado arrojaba suficiente luz como para que viera las gotas de rocío en la seda de la araña y el entramado plateado, que se extendía entre dos ligustros.

Cuando salgo a primera hora de la mañana, temo la llegada de los paseadores de perros. Es injusto: no tengo más derecho a la tierra que ellos y yo mismo paseo en ocasiones a perros, pero la cualidad virginal de los bosques al amanecer se ve mancillada por sus gritos y ladridos. La telaraña me confirmó que nadie había pasado por ese camino.

El rastreo, el arte de leer una historia en las marcas de la naturaleza, es una habilidad antigua y universal, pues durante la mayor parte de la historia fue esencial para nuestra supervivencia. Es una de las maneras en que nuestra inteligencia superior rebasó la desventaja de nuestra lentitud y debilidad en comparación con muchos otros animales. Hasta el día de hoy, su uso se extiende entre sociedades indígenas, aunque tal vez no tanto como en épocas anteriores. Alrededor de 1850, Thomas Magarey, el pionero irlandés que migró a Australia, encontró a madres aborígenes que colocaban lagartos delante de sus criaturas para darles una presa que rastrear y perseguir.[1]

Louis Liebenberg argumenta de manera convincente en su libro *The Art of Tracking: The Origin of Science* ['El arte del rastreo: el origen de la ciencia'], que el rastreo fue la primera ciencia. Fue una de las primeras habilidades necesarias en la naturaleza en que la intuición se vio sustituida por un análisis consciente de las pruebas; es decir, pensamiento lento. Al medir las marcas que encontramos en el suelo y la distancia entre ellas y compararlas luego con un registro mental o escrito, identificamos especies con exactitud y predecimos su comportamiento de una manera que no resulta posible solo con la vista. Si estamos de acuerdo con la premisa de Liebenberg, como es mi caso, este enfoque condujo al mundo científico en el que vivimos ahora.

Del rastreador experto se espera que ralentice su pensamiento y siga una estrategia metódica. Los inuit se regocijan al ver rastros recientes y aprenden a localizarlos dentro de la complejidad de su entorno. Las huellas de un oso polar pueden distinguirse paralelas a una cresta de hielo sobre la banquisa, en la dirección del viento, porque a las focas les gusta holgazanear entre las crestas.[2] Los osos lo saben, y también los inuit.

Los amantes de la naturaleza intuitivos pueden disfrutar con la búsqueda de señales que nos proporcionan información sin necesidad de un análisis. Muchas saltan a la vista, como los cambios en la forma, el color o la sombra. Todos reconocemos la huella del casco de un caballo, en particular porque les hemos dado zapatos con una forma antinatural que destaca en el barro.

Todos los animales, incluidos los pájaros, dejan sus propias huellas, y la familiaridad que desarrollamos con ellas lleva al reconocimiento instantáneo, de la misma manera que tal vez reconozcamos las huellas de nuestra propia familia en la playa, pero no las de otras personas. A menudo, una identificación rápida es imperfecta; divisamos el rastro de un pájaro sin dudar, aunque no reconocemos la especie exacta; pero eso no importa.

Cuando los animales o los humanos se mueven por un paisaje, provocan cambios y crean patrones nuevos y anomalías. Los elementos destacan cuando alteran el estancamiento del entorno. Piensa en lo rápido que detectan los ojos humanos la basura en la naturaleza. El deslumbrante color plateado o naranja de una lata de refresco abandonada es imposible de ignorar, no porque no haya mucha basura, sino porque la naturaleza no crea cosas con esa forma o color. Las líneas perfectamente rectas son escasas; de hecho, los pueblos indígenas pueden pasar una semana sin ver un ángulo recto.[3] Las huellas de una bicicleta en el barro destacan, como lo hacen las marcas que deja un depredador al arrastrar a su presa sobre el suelo mojado.

No hace falta entrenamiento ni análisis para percibir el paso de los animales en el camino de hierba aplastada o en una serie de hojas de helecho rotas: las formas y los colores alterados destacan. También nos llama la atención la piedra que alguien ha sacado de su cuenca de barro con un pie o las hojas a las que se les ha dado la vuelta y que revelan una cara más pálida. Cuanto más miramos, más rápido detectamos brillos o marcas en un tronco y más rápido los reconocemos en el próximo; la autopista de los tejones se torna un sendero luminoso.

La aceleración y desaceleración, o un cambio súbito en la dirección de un animal, también se hacen evidentes. Cualquier viraje súbito arroja tierra en la dirección opuesta y, si el animal se detiene de repente, se forma un borde en la huella. Al principio, los rastros que atraviesan un sendero principal son invisibles para la mayoría; se vuelven obvios cuando nuestros ojos se acostumbran a buscarlos y, poco después, es imposible no verlos, incluso con poca luz.

He tenido la suerte de trabajar con John Rhyder, uno de los rastreadores de fauna más importantes de Europa del Norte. Vivimos y trabajamos bastante cerca y disfrutamos con el intercambio de información y observaciones sobre navegación natural y rastreo. Después de pasar tiempo rastreando con John, me percato de cuatro cosas. Primero, los rastros que antes tenía que buscar se vuelven más evidentes; segundo, adquiero una percepción más intuitiva de la velocidad a la que se ha movido un animal. En tercer lugar, me resulta más fácil reconocer cada pata individualmente; dos huellas de tejón que al principio de nuestro paseo parecían casi idénticas ahora son identificables como derecha e izquierda. El dedo exterior del tejón (el dedo pequeño en los humanos) deja una marca más profunda sobre el terreno. Este también es el caso en muchos pájaros. En cuarto lugar, percibo, por el color de los rastros, cuánto tiempo ha transcurrido desde que ha pasado el animal. En términos generales, la presión del pie de un animal cambia el color del barro y, con el paso del tiempo, el color revierte poco a poco al de la tierra que lo rodea.

En algunos sentidos, esto invierte la ciencia del rastreo: un análisis cuidadoso ha confirmado que el patrón y la forma de huellas en el suelo revelan la identidad, velocidad y andares de un animal; si caminaba, trotaba o galopaba. Si, por ejemplo, un ciervo apoya las patas traseras antes que las delanteras, se halla en el extremo más lento de su rango de velocidad. Si las patas traseras sobrepasan a las delanteras, probablemente toma velocidad. Las pezuñas también están más separadas cuando el animal se desplaza con rapidez. Cuando observas a la misma especie durante el tiempo suficiente, esta separación actúa como un velocímetro. Si seguimos a un animal a una cierta distancia y vemos en su rastro que ha acelerado, existe la probabilidad de que haya advertido nuestra presencia; esto es un recordatorio para frenar y proceder con más cautela.

Los animales más grandes no pueden evitar dejar rastros de sus hogares o lugares de descanso: un montón de tiza blanca revela las excavaciones recientes de un tejón y un sotobosque aplastado indica el lecho de un venado grande. Tras practicar la percepción de estos cambios de forma y color, pronto cobran nitidez.

Uno de los aspectos que más nos satisface reconocer enseguida es el tiempo. Las plantas que resisten las pisadas, como la consuelda menor, nos sugieren que un camino se ha empleado mucho durante largos periodos. Una rama rota que ha adquirido un tono marrón nos indica que quienquiera que caminara por ahí lo hizo hace bastante tiempo. Sin embargo, una línea oscura en el rocío sugiere que algo ha pasado por allí hace muy poco. Y luego, un poco más adelante, el vapor que generan unos excrementos hace que aceleremos el paso. Todo esto es posible sin tumbarnos bocabajo para reflexionar sobre las pistas más lentas. El rastreador analítico puede detenerse a considerar si, ahora que el sol se ha escondido detrás del abeto, una brizna de hierba pisoteada tal vez tarda más en volver a alzarse. Pero aquí ya estamos analizando el siguiente patrón.

Las plantas reconquistan la tierra. El rastro de un vehículo en una zona agreste destaca, pero, si las plantas entre los surcos han crecido hasta la altura de tus rodillas, sabrás que no se utiliza de forma regular. Las plantas que crecen en los surcos sugieren abandono de inmediato. Todos los cambios en un entorno harán que los rastros sean más o menos deseables para las personas y los animales. Un desarrollo urbanístico llevará a las plantas a reclamar los senderos de animales que lo rodean, de la misma manera que el cierre de un *pub* rural hará que las plantas cubran el camino que llevaba a él.

El círculo

El frío de enero había cedido un poco durante la noche y los pájaros estaban ocupados en la tierra reblandecida. El suelo se extendía hacia el sur, interrumpido por la silueta rebelde de Halnaker Hill. Las telas de las aspas del molino se habían retirado por labores de mantenimiento y la estructura parecía desnuda, una mera protuberancia oscura contra la nívea luz del horizonte. Muchos años antes, aquellas telas habían trabajado con el viento para moler grano, pero, ahora, esa forma orgullosa y antinatural en la cima de la colina era el punto de referencia perfecto; llamativo a la par que elegante. Ha aparecido en algunos de mis cursos y en los trayectos hacia la escuela con los niños.

—¡Mirad, niños, el molino!

—Ya lo sabemos, papá.

Se suele pensar que los días más claros son días sin nubes, pero no es así. En un día con nubes dispersas, algunos lugares son todavía más claros, ya que el sol directo se suma a los reflejos de las nubes y da lugar a un deslumbrante despliegue de luz. Aquel día, el sol bajo del invierno rebotaba en las nubes y su reflejo regresaba a mí con fuerza.

Había movimiento entre los robles. Un par de cuervos estaban inquietos: saltaban de un lado a otro y se agitaban, incómodos. Entonces vi un diminuto destello cuando el sol cayó sobre uno de sus picos. Los observé, esperando que volviera a ocurrir, pero no fue así. Mientras seguía mi camino cuesta arriba, sentía mi corazón trabajar. Ningún día está completo sin la sensación del pulso acelerado por la satisfacción.

Junto a la valla había unas plumas de faisán. Un zorro debía de haber caminado tras la criatura, como es costumbre en él. Las diminutas gotas de rocío dispersaban la luz del sol y se sumaban a los colores del pájaro muerto. La brisa traía el acre olor de los excrementos. Me coloqué con el viento de cara, con la vista puesta en los campos fertilizados al suroeste.

Una señal se propagaba por los rostros de las ovejas mientras pasaba junto a sus campos. Al principio solo se veían unas pocas caras negras, pero, al acercarme más, dejaron de caminar y pacer, y un número cada vez mayor de formas oscuras se volvió hacia mí. Los movimientos sutiles y el blanco crudo significarían que no me habían detectado o que no era motivo de preocupación; en cambio, la quietud y los rostros negros que aparecieron ante mí en aquel momento me indicaban que estaban al tanto de mi presencia. El camino me acercó más al rebaño y los animales echaron a correr. Dos ovejas desencadenaron el éxodo y las otras las siguieron casi al instante; una saltó antes de echar a correr.

Llegué a la zona elevada y me acomodé en una esquina, un pequeño recoveco entre dos majuelos. Después de tomar una taza de té que llevaba en el termo, me acomodé de verdad. Me mantuve en silencio e inmóvil mientras mis ojos vagaban por el paisaje, hacia el oeste. Se produjo una breve conmoción cuando algunos córvidos echaron a un par de busardos ratoneros de su territorio cerca del bosque. Un petirrojo saltó sobre un poste a unos treinta metros de mí. Miraba a un lado y luego al otro, sin cesar; solo distinguía su pecho rojo cuando le daba el sol.

Un roble solitario se erguía en el campo más cercano y muchos pájaros hacían turnos sobre él. El suelo lucía un tinte mostaza —los rastrojos de la cosecha del año anterior— y atraía poca vida. Pero el campesino había arado el campo más allá y las gaviotas se habían apropiado de él; lo patrullaban con vigor, marchaban hacia cualquiera que se atreviera a aterrizar sobre él y utilizaban sus dotes de persuasión aéreas si era necesario. Las gaviotas captaron mi atención y observé sus maniobras con extraordinario interés. Su presencia es tan común en los campos cerca de nuestra casa que, a veces, caigo en la trampa de asociar familiaridad con falta de valor. Pero no ese día; a medida que transcurrían los minutos, percibí que ese pequeño rincón me había aceptado.

Al reunirse inusitadamente cerca de mí, los mitos me confirmaron que ahora formaba parte del paisaje. Veía a una media docena sin mover la cabeza, pero oía a muchos otros detrás. Entonces, se acercaron todavía más a mí, y dos quedaron al alcance de mi mano. Mi inmovilidad dejó de ser natural y se tornó en un esfuerzo consciente. El cuello me pedía que me moviera, pero no quería perder a estos amigos, con sus esponjosas caras blancas y negras. Sucumbí: un ligero movimiento de cabeza, una única señal de alarma y un mito echó a volar; luego, otro y, después, todos desaparecieron.

Las gaviotas volaban a poca distancia del suelo en busca de alimento. Cuando veían algo que les gustaba, se encontraban con un pequeño problema. Volaban demasiado rápido como para detenerse al instante. Resolvían el dilema efectuando un giro corto, un círculo completo pero estrecho, y, luego, extendían las alas y aterrizaban en el lugar de preferencia. Llevaba media hora observándolas volar y hacer círculos para detenerse cuando sus movimientos me resultaban felizmente familiares. El círculo significaba que iban a detenerse para comer; es fácil leerlo a cientos de metros de distancia. Pronto, gracias al ángulo de las alas, lo vi antes de que lo hicieran. Las alas blancas inclinadas son las luces de freno de las gaviotas, que anuncian un pequeño círculo y la parada.

Más tarde vi el mismo par de busardos ratoneros. Se alzaron lentamente con largos movimientos circulares en una corriente térmica sobre un bosque de coníferas. Más círculos en el cielo. Otra señal. El sol había visitado el oscuro bosque a sus pies y el aire cálido se elevaba. Los círculos y las coníferas estaban conectados.

Todas las formas que encontramos en la naturaleza significan algo. Un círculo es económico: es la forma con mayor área en proporción a la circunferencia; si quieres usar la menor cantidad de postes posibles para vallar un acre de campo, tiene que ser un campo circular. Y si queremos construir un nido sin malgastar esfuerzos o materiales, debe ser redondo. El círculo también es la forma que se crea cuando algo gira a un ritmo constante. Cuando los seres humanos nos vemos privados de referencias externas caminamos en círculos, porque nos desviamos constantemente de una línea recta; el radio del círculo varía de una persona a otra, pero la forma es predecible. Este es, en parte, el motivo por el que tanta gente que se pierde regresa al punto de partida.

Un círculo también es la forma que se crea cuando cualquier criatura quiere seguir en movimiento y permanecer a una distancia constante de algo. Este último atributo es lo que da sentido al movimiento circular que tenemos más probabilidades de ver. En el centro del círculo hay algo de gran interés para el animal. Los busardos ratoneros sintieron el tirón de las corrientes térmicas y quisieron quedarse en ellas, las gaviotas se sentían atraídas por algún jugoso espécimen en la tierra removida. Las gaviotas forman otro tipo de círculo, uno mucho más impresionante, que señala a un tractor a menudo invisible. Una delatora reunión de cientos de gaviotas crea una banda que gira, un círculo que planea sobre la tierra en una dirección y, luego, si miramos el tiempo suficiente, en la contraria.

Cualquiera que pase largos periodos en la naturaleza acabará conociendo los círculos de su zona. Al compañero del escritor de viajes inglés Bruce Chatwin le enfurecieron los chorlitos blancos y negros que los sobrevolaban en círculos en la Patagonia. Estas aves chillaban mientras daban vueltas, anunciando al mundo que había humanos en el centro de la figura que dibujaban.[1]

Un círculo en el cielo puede verse subrayado por sonidos procedentes de abajo. Un cuervo que sobrevuela en círculos a un mirlo estridente puede sugerir la presencia de un zorro en el bosque.[2] Y muchos depredadores, como los lobos, rodearán a animales, incluidos humanos, como parte de su investigación.

Incluso en el caso de depredadores hambrientos, el círculo no debería leerse como una señal de intención; refleja una ley de la naturaleza, no existe otra manera de inspeccionar algo desde cualquier ángulo a una distancia segura.

El movimiento circular de un depredador puede crear otro tipo de círculos, formas defensivas. Los animales que pastan son presas, y una de las respuestas que han desarrollado hacia los depredadores que los rodean es agruparse mirando hacia fuera, creando una forma circular o de molinete. Es un hábito que se observa tanto en entornos domésticos como en la naturaleza salvaje, desde los ñus de Tanzania a los bueyes almizcleros del Ártico. El círculo que forman las presas es una señal que apunta hacia fuera en vez de hacia el centro.

Los perros dan vueltas antes de irse a dormir. Este comportamiento tiene su origen en los días en que tenían que prepararse su propia cama, aplastando la hierba o el sotobosque. Esto les permitía alejar a las serpientes u otros indeseables.

Volviendo a los pájaros, algunas especies, como el picogordo, tratan de adelantarse y forman un círculo mientras se alimentan en la tierra; esta es una forma eficiente de vigilancia grupal. Tal vez el más famoso de los círculos es el del buitre, un carroñero. Un buitre puede saber desde una altura de casi cuatro mil metros si un animal está dormido o muerto, y otros valoran su percepción. Su círculo indica la existencia de carne fresca, y otros carroñeros, como las hienas, la comprenden. Los cazadores humanos que han herido a un animal interpretan esta señal como la confirmación de que el animal ha muerto y se dirigen enseguida hasta el lugar. Lo más probable es que tengan que repeler a otros carnívoros que también han visto el círculo en el cielo y han llegado al lugar antes que ellos.

Si un depredador ha matado a un animal, sabremos si el depredador todavía se está alimentando por lo que sucede después de emitirse la señal: un buitre que vuela en círculos y luego se posa en un árbol indica que el animal ha muerto y que el depredador todavía está presente.

Los saltos

Boing, boing, boing.
El corzo saltarín desapareció entre los avellanos; sus dos mensajes estaban claros.

Hay algunas señales en la naturaleza que parecen contradictorias hasta que nos acostumbramos a ellas. Dos de las que solemos ver más a menudo tienen objetivos que se solapan. La primera la usan las presas para indicar a los depredadores que los han detectado, mientras que la segunda hace que un ataque resulte menos atractivo.

Los depredadores saben que el éxito de la caza solo es probable si se acercan lo bastante a una presa antes de que esta los detecte. Si la presa descubre a su depredador a una distancia segura, es posible que envíe una señal al depredador para comunicarle que el elemento sorpresa se ha esfumado y que una persecución sería un esfuerzo vano. Como hemos visto, algunas ardillas y ciervos levantan la cola, y los lagartos la mueven.[1]

En ocasiones, los animales emiten estas señales cuando tienen la fuerte sospecha de que hay un depredador al acecho cerca, aunque no lo hayan visto.[2] Las presas escudriñan constantemente su entorno en busca de pistas de posibles problemas, como una estampida de mamíferos, ramitas rotas o pájaros que salen volando y lanzan señales de huida. No obstante, es necesario que el peligro sea muy real; de lo contrario, la señal será contraproducente: revelarán su paradero a depredadores que, de otro modo, no los habrían detectado.

La segunda de estas señales tiene un objetivo similar (reducir las probabilidades de una persecución letal), aunque para ello se emplea un mecanismo ligeramente diferente. Casi todos los depredadores fracasan en la mayoría de sus cacerías. No necesitan muchas victorias: una buena comida al día o, en el caso de algunos de los grandes felinos, a la semana, puede bastarles. A nadie le gusta trabajar duro en balde; por ello, las presas han desarrollado una manera de recordar esto a los depredadores. Se llama señal de «disuasión de la persecución».

Cuando los esmerejones persiguen a las alondras, estas deben esforzarse para trepar y escapar, pero cuentan con una elegante manera de comunicar a su perseguidor que tienen la energía suficiente como para huir de ellos: cantan una canción estrepitosa.[3] Los ungulados, como los ciervos y las gacelas, tienen la insolente costumbre de recordar a los depredadores que no solo son ágiles, sino también veloces, que están en forma y que la persecución no acabará bien para ellos. Al detectar a un depredador, saltan hacia arriba con las cuatro patas, una ex-

traña maniobra que recibe el nombre de «rebote». El subtexto tras esta señal es: «Tengo tanta energía que no puedo quedarme quieto. ¡Necesito saltar y saltar! Por favor, persígueme, ¡me muero de ganas de vencerte!».

Una estrategia menos común y totalmente contradictoria que utilizan las presas cuando detectan a un depredador es acercarse a este. Se sabe que tanto los peces como las gacelas lo hacen para inspeccionar la amenaza y, luego, regresan a su grupo. Quizá esta estrategia proporcione más información al grupo sobre la ubicación y las intenciones del depredador, o puede que sea algo más egoísta. Se desconoce la lógica exacta detrás de esta estrategia, pero los estudios han demostrado que es efectiva. La gacela que inspecciona la amenaza tiene menos probabilidades de ser atacada por un guepardo, por lo que quizá se trate de una forma de disuadir la persecución.[4]

En el instante en que vi al corzo saltarín entre los avellanos entendí su mensaje: «Te he visto y no me alcanzarás».

El guía

Los beduinos valoran la discreción, y esto se aprecia en sus refranes:[1]

Katm as-sirr min kunuz al-barr
Guardar secretos es uno de los tesoros del desierto.

Man dall katal'
Aquel que guía, mata.

Históricamente, el estilo de vida de los beduinos ha consistido en sobrevivir el desierto, trasladándose de una escasa pastura a otra a través de los paisajes más rigurosos, mientras se enfrentan a rivalidades internas y conflictos. Su cultura combina una hospitalidad inmensa con un proteccionismo feroz (estás dentro o estás fuera del grupo), y ha engendrado una tradición de leyes y costumbres brutales: las venganzas de sangre, la localización y el asesinato de aquellos que han transgredido las normas, son casi obligatorias. Pero también se entiende que el asesino debe encontrar a su víctima; en el desierto nadie puede conducir a nadie hasta una presa humana.

No conozco toda la historia cultural de esta tradición, pero imagino que era posible adoptar un estilo de vida muy duro si pensabas que el sentido de la vida radicaba en tu pequeño grupo y el desierto. En este contexto, el desierto es tanto un desafío como un salvador: en él, encuentras el sustento que necesitas para sobrevivir y te proteges de los daños externos con la capa del anonimato estéril que proporciona el desierto. Sin embargo, si sientes que tanto amigos como enemigos comparten tus movimientos y costumbres, solo es cuestión de tiempo que seas sorprendido y te asesinen. Clinton Bailey, experto sobre el pueblo beduino, explica: «Así, se enseña a todos los niños beduinos que, si un desconocido les pregunta sobre un vecino, deben negar todo conocimiento sobre su paradero e incluso sobre su existencia».

Para la fauna, conocer el paradero de otro animal es una oportunidad, y cualquier criatura que revela demasiado se pone en peligro. En este sentido, los animales son beduinos. No nos mostrarán nada deliberadamente, pero cualquier cosa que veamos que nos aporte detalles tiene valor.

Como tantas señales, mucho de esto se convierte, en retrospectiva, en sentido común y, aun así, es extrañamente invisible. El pájaro con una ramita en el pico vuela a su nido. Es tan simple y obvio como eso. No obstante, hoy en día, a muchas personas que vieran a un pájaro volar hacia un árbol con una ramita les resultaría difícil señalar diez minutos más tarde la dirección del nido. Los sentidos nos ofrecen la información, pero el cerebro ya no la registra. En el mar, un pájaro con algo en la boca nos guía hacia la tierra, pero cualquier animal con algo en la boca es un guía involuntario y, por muy simple que sea, se trata de una capa que vale la pena añadir.

Los guardabosques que quieren controlar el número de armiños o comadrejas que hay en una propiedad quizá vean a uno de estos animales con un conejo o un ratón en la boca y decidan no matarlo en el momento, sino seguirlo.[2] El armiño guiará al guardabosques hasta sus pequeños y toda la familia será asesinada; una realidad salvaje con la que los beduinos están familiarizados.

El etnobiólogo alaskeño Richard Nelson aprendió a anotar cuándo un cuervo daba una voltereta en el cielo delante de él mientras cazaba. Resultó una referencia fiable de la ubicación de la presa, y Nelson cumplía su parte del trato al compartir la comida con el pájaro.[3]

No todos los guías son sangrientos. Como hemos visto, las gaviotas y muchos otros pájaros se vuelven activos cuando un granjero remueve la tierra. Podemos aprender a ver la actividad en el suelo antes de ver la tierra, representada en el comportamiento de los pájaros en el cielo. Los indicadores sudafricanos, una especie de pájaros, cantan para comunicar al tejón de la miel dónde encontrar una colmena recién descubierta.[4] El tejón rompe la colmena y el pájaro consigue su premio, la cera. Este es un comportamiento que han adoptado los bosquimanos de la zona, que imitan la canción para el tejón. Y en muchos lugares, desde las ciudades modernas al Ártico, los papeles se han invertido: los pájaros nos siguen, sabedores de que hacemos aparecer comida dondequiera que vayamos.

Durante las épocas difíciles en que el suelo queda cubierto por una capa de hielo, los pájaros que buscan comida siguen a cualquier criatura que cava, rasca o araña la superficie. Un petirrojo seguirá a un tejón, faisán, jabalí, topo o humano que rompa la escarcha.[5]

El graznido de la borrasca

El espino emitía una cháchara ansiosa. El resto del seto y el bosque que había detrás se sumaron. Era hora de buscar refugio.

Hemos visto cómo los cambios en el viento y el cielo nos advierten de que el tiempo va a empeorar, pero hay millones de señales más. La pimpinela escarlata, la anémona de bosque y muchas otras flores silvestres reaccionan ante la llegada de inclemencias cerrando sus pétalos, pero lo cierto es que se les da mejor reflejar lo que sucede que predecirlo.

Otra señal que nos permite intuir la llegada del mal tiempo es el «graznido de la borrasca». Una borrasca es una región localizada de muy mal tiempo, una célula oscura que pasa con gran estruendo pero rápido. Al ser tan localizadas, se trata de uno de los fenómenos meteorológicos más difíciles de predecir con exactitud y, créeme, lo he intentado. En una ocasión pasé semanas recibiendo las sacudidas de varias borrascas en el océano y ni una sola vez fui capaz de prever su llegada con más de media hora de antelación, a pesar de contar con un radar. Es más probable que una borrasca te sorprenda en un día por lo demás tranquilo, sobre todo si estás en alguna parte con una mala visibilidad del área circundante, como una ciudad, un valle empinado o un bosque. De lo contrario, las vemos formarse y aproximarse: son como una masa amorfa malhumorada que crece y oscurece; la pesada lluvia a menudo se hace visible en la parte inferior, en forma de bandas.

Cuando nos encontramos en tierra firme, las borrascas nos dan una oportunidad de familiarizarnos con el «graznido de la borrasca», el cambio súbito en los sonidos y comportamientos de los pájaros. Es un coro vibrante, pero, a diferencia del coro del amanecer, en esta canción percibimos un conjunto de notas más agudas, crispadas y menos armónicas. Hay urgencia en su sonido, incluso para nuestros oídos. Con frecuencia oigo a los cuervos, zorzales, mirlos, trepadores, pinzones, petirrojos, carboneros, gallinas y muchas otras aves cantar cuando se aproxima el mal tiempo. Durante la borrasca, se ocultan en refugios y abandonan los espacios abiertos, como los campos, para ocupar los árboles.

En todo el mundo se han observado efectos similares en pájaros y en una amplia variedad de especies muy diferentes. Los tiburones huyen de la zona por la que está a punto de pasar un huracán días antes de que llegue, y los elefantes captan los truenos a cientos de kilómetros gracias a sus patas.[1] El legendario naturalista Gilbert White aprendió a predecir el tiempo observando el comportamiento de su tortuga[2] y, en el otro lado del mundo, las cucarachas han servido de advertencia en las islas del Pacífico. Arthur Grimble, el administrador colonial y autor del siglo xx, escribió: «Aprendimos a aceptar a las cucarachas como mascotas (o casi como tal), ya que, en las islas Gilbert, cada vez que amenazaba el mal tiempo, unas crujientes nubes de cucarachas entraban volando a casa, en busca de refugio».[3]

Cuarta parte

Señales de sabiduría: claves avanzadas

El rebaño, la burbuja y el estallido

Mientras observaba la colina lejana al otro lado de tres grandes campos, me di cuenta de que las ovejas dormían.

Las ovejas de la granja de nuestro vecino pastan en los prados de la ladera que se ve desde mi casa. No distingo a cada una de ellas —como sí lo hacen muchos pastores—, pero conozco al rebaño. Recordar cómo estos animales pasaron de ser una masa anónima a un rebaño con carácter y personalidad ha sido revelador. Ahora, hay un conjunto de comportamientos simples que disfruto identificando de manera instantánea.

Normalmente, observo a las ovejas desde la distancia; a menudo, se encuentran demasiado lejos como para saber en qué dirección miran. Aun así, el comportamiento del grupo revela su humor y sus planes: hay un mensaje en las formas que componen.

En general, los grupos de presas suelen estar más juntos en áreas abiertas, donde se sienten expuestos, y ocupan zonas familiares y protegidas, como un bosque poco espeso. Los animales que se encuentran en la periferia de cualquier grupo corren un mayor riesgo y, si están nerviosos, los veremos huir de los márgenes. Las ranas saltan a los espacios vacíos para alejarse del margen[1] y los pájaros experimentados prefieren no hacer el nido en los extremos de cualquier colonia, ya que allí sufren más ataques de los depredadores.

Si las ovejas parecen estar dispersadas sin seguir un patrón claro, significa que pacen relajadas, pero si están apretujadas en círculo, algo las preocupa.

Mi patrón favorito es, de hecho, la formación en un círculo poco definido de un rebaño dormido. Los animales se colocan cerca del margen del campo y se distribuyen de manera uniforme, ni demasiado juntos ni demasiado separados. Las ovejas necesitan dormir mucho menos que nosotros, así que solo veo este patrón si las sorprendo a primera hora en una mañana estival.

Si hay un grupo más denso de varias ovejas en un extremo del rebaño, este actúa como punta de flecha y revela la dirección del desplazamiento mucho antes de que se detecte movimiento alguno. En el lado opuesto del rebaño, en la cola, el número de ovejas es menor y están más dispersas, y, a menudo, encontramos una o dos bastante rezagadas. Un rebaño en movimiento puede formar largas líneas rectas, visibles desde la distancia, en las que cada ejemplar marcha obedientemente detrás del anterior. Encontramos senderos ya marcados en la ladera de una colina, un trazo visible en la hierba, una línea recta oscura que corre antes y después de la procesión.

A las ovejas no se les atribuye ni una gran inteligencia ni iniciativa, pero los pastores saben que algunos animales lideran, otros siguen y muchos más tienden hacia el centro del rebaño. En regiones más salvajes, tradicionalmente no se sacrificaba a los líderes, pues eran útiles a los pastores por su habilidad para guiar a las demás.

Por curioso que parezca, encontramos vanidad y competitividad en el rebaño. A las ovejas que se ven a sí mismas como líderes no les gusta que las guíen y dan empujones para avanzar hacia la cabeza del rebaño cuando se quedan atrás. No se compite para ser una seguidora, así que esta disputa por la posición es la que crea la densidad en el frente del rebaño, distinguible desde la distancia.

Después de haber observado esto durante años, caí en la cuenta de que la forma de las ovejas en movimiento es análoga a la de los árboles expuestos al viento. El follaje de los árboles forma figuras densas y redondeadas en el lado expuesto y muestra huecos más grandes entre las ramas en la dirección del viento. E igual que hay ovejas solitarias rezagadas, hay ramas solitarias en los lados a favor del viento.

Derek Scrimgeour, un exitoso participante en competiciones de pastoreo, ha elevado el arte de comunicarse con sus animales al máximo nivel.[2] Para este pastor, leer las señales forma parte de una «conversación o danza». Entonces, ¿qué ocurre en realidad? Vamos a examinar algunas señales simples para ver cómo se desarrolla la danza.

La relación entre el perro y el rebaño se expresará a muchos niveles, pero son clave la posición de cada animal en relación con los demás y su lenguaje corporal. El pastor sintoniza su posición y su lenguaje corporal con el de sus perros y ovejas. La distancia entre el perro y la oveja más cercana es crítica; es parte del lenguaje entre ellos: una oveja solo dejará que el perro se acerque a una distancia determinada por la rutina y lo familiarizada que esté con ese perro en particular. Si el perro se acerca demasiado, provocará una respuesta de huida en las ovejas. Si una oveja repara en el perro y desconfía de este, le dará la espalda. Los humanos se dan la vuelta cuando perciben una amenaza para enfrentarse a ella. En consecuencia, el comportamiento de las ovejas puede parecer ilógico, pero estos animales han evolucionado para mantener su zona vulnerable, el cuello, alejada de los depredadores y exponer sus robustos cuartos traseros.

Si el perro baja la cabeza, orejas y cola, y se agacha, nos encontramos ante una señal agresiva, y el pastor lo detectará.[3] Si manifiesta este lenguaje corporal desde una gran distancia, el pastor o las ovejas no tienen por qué preocuparse, pero si va acompañado de un acercamiento excesivo a una oveja, las señales sugieren que el perro está anteponiendo sus instintos depredadores a sus responsabilidades. El pastor lo llamará con una señal que el can conozca.

También encuentro satisfacción en detectar un comportamiento de los rebaños al que me refiero con el nombre de «burbuja». Como hemos visto, si un rebaño de ovejas u otro grupo de presas se siente amenazado, se agrupará. Esta es una respuesta instintiva que dificulta al depredador el aislamiento de un individuo de la manada. Si el grupo está alerta, pero todavía no se ha activado la señal de alarma, los ejemplares que se encuentren en el perímetro tratarán de mantenerse a una distancia segura de cualquier cosa que les genere inquietud.

El clásico ejemplo es el rebaño que es arreado por un perro pastor conocido. Esta antigua relación funciona porque la familiaridad del perro del granjero ha suavizado el terror arraigado de las ovejas hacia los depredadores caninos. El miedo es inherente, las ovejas mantienen la distancia, pero si el perro se comporta con normalidad, no desata el pánico. Por el contrario, las ovejas más cercanas mantendrán al perro bien vigilado y maniobrarán constantemente para mantenerse a una distancia prudencial de él. En consecuencia, se creará un vacío alrededor del perro y, a medida que avance hacia los animales, se formará una burbuja en el interior del cuerpo del rebaño, que penetrará desde el margen y crecerá a medida que el perro se acerque.

Es satisfactorio observar una burbuja en un grupo de ovejas y determinar la ubicación de la causa que lo genera antes de divisar la amenaza. Es más fácil de ver cuando las ovejas caminan junto a una valla que bordea un camino u otro terreno público. Si observamos durante el tiempo suficiente, un perro extraño creará una burbuja en el grupo. Percibiremos dónde está el culpable, aunque no lo veamos.

Si quieres disfrutar de una versión urbana de la burbuja, camina poco a poco hacia una gran bandada de palomas. Si avanzas a la velocidad adecuada y no salen volando, verás cómo aparece la burbuja y se extiende entre los pájaros. El tamaño de esta burbuja estará influenciado por tu velocidad, pero también por tu tamaño, el lenguaje corporal, la ropa y el alimento que lleves encima. Tal vez veas burbujas provocadas por pájaros de la misma especie. Algunas especies de pájaros se organizan de acuerdo con una jerarquía; así, un córvido dominante que entra en un grupo con un estatus más bajo hará que los otros pájaros se aparten y formará su propia burbujita.[4]

Si quieres matar el tiempo en la ciudad, siéntate en un banco en una zona con muchas palomas y estudia las burbujas creadas por otras personas. Tal vez percibas a alguien que se acerca a tu banco desde atrás cuando se abra una burbuja delante de ti. Sin duda, los expertos en burbujas urbanas disfrutarán de un momento como este.

Salí del bosque y trepé en silencio; sentí que la brisa fría tenía ahora más autoridad. Me detuve, me senté en el lado de sotavento de un montículo de hierba, acerqué los pies y las manos al cuerpo y encogí los hombros. Había mucho ruido en las colinas, algo inusual en invierno. Había hecho frío durante varios días y quizá los animales sentían que ya no podían esperar más a que cesara y que debían ponerse en marcha. Un conejo saltó junto a una valla. Había una gran bandada de torcaces en la colina de enfrente, cerca del bosque, y entre ellos una gama solitaria, con la cabeza baja.

Pasaron unos veinte minutos y, entonces, se produjo un estallido. Las torcaces, cientos de ellas, despegaron del campo, volaron bajo sobre el bosque y desaparecieron en él. La cierva levantó la vista y miró a su alrededor, pero no se movió. Unos segundos más tarde, se lo pensó mejor y se internó en el bosque con tranquilidad. Escudriñé el campo y los árboles en busca de alguna pista del origen de la perturbación. Tenía una idea muy general de la situación: sin duda, había algo ahí fuera y no era yo (estaba demasiado lejos y no me había movido). Además, de haberlas perturbado yo, la señal habría sido otra; la cierva habría huido antes que las torcaces.

Mi mente pasó al modo lento: un depredador aéreo parecía lo más probable. Asustaría a las torcaces sin perturbar a la cierva. Estudié el cielo justo por encima de las copas de los árboles, pero no distinguí nada. Un minuto más tarde, un zorro caminó por el campo, en paralelo al bosque, pero a veinte metros de distancia. Llevaba algo oscuro —un pájaro grande— en las fauces. Era una carga pesada para el zorro; su trote se hizo más lento y, entonces, se detuvo. Reanudó el paso, pero los descansos se hicieron más frecuentes. Percibí que estaba físicamente exhausto, pero solo podía suponer los hechos precedentes. Cuando la presa es un pájaro, es poco probable que la persecución se prolongue demasiado: son ataques relámpago; el zorro gana o pierde en un segundo. El peso del pájaro debía de haber cansado al zorro y, aunque estaba demasiado lejos para verlo con claridad, supuse que se trataba de un faisán.

El zorro giró y se metió por un hueco entre unos tojos en la linde del bosque. Salió unos segundos más tarde, sin el pájaro, y regresó saltando por donde había venido.

Uno de los beneficios principales de que los animales formen grupos es lo que se describe formalmente como la teoría de «defensa de grupo», o en círculos menos formales, la teoría de los «múltiples ojos». Si solo hace falta un miembro del grupo para localizar un problema potencial y el mensaje puede transmitirse rápidamente, la defensa de grupo mejora la vigilancia.

No solo las cosas que dan miedo en la vida incitan a adoptar una actitud de mayor vigilancia; también las buenas. En grupo, los animales aprenden y hacen descubrimientos de manera más eficiente; esparce unas migas de pan en un parque y probablemente verás que uno, dos, cuatro o hasta nueve pájaros llegan uno detrás de otro. No todos estos pájaros han visto el pan, pero se ha corrido la voz.

Esto nos lleva a la pregunta: ¿por qué no forman grandes grupos todos los animales? Para algunas especies, en una región solo hay alimento suficiente para un reducido número de individuos. Piensa en los mamíferos que habitan en entornos hostiles, los leopardos de la sabana o los zorros del Ártico. Si un animal puede cazar y defenderse de manera efectiva por sí solo, no compartirá sus recursos; al tejón no le sirve de mucho viajar en un grupo grande y es notablemente antisocial cuando busca alimento.

En cuanto a las señales, no necesitamos saber por qué algunos animales son sociales y otros no: solo debemos familiarizarnos con estos patrones. Así, asociaremos rápidamente la presencia de un animal con la probabilidad de que otro aparezca.

Cuando nos pica un mosquito o escuchamos el zumbido de una avispa, sabemos que no están solos. Es posible que la pareja de un cuervo solitario esté cerca, pero posiblemente no haya ninguno más, mientras que la presencia de un grajo significará que hay otros grajos y grajillas en la zona. Un elefante indica que hay otros no muy lejos, pero un rinoceronte suele ir por su cuenta. Todos los animales que habitan la Tierra tienen su propio patrón de sociabilidad, una señal que indica la probabilidad de la presencia de otros animales cerca. Cuanta más satisfacción nos produzca advertir estas tendencias, antes las registrará nuestro cerebro. Entonces, preverá con rapidez qué animal veremos a continuación.

En 1981, una pareja de investigadores, J. E. Treherne y W. A. Foster, publicó un artículo académico sobre el comportamiento de un insecto marino llamado *Halobates robustus Barber*.[5] Casi dos siglos antes, Nelson se dio cuenta de que las flotas francesa y española salían de Cádiz y comprendió que la batalla era inminente. Estos dos hechos no tendrían conexión salvo por el paralelismo que los académicos trazaron en las señales que se produjeron en cada caso.

Treherne y Foster se especializaban en el comportamiento grupal y habían reparado en cómo los insectos en la periferia del grupo percibían un peligro y transmitían la información por medio de una señal. La señal pasaba a través del grupo y, de manera crítica, se movía más rápido que la amenaza. Los insectos al otro lado del grupo eran conscientes del peligro antes de que sus sentidos lo detectaran. Nelson comprendió lo que planeaba el enemigo antes de verlo porque la flota británica lo transmitió por medio de señales con banderas.

La información transmitida por las banderas se movió mucho más rápido que los barcos del enemigo. Esto dio a Nelson tiempo de responder con señales y transmitir información práctica a sus colegas, y añadió: «Inglaterra espera que todos los hombres cumplan con su deber». Treherne y Foster bautizaron este comportamiento animal como el «efecto Trafalgar».

El efecto Trafalgar no solo explica el «estallido» de las torcaces, sino también los estallidos generalizados de muchos animales. Es a lo que nos referimos cuando afirmamos que un rebaño se ha «asustado». Un rebaño no puede asustarse, pero los individuos que lo conforman sí, y esta sensación se propaga rápidamente. A cámara lenta, se aprecia cómo el estallido se extiende por el grupo, como una ola, a medida que cada animal recibe la señal y emite la suya propia, su respuesta transmite la señal al siguiente animal, y así sucesivamente. A veces es posible ver qué lado del grupo responde primero, lo que nos da una pista de la dirección de la que viene el peligro detectado. Otras veces solo percibiremos que algo no va bien.

Unos días más tarde, estaba tumbado en el extremo de un campo en la cima de una colina y observaba la tierra que se extendía, cubierta de bultos, en dirección sur, hacia el mar. Una bandada de gaviotas alzó el vuelo desde el campo y se alejó lentamente por encima de las oscuras coníferas que había al otro lado antes de regresar a mí. La bandada parecía tener un propósito en un momento y, al siguiente, ninguno. Se hinchaba y se convertía en humo, se retorcía y crecía de nuevo. Tenía sustancia y, luego, esta se desvanecía; era un cuerpo y, después, un fantasma. Un grueso nudo apareció en la bandada y escudriñé el cielo en busca de la amenaza.

El comportamiento «alelomimético» describe cómo cualquier grupo grande de animales puede parecer un organismo individual. Las bandadas de pájaros ofrecen los ejemplos más conocidos y los «murmullos» de estorninos son los que reciben más atención. No obstante, existen cientos de colectivos de animales que cumplen los requisitos, desde bancos de peces a manadas de búfalos y bandadas de murciélagos.

Hay una forma de identificar animales que se centra en las características del grupo, en lugar de en el estudio de los individuos, un método más común. A medida que aumenta la distancia, identificar a las aves se convierte en una tarea más difícil, pero las bandadas de pájaros cuentan con una característica grupal completamente independiente de las que tienen como individuos. Aunque encontramos las famosas formaciones en V de las grullas o los gansos, todas las bandadas tienen su propio carácter. Algunos pájaros siguen a un líder claro, mientras que otros vuelan en grupos más dispersos o unidos. En las copas de los árboles distantes, a menudo reconozco bandadas de pinzones por sus vuelos ondulantes entre el follaje mucho antes de que distinga la especie exacta. Desde la distancia, es tan difícil reconocer al individuo como fácil es reconocer al grupo.

Durante miles de años, nadie supo cómo un gran número de animales que se mueven a toda prisa pueden mantenerse en armonía con el conjunto, pero estudios recientes han revelado el secreto. Los pájaros no ven la bandada: solo ven e imitan a sus vecinos. Son capaces de controlar las acciones de hasta siete individuos.[6] Este proceso es similar a la manera en que los equipos de demostración de vuelo acrobático mantienen la formación: un piloto sigue a un líder en su ala, sin pensar demasiado en la disposición del equipo mientras se forma un conjunto. Siempre y cuando cada piloto o pájaro siga a otro de manera efectiva, veremos a un gran grupo ejecutar rituales sincronizados de manera extraordinaria en el aire.

Es natural percibir cierta hinchazón y contracción dentro de cualquier grupo; los animales no mantienen una distancia rígida respecto al resto de miembros y las fluctuaciones leves en el espacio entre ellos son constantes. Sin embargo, una contracción drástica y brusca no es normal. Cuando vi que la bandada de gaviotas se condensaba y formaba un apretado nudo, percibí un depredador en la zona. No había visto antes ese comportamiento en gaviotas y no detecté ningún depredador en esa ocasión, pero el presentimiento de que había uno en los alrededores no me abandonó. Yo mismo he visto este comportamiento antes, en los estorninos que se agrupan cuando hay un halcón al acecho, y también se ha observado en otras especies comunes, como los patos.[7]

Se piensa que lo hacen porque crea confusión e incrementa el riesgo para los depredadores rápidos. Un halcón peregrino puede atacar a velocidades tan altas —hasta más de trescientos kilómetros por hora— que debe asegurarse de que podrá ejecutar un ataque limpio. Si choca de manera accidental a esa velocidad contra algo (por ejemplo, otro pájaro), es probable que acabe con la víctima y consigo mismo. Cuando una gran bandada de estorninos se contrae de pronto, aumenta las probabilidades de una colisión accidental y hace que la perspectiva de atacar sea menos atractiva para el halcón.

Retirada y retorno

Había soplado viento durante toda la noche y me había despertado a cada hora. Ahora se le había unido la lluvia, pero sin la misma dedicación; tras un chaparrón, amainó. Pensé en la costumbre de *gökotta,* el acto sueco de levantarse temprano para disfrutar de los placeres de la mañana en la naturaleza. Me eludió y volví a dormirme mientras rogaba al tiempo que tomara un rumbo u otro. Me escuchó, y el cielo se despejó. Los vientos se disiparon y el sol se abrió paso entre unas nubes que avanzaban a un ritmo más sosegado.

Más tarde, al salir de una arboleda de coníferas, seguí un sendero cuesta arriba hacia el norte. En un rincón, un petirrojo anunciaba su descontento desde las altas ramas de un saúco. Al acercarme lentamente, saltó hasta la parte más alta. Continué, el pájaro esperó y, entonces, silbó y revoloteó hasta un segundo saúco detrás del primero. Me agaché debajo del primer árbol y lo observé; sus trinos de alarma eran cada vez más ruidosos. Echó a volar y, en esa ocasión, aterrizó a poca distancia, sobre el poste de una valla a unos metros de los saúcos. Avancé hacia el pájaro. El animal saltó por la valla; primero solo unos metros, luego un poco más lejos. Me acerqué lentamente a él. No tenía ninguna intención de hacerle daño ni de atraparlo, pero él no lo sabía. Recorrió otro metro más dando saltitos al tiempo que sus trinos se intensificaban. Cuando levanté el pie para dar otro paso, pensé: «Sé lo que vas a hacer, señor Petirrojo». Y, entonces, confirmó mis sospechas.

Muchos animales, incluidas las ardillas, tejones y un gran número de pájaros, son territoriales. Reclaman una porción de tierra para buscar comida, aparearse o construir su nido, y la defienden de los intrusos, sobre todo de animales de la misma especie. Algunos, como los ciervos, se vuelven mucho más territoriales durante ciertas épocas, como el celo. El hecho de que encontremos a un animal territorial en su propio territorio o fuera de él tendrá una influencia significativa en su comportamiento.

El patrón que experimenté cuando avanzaba hacia el petirrojo era clásico de un animal en su territorio: retrocedió, pero solo hasta una cierta distancia. Si un animal retrocede menos distancia, incluso cuando avanzamos a un ritmo constante, quiere decir que el pájaro está acercándose al margen de su territorio. A continuación, el ave volará sobre nosotros o nos rodeará y aterrizará de nuevo más cerca del centro de su territorio, que es lo que hizo ese petirrojo.

Una vez nos hemos acostumbrado a ver esto, percibiremos el elástico invisible que ata al pájaro a su territorio; entonces, podremos presionarlo, pero solo hasta cierto punto. *¡Ping!* Si nos excedemos, el pájaro despegará y volará sobre nosotros.

Si un animal está fuera de su territorio, tiene una noción inherente de que se encuentra en una «propiedad privada» y se comporta de manera distinta: retrocede más rápido y más distancia y, a menudo, abandona la zona. Además, es menos probable que use la voz.

A veces advertimos el elástico en el aparente coraje, la docilidad o los caminos incómodos que toma un animal salvaje. Cada vez que sorprendo a un ciervo que está cerca, me quedo inmóvil. Tan pronto como me muevo, espero que huya, pero si no lo hace, incluso después de que haya hecho algunos movimientos obvios, percibo que lo he sorprendido en el margen de su territorio y que estoy en medio del camino de regreso a su zona de confort.

El efecto es mayor cuando las opciones de escapatoria son limitadas y el ciervo se enfrenta a un dilema: dirigirse a la zona que considera segura, aunque eso signifique pasar junto a mí, o echar a correr en la dirección opuesta, lejos de su casa. A menudo, eligen la primera, incluso si eso significa pasar muy cerca. Si el ciervo está en el margen de un territorio y se encuentra en un campo abierto, saldrá disparado hacia un lado y, luego, regresará.

Los territorios se establecen con otros animales de la misma especie en mente: las urracas no conceden ninguna libertad a otras urracas para explorar sus zonas de nidificación. Pero el territorio de una especie puede ser un santuario para otra, siempre y cuando no haya rivalidad, y esto explica algunos comportamientos contradictorios entre depredadores y presas. Las aves de rapiña no suelen cazar en el área cercana a su nido, cosa que los protege de ataques accidentales contra sus crías.[1] Los pájaros cantores pueden estar más seguros al encontrarse cerca del nido de un pájaro de presa que más lejos. Quizá parezca peligroso, pero ofrece una doble capa de seguridad: allí, el ave de rapiña no lo ataca y mantiene alejados a otros pájaros de presa.

El bandazo

Los ciervos salieron disparados y se volvieron. Supe al instante que había algo inusual más allá.

En la naturaleza coexisten dos mundos —el del movimiento y el de la quietud—, y es más fácil observar uno de ellos desde el otro. Cuando estamos quietos, vemos todo cuanto se mueve y todo cuanto permanece inmóvil, pero tan pronto nos movemos, ciertas partes del mundo quieto se esconderán.

Los ciervos a los que sorprendí usaron esa ventana unidireccional en mi contra. Avanzaba despacio a través del denso sotobosque de euforbia y zarzas e intentaba hacer el menor ruido posible. Pero para cuando los distinguí contra un fondo verde, los dos gamos ya estaban inmóviles. Yo también me quedé quieto, pero una ramita crujió bajo mi pie y los ciervos salieron disparados. Se alejaron corriendo de mí en zigzag, hacia las once, hacia la una, hacia las once, hacia la una, entre un tejo y un fresno. Esperaba que esto continuara hasta perderlos de vista, pero no fue así.

Los ciervos se encontraban a unos setenta y cinco metros de distancia cuando giraron de forma brusca, con la mitad del cuerpo hacia mí. Habrían pasado cerca de mi lado derecho, pero dieron otro giro más suave y, entonces, desaparecieron. Supe de inmediato que había algo allí delante. Continué en la dirección en la que caminaba, en la que los ciervos habían huido primero, y me sorprendí al ver algunas torcaces que alzaban el vuelo delante de mí.

Muchos biólogos, en especial aquellos entusiastas de la evolución, ven la vida como un gran experimento de energía y sexo; todos los comportamientos pueden explicarse como parte de una estrategia que mejora las probabilidades de una reproducción exitosa. No niego la ciencia, y me parece muy útil, pero me rebelo contra la idea de que la evolución pueda pulir todos los caprichos de la vida. Dicho esto, la ciencia es poderosa, y la premisa básica de que el comportamiento animal está básicamente dictado por la supervivencia y la procreación nos ofrece perspectivas interesantes. Dicho de otra manera, si vemos que un animal salvaje hace algo energético y extraño, habrá una buena razón para ello. Un ejemplo común es una clave llamada «el bandazo».

Los humanos nos familiarizamos con los patrones de movimiento de los animales. Un perro deambula mientras olfatea el suelo para captar un olor, pero corre en línea recta cuando persigue algo. Los conejos pacen, se detienen y saltan a lo largo de la linde de un bosque, y cada pájaro tiene sus patrones característicos de vuelo y alimentación.

Los animales tienden a viajar de la manera más eficiente posible, lo que favorece las líneas rectas. Cuando usamos expresiones como «a vuelo de pájaro», reconocemos que la ruta directa es, a menudo, la mejor para los animales. Cada vez que un animal se desvía de una línea recta es interesante considerar la razón que hay detrás.

Algunas criaturas tienen estilos de desplazamiento característicamente ineficientes. Mientras escribo esto, una mariposa de los muros vuela de manera errática frente a mi ventana. Cambia de dirección cada pocos segundos. Esto no resulta extraño, pues sigue el patrón de vuelo típico de una mariposa; es un insecto que no tiene muchas más defensas contra los depredadores aparte de la evasión (las mariposas venenosas tienen un vuelo más impredecible que las que no lo son). Las mariposas han desarrollado una técnica para cambiar de dirección con mayor rapidez usando la turbulencia que crean sus propias alas, y las monarcas son capaces de cambiar su rumbo noventa grados en una distancia menor al tamaño de su cuerpo.[1] Lo curioso del vuelo de las mariposas es que, a menudo, discernimos su dirección general de desplazamiento, pero no la ruta exacta que tomarán. Esto hace que sea más fácil predecir dónde estarán en cinco segundos que en dos.

El carácter errático de las mariposas y el zigzagueo de los ciervos son estrategias para evadir a los depredadores. Tienen un coste energético, pero, en términos evolutivos, es un precio que vale la pena pagar por no ser devorado.

Cuanto más nos familiarizamos con el patrón de movimiento característico de un animal, más probabilidades hay de que detectemos de forma instantánea cualquier desviación brusca de la norma. Un bandazo en el vuelo de una mariposa puede carecer de sentido, pero si pensamos en muchos de los pájaros comunes que vuelan en línea recta, como las palomas y los cuervos, cualquier alteración súbita en su curso, un bandazo, tendrá una razón; es una reacción inusitada.

Los virajes bruscos de un pájaro son una señal que los cazadores furtivos usaban para detectar problemas. Un guardabosques puede estar tumbado bien camuflado, pero el cazador furtivo, un observador del comportamiento animal, estudiará los pájaros mientras sobrevuelan el terreno y divisará el bandazo de una paloma al pasar por encima del escondite del guardabosques. Así, el astuto furtivo cambiará de rumbo a tiempo para evitar que le echen el guante.

Sin embargo, el buen guardabosques no es tonto y empleará la misma táctica: detectará el bandazo en el aire y lo usará como un mapa para preparar una trampa y atrapar al cazador furtivo. Las leyes de la naturaleza son las mismas para ambos adversarios y para los animales: el depredador solo necesita tener suerte una vez, la presa necesita tener suerte cada día, y la suerte favorece a los que están alerta. El guardabosques puede escoger fijarse en los bandazos, pero el furtivo no puede permitirse que se le escapen.

Estudiar el bandazo de una paloma o un cuervo es fácil. Si caminas por un sendero con una buena vista del cielo y que está cubierto a ambos lados (un seto más alto que tú es ideal), entonces cuentas con lo básico para provocar un bandazo. Los pájaros no percibirán tu presencia, ya que el seto te ocultará, pero seguirás teniendo una buena vista del cielo. Observa el vuelo de unos cuantos pájaros sobre tu cabeza y espera el bandazo cuando te detecten. Si vuelan bajo, tal vez adviertas un bandazo imprevisto en su vuelo, pero si te encuentras en una zona concurrida, entonces es probable que vuelen lo bastante alto como para no alarmarse de entrada. Ahora, observa a través de un hueco en el seto y escoge un pájaro que vuele lo bastante bajo. Cuando esté a punto de pasar directamente sobre ti, levanta las manos sobre la cabeza y da una palmada; así observarás el bandazo en directo.

Desde la perspectiva de alguien que estuviera a unos cuantos metros de distancia, el bandazo que has provocado sería visible, pero tú no. Y, aun así, le resultaría fácil precisar tu posición: el bandazo revelaría tu presencia con tanta claridad como un punto rojo en un mapa.

Si permaneces bastante tiempo inmóvil en la naturaleza, sorprenderás a la fauna. Un tejón, conejo, zorro o ardilla pasarán a tu lado con tranquilidad, y solo cambiarán de dirección si te detectan. La semana pasada asusté de este modo a un busardo y a un pico picapinos. El busardo estaba más lejos de mí y se alejó trazando un arco con algo de gracia, pero el pico picapinos iba de un arbusto en el margen del bosque a otro más alejado y se encontró conmigo a medio camino. A esto le siguió una maniobra poco elegante, con mucho aleteo y un giro brusco, que me recordó a aquellas exhibiciones en los espectáculos aéreos donde un avión de combate es llevado al límite al efectuar un giro, acompañado del rugido de los motores fatigados. Fue una oportunidad única para apreciar los colores crema y carmesí del vientre del pájaro.

Quizá ayude pensar en el bandazo como un campo de fuerza o un repelente. Sea cual sea la causa, algo obliga al animal a tomar una nueva dirección. Muchos defenderán su territorio y, a veces, un bandazo es una señal de que un pájaro se ha colado en un territorio que no es el suyo. Cuando una hembra de petirrojo construye un nuevo hogar con un macho y se familiariza con su nuevo territorio, al principio se alejará de vez en cuando de la frontera invisible del dominio del macho.[2] Esto provocará el ataque de su vecino. Una vez la hembra conoce el límite invisible, es menos probable que lo traspase, pero, hasta entonces, quizá la ahuyente vocalmente su airado vecino o incluso el recuerdo de un ataque. La hembra mostrará esto con un brusco cambio de dirección. El principio es idéntico al de todos los otros bandazos: algo hace que el animal se sienta amenazado.

Por lo general, es la vista lo que desencadena el bandazo, pero esto se aplica a casi todos los animales y sentidos. También un olor puede provocarlo. Por ejemplo, si el viento lleva nuestro olor en una corriente fija, al pasar por la nariz de cualquier presa provocará que el animal se quede inmóvil o que dé un bandazo.

Los murciélagos no nos ven y nosotros tenemos problemas para verlos en la oscuridad, pero, a menudo, hacen notar su presencia cuando nos esquivan al pasar. Es posible que pasen junto a nosotros en línea recta y no los percibamos, pero si un murciélago vuela directo hacia nosotros, quizá nos detecte bastante tarde usando la ecolocalización. Esto resultará en un bandazo audible: oiremos el débil aleteo cercano de las maniobras del murciélago.

Los guardabosques y cazadores han usado el bandazo desde tiempos inmemoriales para llevar a los animales en la dirección que les conviene. En la Edad Media podía disuadirse a un ciervo de ir en una dirección concreta con un «ahuyentador», alguien o algo que se colocaba en su camino probable para desviarlo y conducirlo en la dirección escogida.[3]

Esto nos lleva de nuevo a los ciervos que se alejaron de mí en zigzag antes de dar la vuelta y desviarse hacia un lado. El zigzag forma parte del patrón normal; solo era una señal de que los ciervos huían. El bandazo fue más interesante: sin duda, había algo delante que los había asustado por segunda vez y los había forzado a regresar hacia mí. Mientras me abría paso entre las florecientes zarzas, pensé en las torcaces que habían echado el vuelo un poco más adelante. El bandazo era una señal instantánea, y las torcaces habrían sido otra, pero no casaban a la perfección. Si algo en el camino había forzado a los ciervos a regresar (tal vez, un paseador de perros), era muy probable que las torcaces hubieran alzado el vuelo antes de mi llegada. Reflexioné sobre estas dos señales opuestas, pero no desentrañé el misterio antes de que la solución apareciera ante mí.

Vi un par de furgonetas de guardabosques aparcadas, una roja y una blanca, recortadas contra el verde dominante del bosque. Busqué a sus propietarios, pero no vi a nadie y, de repente, resolví el rompecabezas. Era fin de semana: los guardabosques habían dejado ahí las camionetas y no volverían hasta el lunes. Los estridentes vehículos habían sido suficiente para hacer que los ciervos se volvieran hacia mí, y el hecho de que estuvieran temporalmente abandonados explicaba por qué las torcaces habían permanecido impasibles hasta mi llegada. Las palomas se habían acostumbrado a ellos de un modo en que los ciervos no lo habían hecho; de haber estado los guardabosques de servicio, las palomas y los ciervos habrían buscado una parte más tranquila del bosque mucho antes de que yo apareciera.

El meneo

Algo se movía en lo alto de la frondosa hiedra que crecía en la cara sur del haya y, al instante, supe que se trataba de una paloma. Momentos más tarde, pasé junto a unas hojas que se agitaban. Esperé a que el chochín invisible saltara y este me complació al salir disparado hacia el montón de zarzas vecino con un breve trino de alarma.

Más tarde, ese mismo día, una rama que rebotó contra mi cabeza rompió el silencio. Escudriñé el follaje del dosel del bosque y observé fragmentos de cielo hasta que la silueta esperada del busardo cruzó uno de ellos. Hacia el final del día, una ardilla saltó de un sauce cabruno a un tejo y, luego, a otro. Era invisible y visible al mismo tiempo.

Todos los animales pesan, así que, cada vez que descansan sobre algo que cede, se genera un movimiento. Yo lo llamo «el meneo». Cada meneo tiene una característica determinada por el peso del animal, la manera en que se mueve y el carácter del objeto sobre el que descansa.

Siempre que estemos en la naturaleza detectaremos mucho movimiento. Nuestro cerebro lo prioriza sobre muchas otras cosas que percibimos porque, en términos evolutivos, el movimiento siempre es una clave: puede indicar una amenaza o una oportunidad. Veremos tres tipos de movimiento: el movimiento animal, el movimiento de objetos inanimados provocado por otros objetos inanimados, como el viento que mece las hojas o nubes, y el movimiento de objetos inanimados provocado por animales; esta última categoría es la que nos interesa.

Como hemos visto, el contexto es parte del patrón: podemos identificar a un animal al combinar el tipo de movimiento con el lugar y el momento en que sucede. Por experiencia, sé que es muy probable que un pequeño movimiento en las hojas verdes del sotobosque cercano haya sido causado por un chochín. Identifiqué al chochín que he mencionado antes por su meneo, y también por su hábitat. Las aves de presa, como el busardo, se acomodan mucho más arriba en los árboles (les encanta tener una vista privilegiada) e imprimen silencio en el bosque que los rodea. También son silenciosos al alzar el vuelo cuando se los molesta, a diferencia de las torcaces, a las que les gusta armar escándalo. Entonces, si no hay viento, una rama bastante alta que rebota es la marca del despegue reciente de un ave de presa; normalmente, un examen descubrirá al culpable. Un meneo sustancial repetido en una zona alta de hiedra espesa es casi siempre obra de una torcaz, mientras que una línea de movimiento en ella es, con más probabilidad, obra de una ardilla.

Como tanto de lo que observamos en la naturaleza, la física es básica, pero las posibilidades son extraordinarias. Un animal no puede descansar sobre algo demasiado débil como para sostenerlo, así que el tamaño de la rama descartará de inmediato a animales de un cierto tamaño; en general, los mamíferos no intentan descansar en la hiedra, pero los pájaros lo hacen a menudo. El carácter del meneo viene determinado por la naturaleza de la vegetación y el tamaño y el comportamiento típico del animal. Los mamíferos suelen provocar un movimiento más espasmódico en las ramas que los pájaros, y cada especie de planta reacciona de manera diferente. Descubrirás cómo reaccionan distintas ramas cuando observes a los animales pasar de una especie vegetal a otra. La ardilla que hemos conocido en este capítulo hizo bailar las delgadas ramas del sauce cabruno, pero solo detecté la más leve de las vibraciones cuando el animal saltó a la rama más robusta del tejo.

El lugar donde percibimos el movimiento es parte de su firma. Una rama que rebota en la parte externa de un árbol es una señal clara de retirada, mientras que un movimiento circular en un arbusto significa que el animal sigue allí. La dirección del trayecto también es una pista. Los trepadores son el único pájaro británico que trepa de cabeza por los árboles, tanto hacia abajo como hacia arriba.

No siempre podemos identificar a un animal con precisión, pero es posible tener cierta noción de este. En nuestro jardín hay varios laureles, y un meneo en ellos es la marca de la familia de los túrdidos. Solo por el movimiento de las hojas no sé de inmediato si el arbusto esconde un mirlo, un zorzal común o un zorzal charlo, pero sé que es uno de ellos.

Una vez hemos detectado el meneo, nuestro cerebro añadirá más filtros de forma automática. Esto es lo que nos brinda la experiencia. El hábitat, la estación, el clima, los sonidos, y los avistamientos previos están archivados en la base de datos de nuestro cerebro (cuanto más tiempo pasamos en la naturaleza, más grande es nuestra base de datos) y nos ayudan a convertir un movimiento aleatorio en la firma de un animal. Un meneo a menudo va acompañado del canto de un pájaro. En mi caso, con frecuencia me topo con el bamboleo de una rama al son del trino líquido de la señal de huida de un mirlo.

No se trata solo de pasar más tiempo en la naturaleza, sino de que nos importe el significado de cuanto percibimos. Nuestro cerebro solo identificará las señales si demostramos interés. El truco está en examinar cualquier movimiento que percibamos que haya sido provocado por un animal. «¿Qué ha sido eso?» es una pregunta a la que nuestro cerebro está acostumbrado y que le agrada.

A lo largo de nuestra vida, otorgamos significado al movimiento en muchos contextos: pregunta a alguien cómo le ha ido un examen y si coloca la mano en posición horizontal con la palma hacia abajo y la agita, reconocerás al instante que está diciendo «así, así»; no muy bien, pero tampoco muy mal. Es un movimiento que hemos llegado a conocer sin reparar en ello. El único desafío real en dotar de significado al movimiento en la naturaleza es el interés, nuestra voluntad de desterrar lo aleatorio de nuestras vidas.

Las ondas en el agua son un tipo de meneo. Un pez que caza un insecto en la superficie crea un patrón de «ascenso», y algo similar sucede con las criaturas que viven sobre la superficie del agua. En un arroyo junto al que paso a menudo, suelo ver los meneos de las ratas toperas invisibles, ondas semicirculares que se dispersan desde la orilla. Un patrón particular se forma en un estanque cuando un vencejo baja en picado para beber un trago de agua mientras vuela. En pleno verano, lo reconozco al instante, pero no siempre es así la primera vez del año que lo veo. Algunos sentidos necesitan refrescarse con la llegada de las estaciones.

Mucho más difícil de ver, pero muy satisfactorio cuando lo conseguimos, es el opuesto del meneo: «el no-meneo». A menos que seamos sensibles al meneo y estemos atentos a él, este opuesto, menos frecuente, es una señal que quizá no percibas en toda la vida. La primera vez que lo reconocí caminaba por un sendero flanqueado por helechos que me llegaban hasta la cintura. Soplaba una suave brisa y los helechos se mecían delicadamente con un ritmo constante. El movimiento era consistente, excepto por una fronda que permanecía inmóvil. Era tan alta como sus vecinas, estaba tan expuesta al viento como el resto y, aun así, no se movía. Me acerqué para investigar la causa y, entonces…, el chochín alzó el vuelo. Pasó al menos una semana hasta que percibí a un chochín en una sección inmóvil de unas zarzas, pero la satisfacción bien valió el esfuerzo.

Cualquier animal que descanse sobre una rama pequeña hará que el movimiento de esta disminuya y cambiará el comportamiento del follaje en respuesta al viento o incluso a otros animales. Recuerdo que una vez trazaba el recorrido de una ardilla por unos avellanos, observando cómo el meneo se alejaba de mí, cuando una rama no respondió como esperaba. Resultó que la primera ardilla se había unido a un amigo.

Uno de los principios de nuestro método es que todas las plantas y animales forman parte del mapa de su entorno. Cada organismo nos dice algo sobre nuestro medio, da igual lo trivial que parezca el mensaje; una serpiente que repta refleja el aumento de la temperatura en un día de finales de primavera. El meneo nos permite llevar este principio un paso más allá, pues en la naturaleza encontramos una multitud de movimientos provocados por animales que, en un primer momento, son invisibles para nosotros. Una vez aprendemos a reconocer la firma del movimiento, percibimos a los animales sin verlos. Conocer su hábitat nos ayuda a unir las piezas de este rompecabezas. El susurro de un arbusto puede convertirse en parte de un mapa porque los sonidos nos ayudan a percibir al animal y a la planta a la vez; conozco muy bien el susurro de una ardilla que trepa por la hiedra. Esto es señal de que estamos cerca de la linde del bosque, donde la hiedra crece frondosa en los árboles. Las altas hierbas que se agitan y separan indican el correteo de un faisán, señal de que debe de haber agua y árboles cerca, pues los faisanes no se alejan demasiado de estos.

La ignorancia y el error

Pisé con cuidado para esquivar las últimas campanillas de la primavera, el suelo se preparaba para el verano. Un cuervo graznó sobre mi cabeza y escuché el ciclo regular de las notas descendientes de un pinzón común. Debí de sorprender a una ardilla gris que no se molestó en quedarse inmóvil; salió disparada como un rayo hacia un haya y subió a toda prisa por el otro lado. Hizo una pausa; luego, echó un vistazo e hizo algo completamente inesperado. La ardilla dio unos pasos rápidos sobre una rama horizontal del sur, saltó hacia abajo unos seis metros y aterrizó ruidosamente sobre la hojarasca, antes de salir corriendo otra vez. Fue un raro e intrigante ejemplo de un intento de huida fallido. Sentí que muy cerca había alguna otra criatura que preocupaba a la ardilla, posiblemente en aquel mismo árbol, pero no se mostró.

Las hayas ahora estaban dispersas y me detuve para toquetear las hojas de un espino blanco. Olí sus fragantes flores; otra señal de que la primavera aún resistía: cuando llegara el verano, las flores tendrían un aroma menos agradable. Pasé junto a un bonetero solitario y un arce campestre, y salí del bosque hasta llegar a un claro. Delante de mí, detrás de las zarzas revueltas, me topé con un herrumbroso horno de carbón abandonado. El aire era ahora más cálido y, durante un momento de locura, me pregunté si el fantasma de un fuego seguía ardiendo en el horno. Entonces entré en razón: era el claro. El sol atravesaba a ratos las nubes altas y calentaba el suelo en los claros, mientras que el bosque permanecía frío. Un segundo más tarde, capté el aroma del suelo caliente, un olor polvoriento a verde. Entonces, todo sucedió muy rápidamente.

Oí un crujido y vi a una hembra de gamo surgir del sotobosque a unos treinta metros delante de mí, justo a un lado del horno. Iba al galope y se dirigía hacia mí, en dirección a un lugar a unos cinco metros a mi izquierda. Yo estaba de pie al descubierto y vestía un atuendo que no me camuflaba. Esperaba que la cierva diera un bandazo, que me viera y alterara su curso con brusquedad. Pero no lo hizo. Mantuvo su dirección y nuestros ojos se encontraron. No se apartó. Continuó su carrera, pasó a mi lado a toda velocidad y desapareció pendiente abajo tras una ladera llena de zarzas. Mi instinto me dijo exactamente qué iba a suceder a continuación. Dos segundos más tarde, ocurrió: un perro salió del mismo sotobosque del que había surgido la cierva. Él también corría rápido, pero se detuvo en mitad del claro, levantó el hocico y movió la cabeza de un lado a otro. Me vio y escogió su ruta: la equivocada. La cierva se había zafado y yo me alegré por ello.

Cualquier presa reacciona ante una amenaza o un depredador de las maneras que hemos explorado hasta ahora. Si ignora una amenaza obvia, la explicación más probable es que haya un peligro más apremiante en alguna parte. Es una señal de la aparición de un depredador muy pronto. «La ignorancia» no es una señal muy compleja, pero es probable que las primeras veces la captemos demasiado tarde. A medida que nos acostumbramos a ella, nuestra lectura será más rápida y empezaremos a percibir lo que está a punto de suceder, en vez de descifrarlo después del suceso.

No siempre es algo tan evidente como un perro que persigue a un ciervo. Una versión más común y sutil de la ignorancia ocurre cuando sentimos que nos hemos acercado bastante a un animal. Un pájaro cantor que nos ha permitido acercarnos mucho más de lo normal no es ajeno a nuestra presencia, sino que está centrado en algo mucho más importante. Si está en silencio y no busca comida, quizá haya un ave de presa en lo alto.

Una variación de la ignorancia se aplica también a los depredadores. Si habéis perdido a vuestro perro durante un paseo y estáis desconcertados porque no responde a vuestras llamadas, probablemente sea porque los perros y otros depredadores pueden experimentar un tipo de sordera (psicológica, no física) cuando cazan. Los dueños del perro que perseguía a la cierva podrían haberlo llamado cuanto quisieran, pero hasta que la persecución se hubiera calmado o el perro se hubiese dado por vencido, es poco probable que respondiera. En el peligroso ardor de la caza, la presa y el depredador se aíslan del resto del mundo hasta que termina.

Una variación de la ignorancia es «el error». Verás esta señal cuando un animal hace algo inusitadamente imprudente, estúpido o torpe, como la ardilla que salta desde lo alto o los pájaros que chocan con una ventana. En estos casos, el animal se centra en una amenaza hasta el punto de ignorar su propio entorno. Es mucho más probable que estos errores se produzcan durante una persecución a causa de la urgencia de la situación. Fijarnos en el error o la torpeza de un animal nos ayuda a percibir a un depredador cercano.

El remolino

Sentí el viento en una oreja y, luego, en la otra. Percibí que los animales habían desaparecido.

Podemos sentir el viento en la cara o el cuerpo y ver y oír cómo hostiga a los árboles. Emily Brontë lo describió con elegancia: «El aire debía de soplar con mucha violencia, a juzgar por lo inclinados que estaban algunos pinos situados junto a la casa, y algunos arbustos cuyas hojas, como si implorasen al sol, se dirigían todas en un mismo sentido».[1] Vemos la huella del viento en las nubes distantes, pero también hay pistas más cercanas. Una brisa fuerte puede arrastrar hojas, ramitas o polvo hasta nosotros.

A ciertas horas y en determinados lugares experimentamos una dirección del viento más variable de lo que tal vez esperamos. Con esto no me refiero a la dirección general del viento en una zona amplia, sino a los vientos que percibimos en un lugar exacto dentro de un paisaje.

Como hemos visto antes, la dirección general del viento será bastante constante hasta que se produzca un cambio inminente en el clima. Pero cuando este viento se encuentra con la tierra y los muchos obstáculos en ella, el flujo se ve interrumpido. Esto puede llevar a variaciones significativas en la dirección del viento en distancias cortas, porque todos los fluidos forman patrones circulares, remolinos, cuando se topan con una obstrucción. Pasa la mano por el agua de una bañera llena y verás cómo se forman patrones. Si los remolinos son suaves, como el viento que pasa sobre un majuelo distante, percibimos leves fluctuaciones en la brisa. Sin embargo, a veces la forma del paisaje conspira para formar remolinos más considerables, lo que confiere a la dirección del viento un carácter mucho más volátil.

Si advertimos si la brisa viene desde una dirección fija o si nos encontramos en un lugar donde el viento parece llegar desde diferentes direcciones de forma impredecible, podemos valorar si estamos experimentando un gran remolino de viento. Es importante recordar que en el mismo lugar se producen tanto remolinos como brisas fijas en distintos momentos porque el viento llega desde diferentes direcciones en diferentes días y encuentra diferentes obstáculos en el camino. Un paisaje puede estar sujeto a remolinos cuando el viento sopla desde el oeste, pero no desde el este. Aunque se hace bastante evidente cuando el viento viene de una dirección fija, una señal que lo confirma es un ritmo constante en las fluctuaciones de las hojas; oscilan o se balancean de forma estable cuando la dirección y la fuerza del viento se mantienen constantes. La próxima vez que notes una brisa regular, estudia las hojas y verás el ritmo.

Entender si estamos experimentando un viento fijo o si nos encontramos en un gran remolino es crítico para saber de manera intuitiva si encontraremos animales. Uno es un regalo, el otro una desventaja: una brisa constante nos permite caminar en ella y priva a los animales de su habilidad de percibir si estamos cerca gracias al olfato. Si nos encontramos en un remolino, nuestro olor anunciará nuestra presencia a cualquier animal con olfato.

Es posible acercarse a muchos animales salvajes si caminamos con sigilo contra una brisa constante, pero en los remolinos, desaparecen misteriosamente. Junto con muchas de las otras claves que hemos visto, ser consciente de esto nos ayudará a determinar las probabilidades de avistar conejos, zorros, tejones y ciervos; es una parte de lo que muchos consideran «suerte».

El pliegue

Era principios de mayo y las hojas de haya del año pasado crujían bajo mis pies a medida que trepaba por una colina de caliza. Hacía días que el clima era seco y cálido, y el polvo se arremolinaba en la brisa por primera vez esa primavera. Me aparté del blanco pulcro del sendero, caminé entre los brazos estirados de unos avellanos repletos de brotes y avancé con zancadas incómodamente largas sobre los montones de zarzas.

El bosque bullía con la disputa territorial de los pájaros; un sonido saturado que resulta más agradable cuando permanecemos inmóviles. Dejé la mochila y me senté en el suelo. Vi un pinzón más adelante, sus rápidas notas descendentes exigían al bosque que aceptara su dominio en aquella zona. Detrás de mí, un poco más lejos, oí el sonido tranquilizador de una paloma zurita. Entre las ramas de las hayas, divisé un campo cubierto de hierba que se extendía hacia abajo y a lo lejos. Ese día, soplaba un aire húmedo, y recuerdo que me pasé los nudillos por la espalda de la camisa, empapada. Me tumbé.

Pasó media hora antes de que un par de torcaces aletearan con urgencia sobre mi cabeza. Luego, dos minutos más tarde, como era de esperar, una caminante y su perro aparecieron por la misma dirección. Feliz de encontrarme en el escenario que quería, una mezcla de bosque ralo y aberturas en el dosel que ofrecían una buena vista del cielo, decidí pasar la noche allí. Desenrollé una esterilla y acepté aquel lugar como mi cama para aquella noche, con la esperanza de que el lugar también me aceptara; no fue así.

Algo iba mal, no en un sentido aterrador, pero percibí que había escogido el lugar equivocado para pasar la noche. Enrollé la esterilla y regresé entre las zarzas hasta el camino por el que había venido.

Al día siguiente, regresé, decidido a entender la causa de mi inquietud. Me senté en el mismo lugar durante poco más de tres horas, sin estar convencido de que la respuesta fuera a presentarse, pero entusiasta, curioso y cabezota por igual. Entonces, apareció ante mí.

Había un sutil pliegue en los troncos de las hayas, fresnos y arces que tenía a la vista. Salté alrededor de los árboles, como un sabueso que sigue un rastro, y el misterio quedó resuelto. El terreno del lugar que había escogido no era firme, sino que era inusualmente vulnerable al azote de las tormentas. Las ligeras ondulaciones en los troncos de los árboles denotaban que la tierra se había movido en algún momento, tal vez hacía una década, a juzgar por la altura uniforme del «pliegue» en los troncos. Los árboles se habían inclinado unos cuantos grados y habían seguido creciendo en ese ángulo alterado. Detrás de ellos vi pruebas de que algunos árboles jóvenes habían caído en la misma época. La nueva humedad que advertí en el ambiente era la pieza que faltaba en el rompecabezas: el tiempo había empeorado, existía la posibilidad de una tormenta aislada y yo había escogido un lugar que ofrecía poca resistencia a las lluvias o los vientos fuertes. Había percibido que podía haber un problema serio si se desataba una tormenta a mi alrededor, mucho antes de que entendiera por qué.

El abrigo de la naturaleza

«¡Esto es ridículo!».

Recuerdo reprenderme a mí mismo hace muchos años durante un viaje lamentable. Acababa de conducir seis horas hasta el Distrito de los Lagos (en el noroeste de Inglaterra), había dado una charla de una hora en un auditorio oscuro y conducido seis horas de vuelta a casa. A causa de una planificación espantosa, me había tomado la molestia de viajar desde la costa sur de Inglaterra hasta el bello Distrito de los Lagos y regresar sin encontrarme con nada que pudiera denominarse paisaje. No había tenido ninguna experiencia memorable en la naturaleza. Era una manera caótica de abordar la situación y juré que nunca volvería a repetirse.

Volví a la carretera muy pronto; en esa ocasión, me dirigía a una charla en un festival en los surrealistas alrededores de Portmeirion, un pueblo del norte de Gales de aspecto italiano diseñado por un inglés y escenario de la serie de culto de los sesenta *El prisionero*. Por suerte, esa vez, había un pequeño espacio en blanco en mi agenda digital. Aparqué el coche cerca de un pueblo llamado Church Stretton, en Shropshire, y me adentré en el paisaje. El pueblo se había ganado el sobrenombre de «Pequeña Suiza» hacía un siglo, lo que me pareció un buen augurio para un paseo por la naturaleza entre las colinas.

Había algunas nubes altas dispersas y hacía sol; era un día de luz cálida y lechosa. El polvo flotaba en el aire, junto con el aroma de la cosecha. Después de cerrar con llave el Land Rover, caminé cuesta arriba durante diez minutos y estudié mis alrededores. En pocos segundos, un gong sonó en mi ca-

242

beza, una alarma feliz; la forma de las colinas a media distancia resonaba con fuerza. Colinas largas y delgadas, más altas a lo lejos, que se estrechaban poco a poco y adoptaban unas formas suaves, redondeadas... ¡Eran drumlins! Una vez tomé un desvío de una hora para echar un vistazo a los drumlins de la costa oeste de Irlanda, pero, en este momento, unos magníficos especímenes aparecieron de la nada ante mí.

Los drumlins son unas de las extrañas y esotéricas superestrellas de la orientación natural. Se los asocia con el flujo del hielo glacial, desaparecido hace mucho tiempo, y forman vastas brújulas, visibles a kilómetros de distancia. Estos drumlins, como muchos otros, estaban alineados de norte a sur.

Atravesé un collado y subí mientras el sol comenzaba su descenso. Sentado en una hondonada rodeado por excrementos de oveja, me estremecí por primera vez. Salí a rastras, pasé entre unas hojas de mirtilo y observé una campánula que se mecía con el viento. La mayor parte de la colina era hierba, brezo o helechos, y sus flores azules destacaban. La tierra estaba expuesta: el viento suave que había sentido en el valle donde había aparcado el coche soplaba allí con una fuerza que asía la ladera. La apretaba con tanta fuerza que, en la cara sureste, parecía venir del suroeste, mientras que en la cara noreste soplaba desde el noroeste. Solo en la cima de la colina sentí el auténtico viento del oeste-suroeste.

Mientras bajaba, algo me resultó curioso. Había visto el brezo más hermoso durante mi ascenso por la colina, pero ahora que bajaba había perdido su atractivo y los helechos me llamaban más la atención. Era extraño, pues los helechos tienen pocos admiradores. No es una planta bonita ni muy querida por los naturalistas, y nunca ha sido una de mis preferidas. Y, a pesar de ello, sentí su llamada. Una miríada de caminos recorría las colinas, casi todos senderos de ovejas, y durante la subida, en cada bifurcación, me había inclinado hacia el sendero que corría entre el brezo. Durante la bajada, ocurrió lo contrario y me decanté por los helechos. Pensé que debían de ser los diferentes niveles de luz y los ángulos de las sombras los que hacían que me resultara más atractiva una planta que la otra.

Con la última luz del día, miré las zonas de brezo y aquellas de helechos; estaban claramente delineadas. No había ningún lugar donde ambos se mezclaran con éxito. El brezo dominaba todo un lado, hasta una cresta, mientras que, en el lado opuesto, mandaban los helechos. Pero no todo era una cuestión de aspecto o altitud: los helechos estaban siendo desplazados en grandes franjas en zonas donde, por lo demás, les iba bien. Era como si un gigante hubiera agarrado su enorme pincel, lo hubiera mojado en tinta color brezo y lo hubiese pasado por zonas extensas de las laderas y los valles. Claramente, no tenía nada que ver con el agua, la tierra o la geología. Era un patrón hermoso, confuso e intrigante. En ese momento, lo comprendí.

Caminaba por una zona expuesta, por encima del límite del bosque, y son pocas las plantas que pueden prosperar allí.

Los helechos estaban en el margen de esta zona habitable, y allí donde el terreno se encontraba a merced de los elementos, como en los lados a barlovento suroeste de las crestas, se rendían y el brezo, más resistente, prosperaba. Tamaña zonación es común en todas las montañas, pero aquí había una belleza añadida: el collado entre las colinas actuaba como un embudo que conducía los vientos al valle y repelía los helechos en algunas zonas, pero les permitía prosperar en otras. Los helechos formaban un mapa de las zonas a cubierto; el brezo marcaba las zonas expuestas. La tierra tenía un código de color.

Durante el ascenso, mi piernas habían trabajado duro, hacía calor y buscaba zonas más frescas. Al bajar, estaba más fresco a causa de la reducción del esfuerzo y el sol poniente. Sin darme cuenta, había usado la naturaleza como un termostato; el brezo me mostraba los caminos que ofrecían una brisa refrescante y los helechos, las rutas que me mantendrían abrigado.

Dos heladas

Una suave brisa sopló desde el noreste mientras el sol se alzaba muy al sur de esta. Era invierno y el terreno estaba duro. Sin un manto de nubes, el calor se había evaporado del suelo durante la noche.

Caminé con el viento de cara y los patrones de escarcha me sugirieron un código nuevo. Había zonas de un blanco brillante y muchas más de barro oscuro removido y pedernal. En los charcos congelados, bolsas de aire habían formado círculos concéntricos, y yo me esforcé por descifrar su significado, pero luego me relajé: tal vez esos círculos helados fueran simplemente bellos.

Era el tercer ciclo de días fríos y heladas nocturnas, y en el lado sur del camino, protegido y a la sombra del sotobosque marrón de la orilla, había franjas de hierba que el sol del mediodía no alcanzaba. En esas zonas había una capa blanca cristalina, de hasta un centímetro de grosor en algunas partes, que parecía más nieve que escarcha. Es en estos lugares donde reina la escarcha, que se acumula capa a capa con cada noche fría y clara. Esta no se derretirá hasta que se eleve la temperatura del aire. Y reina un silencio, aquel silencio profundo que Richard Jefferies conocía: «Una gran helada siempre es silenciosa, profundamente silenciosa».[1]

La escarcha en el camino también variaba en amplitud; se ensanchaba un minuto y, al siguiente, se estrechaba. Más adelante se hinchaba como una serpiente que se hubiera atiborrado con un rollizo roedor. En solo cincuenta metros, una delgada cinta blanca, no más ancha que mi espalda, crecía hasta alcanzar unos veinte metros de ancho o más y, luego, volvía a estrecharse. Un poco más adelante hacía lo mismo; sus curvas me hipnotizaban. Vi la causa de las ondulaciones: al principio, los árboles estaban cerca del camino, luego retrocedían y, allí donde se retiraban, el calor había escapado y se había formado una escarcha dura. Era una observación muy obvia, pero no por eso menos placentera. Hay cosas más evidentes que pasan desapercibidas y no se disfrutan.

Me divertí a mí mismo al pensar que un día encontraría el significado de los diminutos patrones dentados de los cristales de escarcha que colgaban de una cargada hoja de zarza a mi lado.

El sol había leído el guion y su luz me bañó a la perfección y llenó el camino blanco que se dirigía hacia el sureste. Al final del día encontramos escarcha donde hay sombra, protegida por el follaje en el lado sur de los senderos que discurren de este a oeste y en el lado norte de obstáculos altos, como edificios o árboles. Las brújulas de escarcha enseguida se vuelven esenciales: se asientan y parecen pulcras, lógicas, prácticas e incluso cómodas. No es de extrañar que las brújulas de escarcha esparcidas a mi alrededor me hicieran sentir incómodo. Estaban en la posición equivocada.

Entre la hierba pastada había incontables matas, protuberancias y montículos diseminados; el suelo era cualquier cosa menos llano. Y, al lado de cada una de esas protuberancias, había un pequeño trozo de escarcha, de un largo más o menos igual a la altura de cada bulto. Pero la escarcha se encontraba en el lado equivocado. Todas las manchas blancas estaban sistemáticamente en el lado suroeste. No se trataba de un error, por mucho que me disgustara. El pensamiento analítico asumió el mando.

Por supuesto. En algún momento, la temperatura del aire se había elevado por encima del punto de congelación y la brisa del noreste transportaba el aire más cálido sobre el suelo. Todo cuanto la brisa tocaba se derretía enseguida, pero en aquellas zonas donde no llegaba, permanecía la escarcha. Aquello eran brújulas que se descongelaban a causa del viento, no del sol.

Como tantas otras veces, esta simple observación aparecía reflejada en un magnífico poema sobre la naturaleza. Algunas semanas más tarde, releyendo «Helada a medianoche» de Coleridge, quedé impresionado por los primeros versos:

La helada cumple su secreto oficio
sin ayuda del viento.[2]

Caminé entre las manchas rebeldes durante unos diez minutos centrándome en poco más, hasta que me resultaron naturales. Mi cerebro necesitó el descanso de la mañana para aprender a identificar automáticamente las dos brújulas de escarcha, pero lo consiguió. La intuición reinaba de nuevo. Quedaban algunos trozos tercos, donde tal vez el sol y el viento habían trabajado juntos para crear confusión, lo que me animaba a realizar un análisis más detenido. Pero, en conjunto, se había corregido un error. Por el rabillo del ojo, vi un centelleo blanco en un tocón que señalaba el norte.

Di la vuelta para regresar a casa. Tenía la mejilla izquierda fría y la derecha, caliente.

La clepsidra

Las plumas de novia no se habían abierto todavía en el momento en que pasamos de la curruca capirotada al primer pinzón. Desde que Aldebarán se había alzado habíamos disfrutado de cielos despejados y estaba a tres charcos de la lluvia cuando entré en el vetusto bosque. Solo faltaba que el sol apretara un poco más para que el rocío del camino se evaporara, y me sentía ansioso por arrojar la sombra más corta del año. Sentí el doloroso cosquilleo del verano en la nariz.

Hoy en día, la opinión generalizada entre los naturalistas es que la noción del tiempo en la naturaleza es una alegría esencialmente estética; apreciamos el coro del amanecer de la misma manera que disfrutamos de un concierto. No pretendo desmerecer esta perspectiva, pero este énfasis pasa por alto otra capa: la práctica.

Por suerte, no tenemos que escoger. Con frecuencia regreso al principio de que comprender el significado en la naturaleza y el valor práctico que añade *realza* la estética. Contrariamente a lo que pensaba Keats, una vez sabemos que el arcoíris siempre aparece frente al sol, nos ofrece predicciones meteorológicas, nos ayuda a orientarnos y nos da la hora sin perder ni un ápice de su belleza. Y estos conocimientos hacen que haya más probabilidades de que nos detengamos y lo miremos como es debido, lo que realza la experiencia estética. Es más probable que seamos capaces de asombrarnos cuando aprendemos a leer la naturaleza, situación que permitirá que la comprensión práctica se combine con el placer estético.

Una clepsidra es un reloj, un dispositivo antiguo que utilizaba un flujo de agua regulado para medir y dar la hora. Los relojes de arena han sobrevivido mejor a la prueba del tiempo, pero el principio en el que se basan es el mismo: un cuerpo fluye a un ritmo predecible a través de un espacio y esto permite leer el volumen de arena o agua acumulada a medida que pasa el tiempo. No he escogido esta palabra como título del capítulo para fardar, sino porque me gustaría que concibiéramos el tiempo en la naturaleza de una manera diferente. Otros títulos alternativos podrían haber sido «Las estaciones», «El calendario», «El reloj», pero todos ellos sugieren patrones de pensamiento de los que quiero que nos desprendamos.

Tomemos la palabra «estaciones», por ejemplo. Está tan conectada con el contexto de la naturaleza que es casi imposible no pensar en ellas: primavera, verano, otoño e invierno. No obstante, esta categorización supone un embotamiento de nuestra percepción: existe una gran diferencia entre el principio del verano y el final. Para los anishinaabe de Canadá existen seis estaciones y, más importante, cada una está ligada no solo al calendario solar, sino a su conexión con fenómenos ambientales: *tagwaagin* marca el cambio de color otoñal y se convierte en *oshkibiboon* cuando las hojas han caído.[1] El poeta inglés John Clare asoció la canción del zorzal charlo con la llegada de los amentos del avellano y esperaba oír a la curruca capirotada cuando los amentos de los sauces pasaban del blanco al amarillo. Pero incluso esto es solo una aproximación general. Las flores de corazoncillo que hay a unos metros de mí tienen un aspecto diferente del que tenían ayer a la misma hora.

¿Cuál es la visión práctica del tiempo en la naturaleza? Cuando vimos qué era el «margen», aprendimos a apreciar que la actividad no se distribuye de manera uniforme en el exterior, incluso en zonas salvajes, sino que está muy concentrada en zonas concretas y a lo largo de ciertas líneas. Lo mismo ocurre con respecto al tiempo: la actividad no se distribuye a lo largo del año o del día. Estamos acostumbrados a ciertos picos (el coro del amanecer, las flores que florecen en primavera) y nuestros intereses particulares pueden agudizar este conocimiento en una o dos áreas. Los lepidopterólogos son sensibles a las fluctuaciones en el clima de junio, como los micólogos lo son a los cambios que se producen en octubre. Quienes practican la pesca con mosca saben que su mosca puede eclosionar en un día concreto; la mosca de San Marcos se ha ganado tal nombre por su costumbre de emerger alrededor del día de San Marcos, el 25 de abril.

La clave para agudizar nuestra noción del tiempo es desarrollar una mayor conciencia de los cambios y reavivar nuestra relación con las conexiones perdidas. Debido a su relación con el tiempo, el sol, la luna, las estrellas, el clima, las plantas y los animales están conectados. Los líquenes de una iglesia revelan la edad de esta, pero se verán más lustrosos en los meses en que las tumbas arrojan la sombra más corta. En ese momento veremos también mariposas entre ellas y a Escorpio en el cielo nocturno.

No podemos esperar percibir la hinchazón de los testículos de un cuervo que responden a los cambios en la duración de la luz del día, pero hay muchas conexiones que podemos detectar. Los cerezos silvestres y las campánulas ofrecen un magnífico espectáculo de floración, alta y baja, en la misma época del año en que vemos las líridias caer en el cielo nocturno del noreste y los cantos de los pájaros llenan el aire.

Vemos a los pájaros en el jardín cada mañana de enero porque el sol ha pasado sobre el techo, descongelado el suelo y permitido que las aves empiecen a alimentarse. Al día siguiente, el sol sale un minuto antes, pero la reunión puede comenzar diez minutos más temprano si el cielo ha estado un poco nublado durante la noche y media hora antes si el viento retrocede hacia el oeste. Los petirrojos llegan primero, seguidos por los mirlos y por los tordos cantores.

Tal vez descubramos que nosotros mismos formamos parte de una pareja temporal. ¿Por qué esta mañana hay más pájaros que de costumbre en el jardín, y por qué se quedan hasta más tarde? Anoche salimos y no dimos de comer a los gatos hasta las once de la noche. Como nos sentíamos culpables, les dimos más comida que de costumbre, y ahora ellos disfrutan de remolonear hasta tarde; todavía no han salido esta mañana. La copa que nos tomamos con los amigos y el hecho de quedarnos despiertos hasta más tarde de lo habitual ha ajustado la hora de la reunión de pájaros.

Regresemos a la idea del reloj de agua para descubrir una sensibilidad que hemos perdido. En Gran Bretaña, después de llover, vemos charcos y los ríos crecen. Sin embargo, en algunas partes del mundo un reloj se pone en marcha, y su tictac se oye en el lenguaje que se emplea. Entre los fulanis del Sahel, que cuidan de su ganado en Burkina Faso, los elementos acuáticos marcan el tiempo por razones prácticas. Un *hokuluuru* es un pequeño estanque que contiene agua hasta un mes después de la lluvia; un estanque *deeku'yal* contiene agua durante algunos días, y un *cutorgol* es un bebedero que se seca muy rápido. Un *gedeeru* es una fuente que se seca en verano, pero un *mamasiiru* fluirá durante todo el año.[2]

Es tentador pensar que la conciencia de la relación entre el agua y el tiempo está enteramente determinada por el clima y la geografía de esta parte de África, pero esto no es cierto. Se trata de una sensibilidad necesaria para un estilo de vida pastoral. Y podemos demostrarlo sin irnos tan lejos. *«Bourne»* es una palabra antigua de la lengua inglesa, derivada del anglosajón, que significa 'arroyo', normalmente uno que fluye de una fuente en un paisaje de caliza o creta; en cambio, un *«winterbourne»* no corre durante el verano. Muchos conservan un cariño especial por los viejos términos para referirnos al paisaje, pero no hace tanto que un pastor que llevaba a su rebaño hasta un arroyo seco en un día cálido veía las cosas de otra manera. No obstante, era poco probable que se encontrara en esta situación: el pastor habría estado al tanto de cuáles arroyos eran fiables, no solo por el calendario numérico, sino por el que se reinicia con cada chaparrón.

A menudo recorro un sendero que, después de una fuerte lluvia, está bordeado de charcos en el lado sur. Tras caer un aguacero importante suele haber una hilera de seis, pero, después de dos días secos, solo quedarán tres; y hace falta una quincena seca estival para que desaparezcan todos. Durante los últimos años he aprendido que no es solo el número de días secos lo que determina la superficie de agua en la tierra, sino también la humedad. Los charcos duran más y los estanques bajan de nivel a un ritmo más lento durante las temporadas húmedas. El reloj de los charcos corre más despacio cuando hay humedad en el ambiente, como si fuera un reloj antiguo. Como hemos visto antes, los puntos de referencia distantes se desvanecen en el blanco del aire húmedo, así que el color de una colina lejana puede revelar la probabilidad de encontrar agua en el estanque cercano.

Eones y momentos

Si observamos algunas señales del tiempo, yendo de las más largas a las más cortas, de eones a momentos, veremos algunas de las conexiones que tal vez percibieron nuestros ancestros. En la forma de la tierra encontramos pistas de fenómenos que tuvieron lugar hace muchos millones de años: probablemente, cuanto más redondeada sea la cima de una montaña, más antigua será. Las montañas cónicas son las más jóvenes; no se han visto expuestas a los millones de años de erosión que dan una apariencia más suave, similar a la de una cúpula. En cambio, es posible que las más puntiagudas hayan aparecido en el periodo desde el que una civilización tiene memoria, en cuyo caso estarán más presentes en la tradición popular de esa sociedad. El archipiélago de Hawái es una formación reciente, al menos en términos geológicos, y la mitología relata cómo Pele, la diosa del fuego, las creó. (Al parecer, su rostro aparece en una foto de una nube de ceniza sobre el volcán Kilauea tomada hace apenas unos años, en 2017).[3]

En cada capa de la tierra encontramos tiempo e historias. En 1995, en Eartham Pit, cerca de Halnaker (en West Sussex), unos arqueólogos encontraron restos fósiles humanos de hace un millón de años, los más antiguos descubiertos en el Reino Unido. Se descubrieron allí porque, en aquella época, la zona era un lugar ideal para los cazadores-recolectores: había un pequeño acantilado sobre una llanura costera, completada con un bebedero. Junto a los huesos se encontraron cientos de hachas de sílex, que incluso mostraban señales de uso en sacrificios animales. Quizá parezca que esto no tiene mucha relevancia para nuestra experiencia contemporánea en la naturaleza, pero nada es aleatorio. Hasta el día de hoy, si se encuentran pruebas de actividad humana en una región de cazadores-recolectores, también vemos cerca señales de agua, animales, caza y sacrificio; durante siglos, los exploradores han dependido de esta verdad para su propia supervivencia.

La aristocracia y la caza han moldeado el paisaje inglés, su historia, sus bosques, parques y setos, su carácter. Inglaterra tiene un número excepcionalmente alto de árboles antiguos (dentro del contexto europeo) porque no ha sufrido invasiones en un periodo muy largo; los invasores asolan los bosques para alimentar su ataque.

El roble tiene tres fases de vida, y cada una dura unos trescientos años: crece, se estanca y, luego, se deteriora;[4]

Durante trescientos años, crece y crece el roble,
durante trescientos más, de su reposo disfruta;
durante trescientos vive su ocaso.

Los robles, como muchos árboles, se ahuecan y comienzan su declive en el periodo terciario de su vida. Cada especie de árbol tiene su propia esperanza de vida, por lo que es una señal del paso del tiempo, de la misma manera que lo es cada roca. Los melocotoneros entran en la vejez a los treinta años,[5] pero a menudo me siento bajo tejos que tienen más de dos mil años. Algunos pinos viven más allá de los cinco mil y hay una pícea en Suecia que, según se dice, tiene nueve mil quinientos años.[6]

Al inicio de este capítulo he hablado de un bosque antiguo. Muchas especies de plantas revelan la edad de un bosque. Algunas se reproducen de tal manera que les lleva mucho tiempo colonizar un lugar. Los miles de millones de semillas que el aire transporta en cualquier momento pueden germinar donde aterrizan, pero la asperilla, con su aroma a heno, forma alfombras que se expanden poco a poco y no puede saltar de un lugar a otro. Su presencia —junto con la de otras especies que indican la antigüedad del bosque, incluidas el ajo de oso, la ortiga muerta amarilla, la vinagrera, la anémona de bosque y la moscatelina— nos habla de un bosque que se estableció hace cientos de años. Gracias a la práctica, advertiremos rápidamente cuándo entramos o salimos de estas áreas.

Los setos anuncian su edad a través de su diversidad. Según la regla de Hooper, podemos determinar la edad de un seto en años si multiplicamos por ciento diez el número de especies que contamos en una extensión de unos veintisiete metros. Los expertos en setos debatirán la validez de este método hasta el fin de los tiempos, pero a nosotros nos interesa por dos razones. Primero, funciona hasta cierto punto: probablemente, cuantas más especies contemos, más antiguo será el seto; y segundo, constituye un buen ejemplo de pensamiento lento en contraposición al pensamiento rápido. Si te encantan los setos, empezarás a aplicar esta regla, contarás las especies que encuentres con diligencia y harás el sencillo cálculo. Pero llegará un momento, más pronto de lo que imaginabas, en que tu cerebro decidirá tomar un atajo y el seto en el que has posado la mirada te anunciará su edad antes de que hayas empezado a calcularlo. El mismo proceso se aplica a todo lo que vemos en la naturaleza, gobernado por nuestros intereses y experiencia. La forma de una iglesia, su arquitectura, dará una idea instantánea de su edad a un entusiasta; al observar la forma de un tejo en el cementerio, un amante de los árboles se hará una idea de su edad.

Medir la circunferencia de un árbol vivo es la manera más fiable de estimar su edad. Una vez más, hay maneras lentas de hacer esto: si dividimos por 2'5 la circunferencia en centímetros de un árbol que crece en campo abierto, o por 1'25 la de uno de un bosque, obtendremos una edad estimada. No obstante, nuestros ojos nos ayudan a hacernos una idea de su edad de manera intuitiva, y si recordamos sentirnos más impresionados por la circunferencia del árbol de un bosque, nos llamarán la atención unos cuantos especímenes notables que, de otra manera, tal vez habrían pasado desapercibidos. La corteza envejece de una forma similar a la piel humana: cuanto más suave es la corteza, más joven es el árbol. La corteza rugosa crece hacia arriba desde el suelo.

Al talar un árbol, encontramos en sus anillos una de las firmas del tiempo más conocidas. Es bien sabido que cada anillo marca un año de la vida del árbol y que el diámetro de cada anillo nos ofrece algo de información sobre las condiciones climáticas del año en cuestión: la parte más amplia y clara de cada anillo representa las células más grandes y el crecimiento más rápido de la primavera; las líneas más oscuras reflejan las células más pequeñas y el crecimiento más lento durante el verano. Es menos sabido, empero, que estas marcas anuales se extienden en la naturaleza: los cazadores del norte determinan la edad de una foca o un oso polar al mirar los anillos de sus garras;[7] sospecho que debe de ser más fácil después de una cacería que durante.

Más cerca, encontramos en la flora y la fauna una miríada de señales que marcan la diferencia entre juventud y madurez.

Las hojas de hiedra con varios lóbulos y puntas son inmaduras; aquellas con una única punta son adultas. El pico amarillo de los mirlos denota su madurez; en su primer año de vida, el color es más apagado. Una vez advertimos estas señales, quizá veamos un anillo amarillo alrededor del ojo de un pájaro adulto, pero no en un ejemplar más joven. Y, como ocurre con los humanos, se observan diferencias de comportamiento sustanciales entre ejemplares jóvenes y adultos, entre ellas la inteligencia: los más jóvenes son más curiosos e incluso temerarios. Los animales que asimilan los peligros se convierten en adultos precavidos; los que no, no llegan a adultos. Sabemos que es más probable que el mirlo con el pico apagado picotee la comida que hay a nuestros pies; el que tiene el círculo amarillo en el ojo mantendrá la distancia.

La madera talada tiene su propio reloj. Las de aliso y cerezo se oxidan y adquieren pronto un vibrante tono naranja que, luego, empalidece. El fresno pasa de rosa a naranja hasta casi blanco,[8] mientras que el duramen se vuelve casi negro. Podríamos enumerar más detalles sobre la edad de los árboles y el momento de su tala, pero lo que realmente nos interesa es la conexión que existe entre ambos y el conocimiento que esto nos aporta. La edad de un árbol y el tiempo que ha transcurrido desde su tala nos dan una idea de qué esperar de la vida más modesta que lo rodea. Como vimos con «la celebración», cada planta y animal es sensible a los niveles de luz, nutrientes, viento y agua, y cualquier árbol que domine una porción de terreno les dará forma, mientras que un árbol caído desencadenará una nueva erupción de vida, pues las variables cambiarán drásticamente.

Lo que en su momento quizá parezcan solo un par de tocones caprichosos puede ofrecer una historia más rica. Uno era de un árbol antiguo que cayó hace algunos años, otro de un árbol más joven que cayó hace poco. La vida que veas alrededor del primero, desde plantas a insectos, será muy diferente de la que veas alrededor del segundo: en el caso del árbol antiguo, en ese pequeño entorno ha tenido lugar un cambio radical y ha pasado el tiempo suficiente como para reflejarlo. En el caso del árbol más joven, el cambio ha sido más modesto y la naturaleza ha tenido poco tiempo para mostrarlo.

Los guardabosques del bosque de mi zona están ocupados retirando una plantación de pícea noruega. Les tenía cariño, y las echaré de menos; ofrecían un encanto nórdico en una zona del bosque de hayas. Pero también estoy emocionado por advertir el cambio en cada paseo durante los próximos años; las flores silvestres que antes no habrían tenido ninguna posibilidad de crecer y las mariposas a las que invitarán. Pronto la circunferencia de los tocones, el número de anillos y el color de la madera se sumarán a los colores de las flores, los líquenes y la actividad de los insectos.

Los árboles, la luz y los líquenes forman tres partes del mismo reloj lento. Los árboles arrojan sombra, que inhibe a los líquenes, y estos marcan el tiempo. Si caminas junto a cualquier pared de piedra clara (que probablemente sea alcalina y, por tanto, más favorable para los líquenes que una oscura), busca árboles dispersos a lo largo del lado sur y verás un colorido reloj pintado en la pared. Para agudizar tu sentido innato en esta área, fíjate en las zonas donde los líquenes tienen dificultades por el crecimiento de plantas nuevas (es posible que su color intenso haya empalidecido); donde veas una «sombra de liquen», una zona donde esperarías que hubiese líquenes pero desprovista de ellos, se habrá retirado un árbol hace poco.

Existe la tradición de utilizar plantas y animales para predecir el futuro, pero la mayoría de métodos que ofrecen predicciones a largo plazo son de dudoso valor. La naturaleza reacciona constantemente a los cambios que se producen en el entorno, pero rara vez los vaticina. Los árboles responden a las estaciones anteriores produciendo capullos en esas condiciones, pero no pueden anticipar un clima excepcionalmente cálido, frío, húmedo o seco. En la primavera, las plantas deciden cuándo actuar en base a dos desencadenantes principales: la duración de las noches y la temperatura. La variabilidad en los ritmos de las estaciones de un año al siguiente deriva de las fluctuaciones en las temperaturas de las estaciones, ya que la duración de las noches decrece de manera regular y predecible. Un día cálido no hace primavera, y los científicos han descubierto que los árboles son capaces de contar el número de días cálidos que viven; aunque no son infalibles y todas las plantas y animales siguen siendo vulnerables al inicio precoz de una temporada cálida.

Esta es otra diferencia entre la percepción antigua-indígena-agrícola y la percepción urbana moderna: una temporada cálida al comienzo de la primavera provocará reacciones instintivas muy diferentes. Un día de principios de primavera inusualmente cálido será bien recibido por muchos, pero a otros les hará saltar las alarmas. Es un periodo crítico para la agricultura; «Mal año espero, si en febrero anda en mangas de camisa el jornalero» y, como dicen los beduinos, «Marzo sostiene o destruye la cosecha».[9] De la misma manera, una ola de frío tardía causará estragos. Donde yo vivo, en Sussex, la tierra que da al sur se dedica cada vez más al cultivo de viñas; en los últimos diez años, la extensión de terrenos destinados a viñedos en Inglaterra y Gales casi se ha duplicado. En 2017, vivimos una despiadada helada tardía que acabó con tres cuartos del cultivo en algunas zonas.[10] Todo está conectado: una mañana fría afecta al precio del vino años más tarde.

Un invierno más frío de lo normal hará que la siguiente primavera las hojas de los árboles se abran antes, pero una de las mejores maneras de detectar señales tempranas e indicios de la llegada de la primavera es mirar abajo. De media, durante la primavera la temperatura cerca del suelo es más alta que más arriba y esto, combinado con una menor exposición a vientos fuertes, da cierta ventaja a los árboles más pequeños, pues permite que sus hojas broten unas dos semanas antes que en los árboles más altos.[11]

En las señales que encontramos en la flora, la flecha del tiempo suele marcar la dirección contraria (reflejan condiciones pasadas e ignoran lo que vendrá); no obstante, existe un indicador muy extendido de lo que el futuro depara que suele pasarse por alto. Cuando vemos un árbol grande e imponente, esperamos que esté allí un año después, y, a menos que haya tormentas desastrosas, muchos años más. Pero todas las plantas más bajas envían un mensaje a través de su propio ciclo vital. Una vez sabemos si una planta es anual, bienal o perenne, se nos ofrece un pequeño atisbo de lo que depara el futuro. Las plantas anuales completan su ciclo de vida en un año y mueren. Las bienales viven durante dos años; por lo general, florecen y producen semillas durante el segundo. Las plantas perennes crecen durante muchos años. Los horticultores están familiarizados con esta observación de la naturaleza (es clave para planificar las labores de jardinería), pero, en un contexto más salvaje, solemos pensar que las plantas que vemos son perennes: esperamos ver lo mismo el año siguiente. La mayoría de helechos y especies del género *aster*, incluida la margarita, son perennes y regresarán. Pero las plantas anuales no tienen derecho a ocupar ese lugar el siguiente año, a menos que ganen la competición de nuevo, por lo que son más sensibles al cambio que nos indica un árbol talado. Las bienales son tal vez las más interesantes, ya que suelen decirnos en qué año de su ciclo de vida se encuentran y nos dan una idea instantánea de lo que vendrá a continuación. Una dedalera sin flores en verano promete muchas al año siguiente, su último año de vida.

Ahora vemos la conexión entre el color del tocón talado y la ausencia de flores en la dedalera; cuando el tocón tenga el color de haber vivido otros doce meses, la tierra que lo rodea vibrará con el rico púrpura de la dedalera.

La mayoría de personas estamos familiarizadas con el cambio de estación; es difícil pasarlo por alto. Sin embargo, la vida moderna nos ofrece poco tiempo para establecer las conexiones que tiempo ha saltaban a la vista y que ahora se pierden entre la conmoción general. Las formaciones en V de las bandadas de gansos que vuelan hacia el norte en abril ya no nos recuerdan que miremos hacia el este en busca de la V de la constelación de Virgo. En climas fríos, cualquier mapa mental debe redibujarse a medida que los puntos de referencia desaparecen bajo la nieve pesada, pero, cuando el yugo del invierno cede paso a la primavera, percibimos la sabia que asciende por los agujeros oscuros que se forman alrededor de los árboles.[12] El sol de la primavera calienta el árbol, el tronco caliente derrite la nieve y esta retrocede. El agujero que se forma en la nieve nos indica que es el momento adecuado para resinar el árbol.

Los beduinos saben que deben sembrar cuando ven las Pléyades en el cielo nocturno. Cuando aparece Canopo, existe riesgo de inundaciones y no deben acampar en los uadis, pero cuando «Sirio cuelga sobre Canopo como la cuerda de un cubo», el invierno da paso a la primavera. Las lluvias de invierno asociadas a la estrella naranja gigante de Tauro, Aldebarán, pueden sustentar vida en zonas bajas, incluso cuando zonas más altas permanecen áridas:

> Oh, valle feliz que fluyes con las lluvias de Aldebarán.
> Las tierras altas mueren de sed, mientras tu rebosas de flores.[13]

Los inuit saben que la aparición de Aajuuk, los dos rayos de sol (estrellas en nuestra constelación de Aquila), indican que solo falta una semana para que el sol asome de nuevo por el horizonte sur, lo que supone el fin del opresivo periodo de los días oscuros. Estas son las formas del tiempo.

Tiempo y comportamiento

No hemos perdido del todo nuestros sentidos y todavía apreciamos cualquier elemento de la naturaleza preparado para jugársela, plantas precoces como la uva espina, la madreselva y el aro. Y debemos rendir homenaje a esas flores que se adelantan con ímpetu; la impaciencia del endrino rocía los setos de flores blancas antes de que hayan salido sus hojas. Al final del año, podemos admirar la temeridad de la hiedra que florece bien entrado el invierno y los insectos que vuelan a ella en bandada; las abejas se regocijan con su capacidad de resistencia.

El paso del tiempo queda marcado en nuestros sentidos del gusto y del tacto. Me encantan los brotes de pícea en primavera: tienen un aroma purificador cuando los aplastas entre los dedos y mordisquearlos tiene un efecto desinfectante. Es mejor tomarlos en una infusión que ingerirlos crudos, y la cara de mi hijo de diez años es un poema cuando muerde uno acerbo. Los brotes de pícea tienen una suavidad agradable en esta época, casi gomosa, y las agujas todavía son tiernas. Supe que habíamos dejado la primavera y entrado en el verano cuando arranqué uno el otro día y me lo acerqué para olerlo; me estremecí cuando las agujas, ahora más firmes y afiladas, me pincharon la nariz. Muchas otras hojas tienen una suavidad notable a principios de año; durante las primeras semanas, el haya, otro de mis favoritos, es tan suave como el papiro más delicado que exista.

Los pájaros cantores, tímidos a finales de verano, están listos para acercarse con la llegada de diciembre, ladeando la cabeza a un lado y al otro. Todos los organismos vivos tienen relojes que determinan no solo lo que vemos, sino también su comportamiento. Los petirrojos son madrugadores. Oímos su canción cerca del inicio del coro del amanecer, pero también gustan de alimentarse a primera hora y se vuelven más agresivos con el alba.

La mayoría de los animales están más ocupados y se mueven más al principio y al final del día; es entonces cuando más probabilidades tenemos de verlos. La fauna suele mostrar una reticencia a moverse e incluso letargo a mediodía, y esto puede resultar frustrante si no lo esperamos. Una vez nos familiaricemos con este sencillo patrón, tendremos unas expectativas fijas. Un paseo por el campo al alba va acompañado de una entusiasta anticipación, pero, cuando el sol brilla en lo alto del cielo, se trata más bien de un acto de fe. Veo señales que indican la presencia de tejones cerca de mí durante todo el día, pero solo tengo la esperanza de avistarlos cuando se acerca el crepúsculo.

Recuerdo con cariño mostrar a mi familia la tímida *Mimosa pudica,* una hierba común en Tailandia, en un paseo durante unas vacaciones. Sus hojas retroceden visiblemente cuando la tocas; las plantas que se mueven son un entretenimiento seguro. Las mimosas se ganaron su lugar en la historia de nuestra comprensión de la naturaleza por un hábito relacionado con este comportamiento, aunque diferente: sus hojas se abren y cierran al principio y final de cada día. Uno de los almirantes de Alejandro Magno, Andróstenes, se fijó en que las hojas del tamarindo se abren durante el día y se cierran a la noche; este es el primer registro escrito de la «nictinastia», la respuesta de las plantas a la disminución lumínica que se produce durante la noche.[14] Las plumas de novia reciben muchos otros nombres coloquiales; por ejemplo, en inglés se la conoce también como «*Jack-go-to-bed-at-noon*» ['Jack se acuesta a mediodía'], por el hecho de que sus flores se cierran al mediodía. A pesar de que hemos observado este efecto durante miles de años, todavía no existe consenso entre los científicos con respecto a por qué se produce esta respuesta.

Jean-Jaques d'Ortus de Mairan contaba con un gran nombre y una profesión mejor: fue un pionero cronobiólogo. Como hemos visto, antes del siglo XVIII era bien sabido que las plantas reaccionan al ciclo de día y noche (incluso la margarita común se abre y se cierra a diario), pero se asumía que los niveles de luz variables lo explicaban todo. En 1729, De Mairan realizó un experimento muy simple que probó que estaba sucediendo algo más significativo. Mantuvo una planta de mimosa en la oscuridad y observó que la planta continuaba abriendo y cerrando sus hojas en sincronía con el ciclo diario; era extraño. De Marian fue incapaz de dar una respuesta para este comportamiento, pero su simple demostración despertó la curiosidad que llevó a nuestra comprensión de los ciclos diarios de la naturaleza: los ritmos circadianos. Sabemos que los animales tienen más de un reloj interno y diversos métodos ingeniosos de mantenerlos sincronizados.

La planta de mimosa fue capaz de abrir y cerrar las hojas en la oscuridad puntualmente durante unos cuantos días, pero, poco a poco, comenzó a perder la noción del tiempo y a abrirse durante la noche y cerrarse durante el día. Lo mismo ocurre con todas las plantas y animales: todos somos capaces de seguir el tiempo sin referencias externas durante un periodo, pero, progresivamente, perdemos la noción. Hasta la segunda mitad del siglo XX no empezamos a comprender cómo la naturaleza mide el tiempo, y la imagen todavía no se ha revelado.

Resulta que la luz es crítica, sobre todo la luz azul, pero no porque sea el reloj en sí mismo, sino porque se trata de una clave «*zeitgeber*», una clave que da el tiempo, para muchos organismos.[15] La luz azul mantiene los relojes sincronizados con el día, pero las proteínas son las responsables de la puntualidad. No es necesario que profundicemos mucho en la microbiología para entenderlo, pues es posible que lo hayamos experimentado en persona: nos sentiremos somnolientos a mitad del día si volamos al otro lado del mundo, hasta que la luz *zeitgeber* tenga la oportunidad de reajustar nuestros relojes proteínicos.

Tiempo, patrones y asociaciones

Llegados a este punto, tendría sentido que dijeras: «Todo esto está muy bien, pero, ¿qué impacto tiene en nuestra experiencia práctica en la naturaleza?» Una vez estamos sintonizados con el reloj de la naturaleza, percibiremos lo que está por llegar. Hasta ese momento, es como estar en una estación de ferrocarril sin ningún panel de información ni relojes: los trenes llegan y se van, pero es difícil saber qué ocurrirá a continuación.

El coro del amanecer se ha ganado este título porque nos resulta más fácil agrupar a los pájaros en un coro, pero existe una secuencia escalonada. En mi parte del mundo, los petirrojos, los mirlos y los chochines preceden a los tordos cantores, las currucas capirotadas y los mosquiteros comunes, que, a su vez, llagan antes que los pinzones comunes. Pero incluso si no estamos familiarizados con las especies exactas, podemos hacernos una buena idea de qué vendrá a continuación porque el canto de las aves llena nichos de sonido. Si escuchas dos o tres pájaros cantar, el próximo que se una sonará diferente y, probablemente, llenará un hueco evidente. Lo mismo ocurre con los insectos, como la chicharras, y las ranas (quizá repares en cómo las ranas de los trópicos se callan al alba, una inversión de la tendencia moderada de los niveles de sonido a aumentar con el sol). Percibir esta secuencia y cómo se llenan esos huecos permite intuir qué viene a continuación, pero el verdadero conocimiento procede de las asociaciones.

Debemos recordar que hay una parte de nuestro cerebro que controla las cosas que piensa que queremos tener en cuenta o de las que necesitamos ser conscientes. Si nos encontramos en una cafetería, tal vez esa información sea un cotilleo, pero, en la naturaleza, empleamos de nuevo este sistema de alerta en el lugar del que surgió. Hacemos esto estableciendo asociaciones.

Uno de mis hábitos favoritos es soñar despierto en el bosque al anochecer, después de un día bonito. Me he fijado en que hay muchos ruidos de animales que no me despiertan de este estado lánguido, pero otros sí. El trino tintineante de los mirlos a punto de dormirse no me inquieta, pero el graznido de los faisanes al acomodarse sí. No es el descarado volumen de los sonidos, sino que, a menudo, coincide con las primeras patrullas de mamíferos crepusculares. Es asombroso cuán a menudo me encuentro reclinado contra un árbol, con los párpados pesados, cuando un faisán anuncia con chillidos y aleteos que se va a dormir. Entonces, aunque me quedo quieto, abro los ojos y veo un zorro que pasa junto a mí tranquilamente. ¡Qué placenteras son las asociaciones!

El coro del alba restablece a diario los límites de un territorio, como cuando colocamos el abrigo en nuestra silla favorita de la biblioteca cada mañana. El alba es un buen momento para el coro porque el aire fresco permite que el sonido viaje más lejos y no es la hora idónea para alimentarse. Saber esto ayuda a explicar lo difícil que resulta sorprender a los animales a esta hora del día: el aire fresco cerca del suelo transmite el sonido de nuestros pasos a una mayor distancia; el coro del alba se convierte en el sonido de la zozobra en el bosque.

Los animales son criaturas de costumbres y sus rutinas están gobernadas por el sol *zeitgeber*. A menudo recorren el mismo trayecto cada día; un paseo o vuelo desde su hogar en los árboles hasta el agua y la comida, y de vuelta a casa. Veo a la misma patrulla de busardos en la misma línea forestal a la misma hora cada mañana. Quizá esperamos advertir este comportamiento en pájaros y mamíferos, pero ocurre lo mismo con todas las criaturas. Existen muchísimos patrones fijos que experimentamos, pero con los que no acabamos de conectar.

Tal vez, durante las vacaciones nos pica una medusa mientras nadamos en el mar antes de comer tres días seguidos, pero a nuestro amigo al que le gusta nadar antes de la cena nunca le ocurre: las medusas se van a dormir sobre las cuatro de la tarde; bajan hasta las profundidades del océano y permanecen allí hasta el amanecer del día siguiente.[16] Las avispas siempre arruinan nuestros pícnics al aire libre porque han aprendido dónde y cuándo nos gusta comer. Todavía no lo sabemos con certeza, pero parece lógico, ya que sabemos que las abejas aprenden a cronometrar sus visitas a ciertas flores para llegar en el momento en el que hay una mayor disponibilidad de néctar: es algo que no solo varía con las estaciones, sino también con la hora del día.[17]

Algunos experimentos han demostrado que las abejas, los pájaros y muchos otros animales tienen un reloj interno que les permite usar el sol como una brújula fiable. El tiempo y el rumbo son dos caras de la misma moneda solar para las abejas, pájaros, humanos y el resto de las criaturas: si sabes una, el sol te ofrecerá la otra. Si sabemos que es mediodía, el sol estará en el sur. Si sabemos que el sol está en el sur, deduciremos que es el mediodía. Si sabemos que estamos en pleno verano, sabremos que el sol se alzará por el noreste; si vemos el sol salir por el noreste, deduciremos que es pleno verano.

Tenemos más probabilidades de fijarnos en los hábitos de los animales si respaldan los nuestros. Durante muchos años, los trabajadores del campo fueron sensibles a las señales en la naturaleza que significaban que el sudor y el trabajo duro se acercaban a su fin. Las líneas oscuras de los grajos que se iban a dormir hacían sonar una campana en el cielo que anunciaba el final de la jornada. Y es más probable que apreciemos cualquier planta o animal que va contra corriente y nos ofrece un estímulo después de la puesta de sol: el aroma de la madreselva o los cantos de las lechuzas al caer la tarde son algunas de las señales habituales.

La somnolencia de los animales influye en su visibilidad. Aunque te encuentres en el lugar adecuado para ver a un tipo de animal concreto y haya muchos ejemplares de esa especie a tu alrededor, te costará verlos si están dormidos. La cantidad de sueño que necesitan los animales varía enormemente: los caballos pueden aguantar con apenas dos horas por día, mientras que los murciélagos necesitan veinte.[18]

No solo los organismos vivos marcan las horas a lo largo del día. Las sombras se encogen durante la mañana; alcanzan su longitud mínima al mediodía y crecen hacia el infinito a mitad de la tarde. Este efecto influye en todo lo que vemos en la naturaleza: un campo labrado tendrá un aspecto drásticamente distinto al principio y al final del día del que tiene cuando el sol está alto. Los rastros de los animales destacan más cerca del alba y el crepúsculo; cuanto más bajo está el sol, más larga es la sombra que arrojan los elementos y más dramáticas son las pequeñas arrugas que aparecen en el paisaje.

Como hemos visto en el apartado del «ramoneo», un mordisco en una hoja puede decirnos qué animal ha pasado por allí, pero el rastro de saliva en la hoja nos grita que solo nos lleva unos minutos de ventaja. Cada montón de estiércol revela algo sobre su antiguo propietario y el tiempo transcurrido desde que ha pasado por allí. El vapor que se eleva en una mañana fría nos confirma que el caballo todavía está cerca, pero, a medida que avanza el reloj, la bosta deja de brillar al tiempo que se seca (esto sucede más rápido en el lado sur). Los pilares blancos de hongo pilobolus se congregan para marcar el paso de varios días. Este hongo también da origen a una de las brújulas de la naturaleza más maravillosas. El hongo crece en un tallo, que se orienta hacia la luz de la mañana; los tallos tienden a apuntar al sureste.

El hongo pilobolus es conocido por arrojar sus esporas a un par de metros de la bosta en la que crece. Hace esto para escapar de la «zona de repugnancia». El ciclo de vida del hongo depende de que otro rumiante lo ingiera, cosa que no ocurrirá si comienza su vida demasiado cerca de su bosta-hogar; los rumiantes evitan la hierba que hay cerca de los excrementos. Las esporas oscuras escapan en un pequeño saco de líquido que explota y viajan con la mayor aceleración conocida en la naturaleza. Los pilotos de carreras pueden llegar a experimentar en ocasiones fuerzas de 5 *g;* las esporas de pilobolus son arrojadas a 20 000 *g.* Pero por muy explosivo que sea el comienzo de su travesía aérea, las esporas también deben esquivar las hierbas altas que crecen cerca de la bosta, y es probable que hayan bastantes a causa de la zona de repugnancia. Para ello, se arrojan desde un tallo que ha crecido hacia la luz. También presenciamos este fenómeno, aunque en una escala mucho menor, en cualquier claro de un bosque: plantas verdes, como las ortigas, crecen orientadas hacia el agujero que se forma en el dosel de los árboles.

Los hábitos de este encantador organismo subrayan un dato importante más general: dotamos de significado a la naturaleza al entenderla en sus propios términos, no partiendo de nuestras propias necesidades. El hongo puede ayudarnos a hacernos una idea del tiempo y la dirección, pero a este organismo no le importan los días, las horas ni los minutos, ni dónde se encuentra el norte, el sur, el este o el oeste: responde a la luz, que da la casualidad de que llega de manera más abundante desde el sureste por la mañana. Recordar esto nos acerca a las técnicas de orientación natural y, de hecho, a toda deducción natural. En términos prácticos, esto significa que los tallos del hongo señalarán cerca del sureste, pero señalarán hacia el norte si resulta que hay un claro en el denso dosel de un bosque solo en ese lado.

Muchos sucesos periódicos se niegan a ser gobernados por los patrones diarios o anuales del sol. Las coníferas se reproducen anualmente, pero árboles caducifolios, como el haya y el roble, inundan el mercado con sus nueces y bellotas cada pocos años. Esto es un truco evolutivo para vencer a los jabalíes y ciervos hambrientos. No hay suficiente comida al año como para que las cifras de animales se mantengan constantemente altas, así que descienden hasta un «año pico» cuando el suelo está saturado con más de lo que los animales pueden esperar devorar en una temporada. Las semillas que no se ingieren comienzan su vida como retoños. El número de la población de jabalíes y ciervos se dispara, y el ciclo vuelve a comenzar.

Observamos los mismos ciclos de cifras que suben y bajan en poblaciones con depredadores y presas; en una zona con pocos zorros, la población de conejos aumenta de golpe, los zorros se dan un atracón y su número también se dispara; los zorros extra reducen el número de conejos hasta que los zorros comienzan a pasar hambre y el ciclo vuelve a comenzar.

El ciclo de la luna dura 29,5 días, y es una buena áncora para muchos de los fenómenos anuales que no encajan con los ritmos del sol. Para los potawatomi de Norteamérica, la Luna de Azúcar de Arce sigue a la Corteza Dura en la Luna de Nieve, pero estas asociaciones derivan de la observación, no de la causalidad: la luna no es la fuerza impulsora tras ellas. De hecho, desde la tierra son sorprendentemente escasos los ciclos gobernados por la luna; el más conocido, es el fenómeno de las mareas.

En Agiuppiniq, en el norte de Canadá, sus habitantes han desarrollado una consciencia especial de la relación entre el hielo y las fases de la luna. La luna llena lleva a corrientes más rápidas, lo que forma una grieta concreta en el hielo y posibilita la pesca. Más al sur de Canadá, un guía del pueblo cree llamado Noah, de los lagos Kawartha cerca de la frontera con Estados Unidos, era capaz de garantizar una buena pesca para sus clientes. Contaba con una fuerza que lo guiaba a la que denominaba el Gran Espíritu, y aquellos que usaban sus servicios estaban convencidos de que percibía cosas que ellos no podían. Un testigo de sus habilidades escribió después: «Esos grandes peces no hablaban, pero sus acciones y el tipo de interacción contenía mensajes e instrucciones para aquellos que pudieran interpretarlas [...]. Su presencia prácticamente garantizaba el éxito para todos; no había duda de que Noah "sabía"». Resulta interesante que lo más cerca que estuvo este pescador de caña de reproducir las habilidades del guía cri fue siguiendo tablas que mostraban las fases de la luna.

Sabemos que los animales que se han escondido reaparecerán en algún momento y que será el desencadenante de su huida lo que determinará el lapso. Pero la biología coloca en algunos lugares un reloj más insistente; los inuit saben que una foca que se ha sumergido debe volver a salir a la superficie en un periodo de cinco minutos. Y más allá de nuestros sentidos, se producen cambios regulares en ciclos rápidos y lentos; las ballenas jorobadas cambian su canción cada cinco años.

En algunas comunidades, las capas de tiempo se unen para crear un momento determinado. Los Ávila Runa del Ecuador amazónico saben que las hormigas voladoras cortadoras de hojas alzan el vuelo alrededor de agosto, pero necesitan predecir el momento preciso en que esto ocurrirá, pues estos insectos son una fuente de alimento importante. El día crucial sigue a un periodo de tormentas cuando el clima seco regresa. Y la hora exacta en la que volarán es siempre justo antes del amanecer (¡a las cinco y diez de la madrugada según un investigador!). Sabemos que el alba y el crepúsculo son horas de ferviente actividad para los animales, así que una táctica que emplean las presas para despistar a los depredadores es salir en grandes números justo antes del alba. Esto tiene también la ventaja añadida de que así evitan a la mayoría de depredadores nocturnos, como los murciélagos. Al sintonizarse con la estación, el clima y estudiar la actividad en el hormiguero, buscando hormigas guardianas despejando los agujeros, los habitantes del lugar pueden precisar el momento exacto en que las hormigas echarán a volar.

Volvamos a la moscatelina. Su apodo en inglés, «*town hall clock*» ['reloj del ayuntamiento'], parecería apropiado, pero en realidad hace referencia a su forma. Es cierto que marca el tiempo cuando florece a principios de la primavera y señala el anochecer emitiendo un aroma a almizcle. Si la planta está magullada por el paso de un animal, pierde su aroma. Percibimos el paso del tiempo en el aroma de la flor y el paso de un animal en la desaparición de su aroma, de la misma manera que percibimos ambos en la bosta que ha perdido su brillo.

La manera en que la naturaleza marca el tiempo es de una riqueza abrumadora, pero, como siempre, podemos simplificar las cosas observando parejas. Vemos que los conejos están especialmente activos cuando la hierba de Santiago, que evitan a toda costa, florece entre la hierba recortada. Aprendemos a esperar el florecimiento cuando vemos a Tauro adelantarse a la salida del sol. La forma en el cielo antelucano y el color amarillo nos dan una idea de los animales que están a punto de presentarse ante nosotros.

Quinta parte

Un mundo de señales: ahondar en la superficie

Nombres que cobran vida

La *Cardamine pratensis* —para referirnos a la cardamina o el berro de los prados con su nombre formal— es una de mis plantas preferidas, porque, personalmente, me recuerda la manera en que podemos aprender a volver a ver la naturaleza. Durante años, me acostumbré a ver esta bonita flor rosa pálido en los prados húmedos cerca del río Arun, pero rara vez la encontraba en ninguna otra parte. Pronto aprendí a llamarla cardamina, pero cada invierno tendía a olvidar este nombre, junto con una generosa selección de espectáculos estacionales esporádicos.

Entonces, una primavera hace muchos años, vi la flor e, instantáneamente, pensé en el río. En ese momento, fui incapaz de recordar el nombre de la flor, y no era la primera vez. Después de hojear la guía, lo recordé y aprendí algo nuevo: que *pratensis* significa «prado». No obstante, en el fondo ya sabía lo que la planta me decía: cuando la encontraba, me estaba aproximando a un prado húmedo y a un río. Es la planta o el animal lo que contiene la señal, no las palabras que les asociamos.

Cuando Alexander von Humboldt viajó hasta la región del Orinoco, en Sudamérica, quedó profundamente impresionado por la habilidad de los indígenas para encontrar su camino a través de la densa jungla y de identificar las plantas que encontraban. Von Humboldt declaró que identificaban árboles solo con probar la corteza. Cuando el naturalista prusiano lo intentó, fracasó: le pareció que las muestras de los quince árboles tenían el mismo sabor. Tal vez, a primera vista, no haya

275

mucho que relacione estas dos observaciones (cómo los nativos encontraban el camino y reconocer especies), pero la conexión es fundamental.

A veces, los académicos usan el número de plantas salvajes y animales que somos capaces de identificar como una manera de estimar nuestros conocimientos de la naturaleza; es posible que aquellos que buscan una manera de reconectar con ella sientan, por desgracia, que tiene que ver en gran parte con la identificación. Esto es probablemente un vestigio de la era de la historia natural en la que el método se basaba en «romper, coger y clasificar». Sin embargo, creer que el objetivo es la identificación es un error.

La identificación solo constituye la mitad del reto y nunca representa en sí misma sabiduría ni conocimiento. Ser capaz de citar nombres tiene poco valor, o ninguno, si estos no nos llevan a ninguna parte. La creencia moderna es que el hábitat puede ayudarnos a identificar una especie, pero la antigua nos dice lo contrario: antaño, la identificación tenía poco valor si no era un indicio de peligro, uso o hábitat.

En los años cincuenta, el antropólogo británico-estadounidense Colin Turnbull vivió durante tres años con un grupo aislado de pigmeos en una región que ahora es parte de la República Democrática del Congo. Durante el tiempo que pasó en las profundidades del bosque, observó en detalle cómo los pigmeos se relacionaban entre ellos y con su entorno. En su clásico *La gente de la selva,* no solo entrevemos el estilo de vida de esas personas, sino también un reflejo del nuestro. Y, sobre todo, esta obra nos ofrece una pista del puente que tenemos que cruzar para recuperar parte de nuestra sabiduría perdida.

Cuando una niña de un pueblo cercano llamada Amina se internó en el bosque para quedarse con los pigmeos, se hizo evidente que no duraría mucho en ese entorno. «Ni siquiera sabía […] qué lianas seguir para encontrar las exquisiteces escondidas en el suelo, junto a las raíces. Pertenecía a otro mundo».[1] Aunque Amina vivía cerca de los pigmeos, había perdido la habilidad de reconocer plantas y lo que estas indican. Para los pigmeos, esto creaba un gran abismo entre ella y su estilo de vida.

Encontramos actitudes similares en diversas comunidades indígenas. En el Amazonas, los más sabios reciben el nombre de «vegetalistas»,[2] aquellos que poseen el mayor conocimiento de las plantas que habitan en los alrededores de sus comunidades. Entre los beduinos, a alguien de escasa utilidad se le dice que es «más inútil que el tamarisco»,[3] un insulto que solo se usaría en una comunidad donde el conocimiento sobre las plantas está extendido, porque nuestra relación práctica con esta planta se ha marchitado. El tamarisco se quema rápidamente hasta convertirse en cenizas, por lo que no tiene valor para los beduinos como combustible. El propósito de la identificación es desbloquear el significado y el valor de las plantas y los animales. Pero ¿cómo volvemos a aprender algo así?

Si pasamos tiempo en la naturaleza, aprenderemos a identificar un número creciente de plantas y animales. Hemos evolucionado y nacido para ello; todos nuestros ancestros lo hacían. Esta habilidad comienza en la niñez, cuando reconocemos algunas formas y colores familiares; después de detectar las cosas que pueden hacernos daño (avispas, ortigas y zarzas), aprendemos las formas o los colores más distintivos, identificamos los lóbulos de una hoja de roble, la magnífica forma de un cisne o la cúpula de color rojo brillante salpicada de blanco del hongo matamoscas. Cuanto más tiempo pasamos en la naturaleza, más crece nuestra colección.

A menudo veo carboneros garrapinos, herrerillos comunes y carboneros comunes. Existen diferencias de tamaño y color que hacen que sea bastante sencillo diferenciarlos, pero no deberíamos esperar ser capaces de hacerlo la primera vez que nos topemos con ellos. Lo más habitual es que interioricemos ciertas características concretas: el carbonero común es mayor que el garrapino y tiene una línea negra vertical que le recorre el pecho. El herrerillo común tiene un sombrero azul, y una línea negra le atraviesa el ojo. Podemos aprender y recordar estas diferencias cuando estudiemos a estos pájaros. Si las aplicamos unas cuantas veces durante unas semanas, nuestro cerebro tomará el mando y creará el atajo.

Si mantenemos el interés, aprenderemos a identificar algunas cosas sin ser siempre capaces de articular cómo lo hemos hecho. Cada pájaro tiene su propia forma y color, pero también sus hábitos y patrones de vuelo característicos. Y aquí es donde la cosa se vuelve más interesante a nivel psicológico. Podemos aprender rápidamente a identificar un animal o planta en categorías generales, sin ser capaces de precisar la especie ni el nombre. No podemos confundir el descenso en picado de un halcón con el vuelo de una paloma de tamaño similar, ni siquiera cuando lo vemos por el rabillo del ojo.

Es esta simple habilidad, al alcance de todos nosotros, lo que irónicamente hace que algunas personas sientan que han nacido sin ella; ven a otros usar la identificación rápida, pero no saben cómo han llegado hasta ahí. Aquellos que se han criado en zonas rurales sin duda recordarán a sus padres o abuelos señalando estas cosas; los últimos vestigios de importantes ritos de pasaje en comunidades indígenas más salvajes. El tiempo que antes se dedicaba a diferenciar entre raíces comestibles y venenosas en el bosque ahora se invierte en advertir sobre los peligros de la comunicación con desconocidos en internet.

La habilidad para identificar pájaros sin comprender cómo lo hacemos tiene incluso su propio nombre en inglés: se le llama conocer el *«jizz»* de un pájaro. Tal vez sea una corrupción de GISS, *General Impression, Size and Shape* ['impresión general, tamaño y forma']; la etimología de la palabra es incierta, pero su significado está claro y es útil para nuestros propósitos. Si conocemos la apariencia general, el comportamiento y los hábitos de un pájaro, entonces conocemos su *«jizz»*, lo cual nos permite identificar a un pájaro con rapidez, sin recurrir de manera consciente a nuestra base de datos. Nos ofrece una buena percepción de la diferencia entre el pensamiento rápido y lento en la naturaleza.

Una vez me encontraba entre juncales en la reserva natural de la Real Sociedad para la Protección de las Aves en Ham Wall (Somerset). Formaba parte de un grupo que estaba allí para retransmitir el coro del alba, explicarlo y profundizar sobre él. Era un trabajo extraño que lo parecía todavía más cuando empezó a notarse la falta de sueño. Alrededor de las cuatro de la madrugada, después de que me entrevistara la estrella del pop Will Young, interrogué al guardabosques de la zona, Steve Hughes, fuera de antena. Disfrutamos escuchando a los carriceros comunes, las fochas y a los increíblemente estruendosos avetoros. Al oír un sonido débil y nuevo en la más absoluta oscuridad, Steve explicó algo intrigante: «Me impresionó mucho la primera vez que intenté identificar sonidos de pájaros en la oscuridad. Fue mucho más difícil de lo que esperaba. No entendía por qué era tan complicado hasta que comprendí que es mucho más fácil identificar a un pájaro si ves la zona de la que viene el sonido, *aunque no veas al pájaro*. El microhábitat nos indica quién es el posible sospechoso y, entonces, el pájaro responsable se vuelve evidente mucho más rápido que cuando no vemos sus alrededores. Nuestros ojos captan multitud de pistas subliminales que hacen que sea más fácil identificar a los pájaros por sus cantos, aunque creamos que los distinguimos solo por el sonido que emiten».

El pensamiento rápido analiza el contexto de forma automática como parte de un patrón.

Nuestra colección de señales reveladoras crece al tiempo que refleja nuestros intereses y entorno. Aquellos que viven cerca de bosques caducos aprenden que las hayas tienen unos brotes característicos con forma de torpedo. Los fresnos tienen ramas que se curvan hacia arriba en los extremos de una manera distintiva. Los cerezos silvestres tienen una corteza marrón-rojiza característica, con «rayas» horizontales (o «lenticelas», poros abiertos que permiten el intercambio de gases).

También aprendemos trucos para detectar grupos más amplios: por lo general, las polillas tienen antenas emplumadas, mientras que las mariposas no; los ciempiés tienen un par de patas por segmento, los milpiés tienen dos.[4] Y aprendemos a reconocer también el sexo de los animales. Para los guardabosques, es importante conocer el sexo de todos los ciervos que ven. Saben que una hembra de corzo puede identificarse fácilmente, incluso cuando no es más que una silueta en la luz difusa, por su «escudo anal», una zona de pelo que cuelga de su trasero y que a veces se confunde con una cola.[5] Por otra parte, las bayas indican que una planta de acebo es hembra.

Los patrones de identificación van más allá de lo visual. El almizcle acre de los excrementos de zorro viaja lejos en la brisa y hay patrones que nos ayudan mediante sus sonidos, como los cantos de los pájaros. Los tordos cantores tienen una amplia variedad de canciones, que suelen repetir dos veces antes de cambiar de tema.

Una vez conocemos las señales delatoras, distinguimos las diferentes especies prácticamente al instante; caminar por el bosque se convierte en una experiencia llena de identificaciones automáticas mientras nos encontramos con viejos amigos. El siguiente paso es apreciar que cada especie tiene un significado, y este es el punto donde las señales empiezan a unirse en nuestros recuerdos. Por ejemplo, las hayas denotan la existencia de un terreno seco, con lo que el brote en forma de torpedo y el suelo seco quedan enlazados.

Para simplificar las cosas, el objetivo es:

1. Aprender a reconocer las cosas que vemos en la naturaleza, con o sin nombre.
2. Recordar que cada una es una señal y aprender qué es esa señal. Si un nombre ayuda, entonces tiene un propósito. De lo contrario, es prescindible.
3. Practicar y establecer la asociación hasta que se vuelve automática.

¿Cómo se traduce esto en la práctica?

Es poco probable que confundamos árboles caducifolios con coníferas, pero refinar nuestra habilidad para reconocer un árbol y recordar su significado nos da la señal. A diferencia de muchas otras coníferas, los pinos pierden las ramas bajas y pueden identificarse desde la distancia por la forma que esto crea. A mis ojos, el hábito de los pinos de quedarse con las ramas superiores les da una apariencia similar a como si estuvieran estirando los brazos. Los pinos necesitan mucha luz, así que son más comunes en la cara sur de los bosques que en la norte. La forma de los árboles que vemos y el aspecto de un bosque en la distancia están conectados de una manera que puede, con la práctica, convertirse en un patrón familiar. Vemos cómo el sur estira los brazos hacia nosotros.

La mariposa C-blanca es reconocible por su contorno dentado distintivo. Su hábitat preferido son los márgenes de los bosques. Al principio, puede costarnos recordar este tipo de detalles, pero las asociaciones ayudan. Pasé un tiempo recordando que los márgenes de los bosques a menudo son contornos dentados, y eso ayudó a que mi mente retuviera la asociación hasta que el pensamiento rápido de mi cerebro la adoptó por mí. Ahora veo el margen dentado de un bosque en el contorno de la mariposa, a veces incluso antes de que recuerde su nombre.

Algunas de las mejores plantas con las que amistarse al principio son aquellas que identificamos al instante y que contienen una señal simple y fiable. Los helechos son una colección de plantas interesante, sin semillas ni flores, pero la mayoría llevan el mismo mensaje: humedad. Existen al menos diez mil helechos conocidos, pero reconocemos a los miembros de la familia por sus frondas familiares; es más probable que nos encontremos aquellos que prosperan en zonas húmedas. La humedad denota sombra y la sombra puede indicar una orientación septentrional. Pronto, en vez de correr a identificar el nombre de la especie, identificaremos el ejemplar y su señal. Percibiremos el norte en el patrón de las frondas de un helecho aunque no sepamos su nombre.

Tres luminarias

Los glu, un pueblo de cazadores-recolectores de Sudáfrica,perciben el agua en la distancia observando los patrones de vuelo de los pájaros y pueden averiguar dónde encontrar mamíferos mediante la observación de las garzas boyeras y los picabueyes.[1] Saben que los animales en su entorno tienen comportamientos típicos: costumbres físicas que llaman *kxodzi,* y lenguaje, *kxwisa.* Cuando cazan, los glu identifican dieciocho categorías de comportamiento en los animales que observan.

La agricultura llevó a la especialización del conocimiento, y esa sabiduría quedó concentrada en menos gente. El cazador-recolector tradicional habría sido capaz de identificar más plantas y animales que aquellos que viven en una sociedad agrícola. Pero los granjeros pueden producir más comida con un número inferior de cultivos en un área más pequeña que la que cubrían los cazadores-recolectores. No es cuestión de qué es mejor o peor: subraya cómo la sabiduría natural se convirtió en algo más restringido. Luego, ya que la tecnología que acompañó a la revolución industrial permitió que la habilidad de unos pocos —los granjeros— se volviera todavía más productiva, la ignorancia sobre el entorno exterior y la manera de relacionarnos con este floreció en la mayoría.

Las buenas noticias son que la ciencia alimentó un problema, pero también ofreció una solución que se ha ido desarrollando desde tiempos antiguos y a mayor velocidad durante los últimos quinientos años. En el siglo IV a. C., Aristóteles estudió a los animales y su comportamiento y escribió sus observaciones. Quizá esto no suene espectacular, pero al observar el sentido de su avance durante los últimos milenios, vemos su importancia.

La sabiduría natural se transmitía por tradición oral. Después de la revolución agrícola que tuvo lugar hace unos diez mil años, la sabiduría natural quedó reducida a un grupo de personas peligrosamente pequeño, y el único hilo para transmitirla a las generaciones futuras era el acervo popular. Y esto sucedió justo cuando esa sabiduría rural perdía importancia en la cultura; las historias sobre raíces salvajes y roedores despiertan poco interés cuando estás seguro de que no vas a morir de hambre. Durante miles de años, la sabiduría ha quedado en manos de un número de personas cada vez más reducido, una tendencia que ha continuado casi sin cambios hasta el pequeño renacimiento de las últimas décadas. Las historias tienen su lugar, como veremos, pero son menos vulnerables al paso del tiempo cuando la sabiduría que contienen también se recoge por escrito.

El acercamiento científico y académico de Aristóteles ha configurado el baluarte contra la incierta transmisión de conocimiento de la tradición oral. Una vez está escrito, las futuras generaciones tienen una oportunidad de volver a interesarse por ello. Aunque nadie se haya interesado por un área de conocimiento durante siglos, el saber sigue ahí, congelado en el tiempo en la página, salvo cuando se producen incendios en bibliotecas antiguas y otras calamidades.

Aristóteles probó el método, pero el comienzo fue lento. Algunos de sus descendientes clásicos, autores romanos como Catón el Viejo, codificaron sus conocimientos sobre los métodos de relación con el exterior, pero añadieron un poco de su propia experiencia. Y se centraron en la agricultura en vez de en asuntos más salvajes, lo cual, tal vez, sea comprensible. Luego, a principios del siglo XVII, se produjo un gran salto adelante.

En 1623, Charles Butler, apicultor, estudió el comportamiento de sus abejas y escribió una obra trascendental, *The Feminine Monarchie or the Historie of the Bees* ['La monarquía femenina o la historia de las abejas'], que, hasta el día de hoy, siguen leyendo los apicultores más entusiastas. Butler colocó a la abeja reina en el trono e hizo muchas otras observaciones pioneras, a pesar de introducir unos cuantos errores que pueden pasarse por alto; pero lo que realmente distingue su trabajo son su motivación y su método. Butler registró sus observaciones del comportamiento social de un animal de una manera sistemática para que otros pudieran consultar y diseminar su conocimiento. Por primera vez, alguien de otro lugar, de otra era, alguien que nunca hubiera conocido a Butler o que, tal vez, ni siquiera hubiese visto una colmena, podría aprender muchísimo sobre las abejas. Y allí adonde fueron Butler y sus abejas, los han seguido miles de observadores y sus especies. Butler mostró el camino a los Darwin menores de este mundo, y el amante de la naturaleza moderno que desea volver a aprender habilidades excepcionales está en deuda con todos ellos. No solo podemos extraer inspiración y conocimiento de las comunidades indígenas, sino también del campo académico en constante crecimiento del estudio de la naturaleza, y de los pioneros dentro de este.

Yo mismo me he beneficiado de tal sabiduría en cientos de ocasiones y a menudo he conseguido, gracias a ella, comprender más rápido patrones y asociaciones que había advertido. Ayer mismo fui capaz de confirmar que la ortiga muerta amarilla, que había visto en las laderas húmedas septentrionales del bosque calizo de mi zona, ha sido objeto de diversos estudios y que se ha descubierto que prefiere el suelo alcalino, una humedad elevada y niveles lumínicos bajos. El trabajo de aquellos que nos han precedido convirtió una sospecha en realidad y agilizó mi noción intuitiva de lugar y dirección derivada de esta planta.

La sabiduría indígena y la investigación científica son nuestras dos primeras luminarias, que nos ayudan a reavivar estas habilidades más rápidamente. La tercera se encuentra más cerca de casa: los animales domésticos. Si tienes mascotas, estarás familiarizado con las señales que tus animales emplean para expresar inquietud, hambre, irritación o enfado. Pero nos acercamos un paso más a lo salvaje con animales a los que se les da más espacio, como los caballos.

Al igual que la mayoría de animales, los caballos exhiben algunas señales que podemos leer aunque no tengamos mucha experiencia y otras que, al principio, son menos intuitivas. Si vemos a un caballo con la cabeza baja, el labio inferior colgante y la cadera caída, quizá percibamos de inmediato que está dormido. Sin embargo, si un caballo levanta la cabeza, muestra los dientes y pone una cara extraña, algo entre una sonrisita y una mueca, estamos presenciando la «respuesta de Flehmen».[2] Esta peculiar contorsión toma su nombre de la palabra alemana para mostrar los dientes superiores y ayuda al animal a agudizar el olfato y permitir que los olores alcancen las fosas nasales sensibles. A aquellos poco experimentados tal vez les parezca una señal de enfado, irritación o malestar, pero lo cierto es que indica que el caballo ha captado un olor intrigante, tal vez heces, orina o el aroma de una posible pareja.

Para los amantes de los caballos, las orejas y la cabeza son indicadores que revelan su atención y estado de ánimo.[3] Si el caballo lleva las orejas hacia delante, está prestando atención de manera positiva a algo que tiene enfrente; si las lleva atrás, el caballo está centrado en algo a sus espaldas, pero es bastante probable que le produzca ansiedad. Si las orejas están recogidas hacia atrás, el caballo está enfadado y debemos tener cuidado ya que puede morder o cocear. Si las orejas sobresalen hacia los costados es señal de que el caballo está relajado, dormido o distraído: no está atento a lo que lo rodea y puede asustarse si hay alguna sorpresa cerca. Un caballo cabizbajo está relajado y uno con la cabeza levantada está atento a algo en la distancia. Si solo tiene la cabeza ligeramente bajada y se mueve de un lado a otro, el caballo está inquieto y combativo.

A medida que aprendamos a reconocer y, luego, a familiarizarnos con estas señales, disfrutaremos cuando nuestro cerebro tome un atajo útil. Lo que empieza como algo lento («Oh, el caballo está cabizbajo y las orejas sobresalen hacia los costados, así que está relajado») pronto se convertirá en la noción de un caballo relajado. Este es nuestro puente, y uno de los objetivos principales de observar animales domesticados es probarnos a nosotros mismos que el método funciona.

Al principio, querremos simplificar las cosas lo máximo posible, pero es importante recordar que ninguna señal animal se advierte de manera aislada: forman parte de su entorno. Adam Shereston es un especialista equino que entrena a caballos comunicándose con ellos;[4] mucha gente lo llama «susurrar a los caballos». Cuando nos conocimos, me dijo que adapta su trabajo a las horas del día. Los caballos, como todas las presas, deben estar más pendientes de los posibles depredadores al amanecer y durante el crepúsculo, cuando sus biorritmos los hacen estar más alerta, sensibles y receptivos. Adam me explicó: «Si tengo un caballo que está "perdiendo facultades", es decir, que ha empezado a perder su sensibilidad debido a la sobredomesticación de la vida en el establo, trato de trabajar con él al alba y durante el ocaso. Es entonces cuando conseguiré una respuesta mejor y más natural. Pero si tengo un caballo que se ha asustado y se ha vuelto nervioso y demasiado huidizo, entonces el mediodía es el mejor momento, pues el caballo estará naturalmente más calmado a esa hora».

Los caballos son sensibles a la dirección del viento, y Adam prefiere que cualquier equino nervioso tenga el viento de espaldas, lo que hará que esté más tranquilo. Incluso las presas con gran visión periférica, como los caballos, tienen puntos ciegos justo a sus espaldas, y oler lo que tienen detrás hace que estén menos nerviosos. Los vientos altos inquietan a los caballos; Adam cree que esto se debe a que hacen que la hierba se doble, de manera que a los caballos les resulta más difícil detectar cualquier movimiento animal.

El espacio físico también es muy importante. Los caballos son animales huidizos: optarán por salir corriendo de una situación inquietante en vez de enfrentarse a ella. Si están confinados y la huida resulta imposible, los animales huidizos lucharán; los caballos cocearán, morderán y utilizarán las patas delanteras. Adam ha hecho volver en sí a innumerables caballos difíciles a lo largo de los años y ninguno lo ha herido jamás.

Al hablar con él, también me sorprendió la importancia que otorga a su propio estado mental. El entrenamiento es cosa de dos. Se llevó los dedos a las sienes y dijo: «Tengo que alejarme de esto». No quiere que su análisis de un animal se vea enturbiado por pensamientos condicionados o nociones preconcebidas. Y está convencido de que nuestro estado emocional juega un papel principal en la respuesta de cualquier animal. Ha experimentado incluso con avisperos y observado que una mente tranquila lo protege de las picaduras incluso cuando los ocupantes le trepan por la cara. «Si estamos enfadados o tensos, en ese momento adoptamos un estado de lucha defensiva. La avispa lo percibirá, se sentirá amenazada y, probablemente, nos picará. Si permanecemos quietos, relajados y en un estado de paz interior, la avispa no tiene nada de que huir o contra lo que luchar y defenderse. Lo mismo se aplica a los caballos».

Adam emplea algunos términos con los que aún no tengo claro cómo trabajar; animales que «vibran en la misma frecuencia» y «campos de energía», por ejemplo. Pero estamos unidos en la creencia de que, en otra época, todos fuimos capaces de leer el comportamiento animal de manera intuitiva y que es algo que podemos reavivar. Durante las primeras etapas, mi método es ligeramente más mecánico que el de Adam, pero creo que percibimos muchas de las mismas cosas y tratamos de llegar al mismo lugar.

Los lobos y los perros nos dan una buena idea de las diferencias que existen entre un comportamiento salvaje y uno domesticado. Los perros miran a los humanos directamente a los ojos; los lobos, no. Los perros «señalan» con el cuerpo para dar direcciones a los humanos; los lobos, no. Y los perros son sensibles a los humanos que «señalan», a los gestos humanos y el lenguaje corporal que indica dirección; los lobos, no. La principal diferencia, no obstante, está en la manera en que un perro busca activamente compañía y atención del humano; los lobos no lo hacen. Un abismo separa a ambas especies a nivel emocional: los lobeznos y los cachorros criados por humanos ordenarán sus afectos de maneras muy distintas. Si se les permite escoger entre un perro adulto y un humano, el cachorro de perro escogerá al humano, mientras que el lobezno, al perro.

Algunos comportamientos difieren cuando dirigimos nuestra atención a un entorno más salvaje, pero el método no: todo se reduce a la observación de patrones. Observar que las torcaces tienen la costumbre de volar hacia arriba abruptamente, agitando las alas, y que luego desciende de la misma manera (el vuelo de exhibición del macho) nos permite percibir el territorio de un pájaro. Pero es también una introducción a una parte importante de la percepción: la predicción. Familiarizarnos con patrones de comportamiento significa que la primera parte de una coreografía revela la siguiente. Aprendemos que el vuelo abrupto hacia arriba de una torcaz significa que va a descender súbitamente: el primer comportamiento es una señal que ofrece una noción instantánea de lo que vendrá a continuación. Podemos observar cómo cada pájaro, y, de hecho, cada animal, muestra este tipo de comportamientos secuenciales. Los córvidos y los mirlos tienen diferentes maneras de volar sobre los setos: los córvidos van hacia arriba y luego hacia abajo, mientras que los mirlos toman una ruta más baja y plana. Al observar a estos pájaros acercarse al seto percibiremos lo que pasará a continuación. Las perdices se esconden detrás de los setos y desaparecen, dando la impresión de que han aterrizado en el lugar en el que han desaparecido, pero antes de aterrizar tienen la costumbre de hacer un giro súbito y continuar su vuelo sin que nadie las vea.[5] Si nos acercamos con sigilo hasta el seto y espiamos por encima o por el lado, el pájaro ya habrá desaparecido, pero una vez conocemos este patrón no esperaremos verlo donde otros sí. Tenemos una noción de los movimientos del animal, incluso cuando no lo vemos.

Algunos animales ceden antes que otros, pero, al final, todos se rinden. Los leones son mucho más fáciles de leer que los tigres o los leopardos, pero ningún animal es un enigma.[6] Y tenemos una gran ventaja respecto a las tribus indígenas y nuestros ancestros: gracias a Aristóteles, Butler, Darwin y compañía, podemos tomar prestado el conocimiento de aquellos que han pasado largos años estudiando a una especie. Si la tarea es un desafío, podemos tomar distancia y recordar que las tres luminarias están aquí para apoyarnos. Los cazadores-recolectores nos inspiran, los eruditos aumentan nuestro conocimiento y los animales más cerca de casa nos recuerdan que todavía podemos hacerlo.

Una noble persecución

Los !Xo, otro pueblo africano de cazadores-recolectores, conocen la red de comunicaciones entre los animales y su lugar
en esta red.[1] Si un antílope herido escapa durante una cacería,
entonces el turdoide enmascarado, un pájaro cantor gris y marrón, guiará a la tribu al lugar donde ha muerto el animal. Pero
la información fluye en ambos sentidos: mientras los cazadores
tratan de escabullirse hacia su presa, los pajarillos posados en
los árboles hacen ruidos que destapan el pastel. Advierten a los
antílopes de la presencia de los cazadores y los !Xo sienten que
los pájaros se ríen de ellos.

Todos éramos cazadores-recolectores hasta hace unos doce mil
años, cuando empezamos a asentarnos. Las mujeres tenían
un papel esencial en la búsqueda de comida, y los niños se
incorporaban al redil con juegos. La domesticación de plantas y animales llevó a un cambio revolucionario en el estilo
de vida. Hasta entonces, predominaba la recolección, lo que
ahora llamaríamos búsqueda de alimento, pero ambas habilidades fueron esenciales para nuestra supervivencia como especie. Buscar comida requiere conocimiento, pero cazar requiere
conocimiento y una gran habilidad; cazar en una era de escasa
tecnología implicaba dominar la habilidad y ser más listo que
otra criatura. No obstante, la recolección y la caza comparten
algo vital: ambas requieren la habilidad de reconocer patrones.
   En términos genéticos, todavía somos cazadores-recolectores. No se ha producido ningún cambio significativo en nues-

tros genes, solo en nuestro estilo de vida. Esto resulta alentador, pues significa que nuestra única desventaja, en comparación con nuestros ancestros, es cultural. Vemos el choque cultural existente entre el estilo de vida occidental contemporáneo y el de nuestros antepasados en la obesidad. Es difícil engordar si recolectas comida; ¿cuántos rumiantes obesos has visto?

Un patrón de alimentación más típico para nuestros ancestros habrían sido días de escasez recolectora, de vez en cuando hambre de verdad, que superaban gracias al rico suplemento energético de una cacería exitosa. Si durante varios días obtenemos menos energía de la que necesitamos de frutos secos, bayas y hojas, tiene mucho sentido atiborrarse de carne grasa cuando se presenta la oportunidad. Tiene menos sentido engullir un filete el sábado después de una semana comiendo pasta a diario. Pero a veces sentimos el ansia de hacerlo, y si nos sentimos culpables después, podemos recordarnos que lo hemos hecho porque somos cazadores-recolectores.

Uno de los pequeños engaños de la humanidad es asociar el progreso tecnológico con la sabiduría. Esta es una ley de la sofisticación inventada; cuanto más eficientes son las herramientas, más civilizados somos y mejor es nuestro estilo de vida, o eso dice la teoría. En el siglo XVII, el filósofo político Thomas Hobbes describió la naturaleza célebremente como «solitaria, pobre, desagradable, brutal y corta».[2] El sentimiento no cambió demasiado en los siguientes cien años, cuando los cazadores-recolectores del pasado y el presente eran representados como salvajes desnudos y peludos. Más recientemente, los beduinos miraban por encima del hombro a los cazadores solubba del norte de Arabia, a quienes apenas consideraban humanos, al tiempo que temían por sus habilidades místicas en el desierto.[3]

El consenso actual es condescendiente de diferentes maneras. Según este punto de vista, las sociedades de cazadores-recolectores siempre han tenido grandes conocimientos que a día de hoy son irrelevantes (sobre el comportamiento de animales y plantas), pero pagaban un alto precio por ello en términos de adversidad. Sin embargo, investigaciones recientes sugieren que las cosas no son tan simples. El historiador israelí Yuval Noah Harari señala que los cazadores-recolectores contemporáneos del Kalahari trabajan diez horas menos a la semana que nosotros y que estas sociedades existen hoy en día solo en entornos excepcionalmente adversos porque se han visto desplazadas de regiones más prósperas y productivas. Es probable que este estilo de vida en zonas menos estériles permitiera tener todavía más tiempo libre.[4]

En resumen, los agricultores y granjeros trabajaban más duro y durante más tiempo que los recolectores, y su recompensa eran dietas menos interesantes y variadas.[5] Harari presenta la noción radical de que, lejos de traernos más tiempo libre, las revoluciones agrícola e industrial prácticamente lo han destruido. Otros académicos han ido más allá y aseguran que los cazadores-recolectores son «las personas más ociosas del mundo».[6] Antes de esas revoluciones, la mortalidad infantil era mayor, pero no había accidentes de tráfico. También había menos tareas doméstica; no puedes lavar, planchar o aspirar cosas que no existen. O, en palabras de Bruce Chatwin, «la Edad de Oro terminó cuando los hombres dejaron de cazar, se instalaron en viviendas fijas y adoptaron una rutina cotidiana».[7]

Aunque esta teoría sobre el estilo de vida y el ocio es intrigante, no es el motivo principal de nuestro interés por la caza; debemos entender cómo puede ayudarnos a desarrollar un conocimiento más profundo sobre el comportamiento animal. Para hacer esto, necesitamos dejar de lado otra percepción errónea sobre la caza: que es un deporte de violencia gratuita al que solo se entregan los sádicos amantes de las armas. No soy aficionado a disparar a animales indefensos como entretenimiento, pero entiendo el origen del amor por la caza, y es una parte preciosa de nuestra historia compartida que, en los últimos tiempos, ha quedado eclipsada.

Nuestra relación con la caza ha sufrido fluctuaciones culturales, pero somos testigos del abismo existente entre la necesidad histórica y el ocio contemporáneo de los acaudalados en las palabras del vigésimo sexto presidente de los Estados Unidos, Theodore Roosevelt:

> A diferencia de los griegos, y de aquellos poderosos cazadores de antaño, los asirios, a los romanos les importaba poco la persecución; pero los bárbaros de piel pálida, cabellos claros y ojos azules, que de las ruinas del Imperio romano esculpieron los Estados de los que surgió la Europa moderna, eran unos apasionados devotos de la caza. Todo tipo de juegos llenaban por aquel entonces los fríos y húmedos bosques que cubrían una enorme porción de Europa. Los reyes y nobles, y los hombres libres en general, de las regiones que ahora conforman Francia y Alemania, perseguían no solo al lobo, al jabalí y al venado (este último, la presa favorita del cazador de la Edad Media), sino también al oso, al bisonte (que todavía sobrevive en el Cáucaso y en una reserva lituana del zar), y al uro, el enorme buey salvaje (el uro del césar) que ha desaparecido ya de la faz de la Tierra.[8]

La caza se convirtió en el dominio de los ricos y contribuyó enormemente a la desaparición de los mamíferos mayores. Es fácil entender por qué la caza repugnaba a muchos de los amantes de la naturaleza o de los defensores del igualitarismo. Sin embargo, este pasatiempo no debería confundirse con el acto de cazar para sobrevivir, una actividad en la que todos nuestros ancestros participaban y que requería una comprensión superior del entorno. Podemos aprender mucho de aquellos que se las arreglaron tan bien con tan poco durante cincuenta mil años.[9]

Si un animal es más rápido y fuerte, está más en forma y dotado de sentidos más agudizados que nosotros, se deduce que debemos usar nuestra única ventaja, la inteligencia, con gran eficacia. Entrevemos este talento en las habilidades de los cazadores-recolectores de las sociedades actuales. Los cazadores saben que sus presas se alimentan de ciertas plantas a determinadas horas del día y que ciertos animales tienen hábitos de movimiento fiables. Los antílopes que se están alimentando se mueven de arbusto en arbusto, siguiendo un patrón en zigzag contra el viento, lo que significa que un cazador puede anticipar cada giro y seguir un rumbo más directo.[10] Los kutchin de América del Norte entienden a los alces de una manera que les permite cazar con sabiduría y elegancia mucho más allá de estos conocimientos básicos.

Imagina que acompañas a los kutchin en una cacería después de haber visto un alce.[11] Quizá los cazadores no hayan visto al animal durante un largo periodo de tiempo, pero continúan guiándote mientras siguen una serie de giros y movimientos aparentemente caóticos, a pesar de no ver al animal. Entonces, cuando estás desorientado, exhausto y convencido de que el alce no está por ninguna parte, de repente te señalarán al animal, tumbado ante ti, al alcance del arco y la flecha.

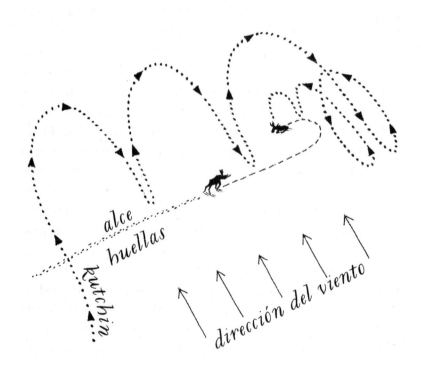

Podríamos asumir que se trata de una habilidad mística o un sexto sentido, pero si observamos la imagen anterior, veremos que no tiene nada que ver con eso. Está relacionado con un profundo conocimiento de los hábitos de un animal.

El alce es sensible a la dirección del viento y termina cualquier línea de pastoreo dando la vuelta sobre sí mismo a favor del viento antes de descansar. Esto maximiza sus posibilidades de captar el olor de cualquier depredador que pueda seguirlo. Es una táctica que burla a la mayoría de animales, pero no a los kutchin, que lo siguen en una serie de vueltas que los conducen al rastro del animal y de modo que quedan siempre del lado a favor del viento. Cuando trazan uno de estos lazos y pasan por el punto donde debería estar el rastro y no lo encuentran, los cazadores saben que su presa ha dado la vuelta y se ha colocado contra el viento; es el momento de cambiar de estrategia y girar en la otra dirección, antes de sorprender al alce descansando.

El cazador y la presa están atrapados en una perpetua escalada armamentística de la conciencia. Ninguna especie puede sobrevivir a menos que su conciencia de los hábitos de otros prevalezca cuando sea necesario. Esta sabiduría permite al cazador percibir qué ocurrirá a continuación; está relacionada con el reconocimiento de patrones de comportamiento. El cazador sin experiencia que hiere a un animal lo perseguirá como un loco, y hará que este se aleje a toda velocidad y que sea menos probable capturarlo. El cazador experimentado sabe que un animal herido escogerá tumbarse en algún lugar cercano si no lo persigue ningún depredador. Entonces, esperará el momento justo y caminará lentamente para encontrar al animal.

Para el cazador motivado por la necesidad de vivir de la tierra, ningún animal es un objeto aislado: es una pieza de la red de la naturaleza, de la que el cazador también forma parte. Cada planta y animal es una pista del paradero de otros, pero también parte de una imagen más completa. Los aborígenes aprendieron a cartografiar el agua investigando si cualquier animal cazado había bebido recientemente.[12] Los picabueyes de África pueden conducir a un cazador a su presa, pero solo si este ha desarrollado una conciencia especial de los elementos. Ver a los pájaros y caminar hacia ellos a favor del viento sería inútil, pero acercarse a los pájaros con el viento de cara revelaría una bestia dormida en el monte.

El cazador adquiere consciencia de su mundo en todas sus dimensiones. Si compartimos espacio con criaturas cuyo sentido del olfato es mil veces mejor que el nuestro, vale la pena saber que podemos entrar en un mundo paralelo trepando a un árbol y alejando nuestro olor de ellos. Vemos la encarnación más reciente de este concepto en las «sillas elevadas» desperdigadas en bosques con poblaciones controladas de ciervos o jabalís. El guardabosques usa una silla alta de madera, normalmente preconstruida y colocada contra un árbol, para esperar a que pase la presa.

Los sentidos se agudizan, el cazador mira, escucha y olfatea activamente, permanece en la sombra y usa la forma de la tierra para esconderse mientras se acerca. Cubre sus sonidos moviéndose cuando los árboles susurran o el viento arrastra las hojas por el suelo. Es consciente de que su forma y movimiento envían señales; raro es el cazador que balancea los brazos al caminar.

Al igual que los animales que caza, el cazador no piensa en el ayer o el mañana: es el momento lo que cuenta. Percibe los componentes, pero no divide el mundo en tales categorías. Los sonidos, la brisa, la luz y las siluetas parpadeantes son parte de ese paisaje en ese momento.

Al habernos alejado tanto de esta realidad, tal vez tengamos que unir de nuevo las piezas del rompecabezas de una en una. Veremos las juntas del puzle. Solo una vez lo hayamos hecho suficientes veces, veremos la imagen del cazador. Es una escena que une a la humanidad: compartimos con nuestros antepasados ese único objetivo y la lectura completa del paisaje. Trasciende barreras físicas y culturales. Inmerso en el momento, el cazador se comunica fácilmente en silencio mediante gestos con otros cazadores. Antes y después de la cacería, discuten el comportamiento de los animales durante horas. Avistamientos e historias se mezclan con mitos y sabiduría tradicional. Podemos llorar la pérdida de un gran mamífero, como hacen los verdaderos cazadores, pero el arte de la caza es maravilloso y digno de celebración.

Existe una diferencia entre cazar y matar.[13] La caza conoce mejor el fracaso que el éxito y puede ser un tedioso examen de paciencia que la mente moderna sobreestimulada quizá encuentre más difícil de superar que la antigua. Nuestros parientes más distantes también lo saben: se ha observado a chimpancés siguiendo sigilosamente a una presa durante más de una hora.[14] La paciencia es una virtud, y no es la única que el cazador siempre ha valorado. La literatura sobre cacerías de la Edad Media hace referencia al aborrecimiento de la ociosidad, la necesidad de ser aplicado, una mente tranquila e incluso la importancia de una buena noche de sueño reparador.[15] Es aquí donde la supervivencia y la aristocracia se convierten en los aliados más extraños. El cazador que caza para subsistir y la nobleza comparten el más absoluto respeto por las habilidades necesarias para comprender a una criatura y su entorno lo bastante bien como para perseguirla con éxito. (La etimología romana de la palabra «nobleza» es la clave: viene de la palabra latina *«Nobilis»*, que deriva del verbo *«nosco»* y del adjetivo *«notus»*, cuyo significado es 'conocer' y 'conocido', respectivamente. Cazar se relacionaba con un alto nivel de conocimiento y la práctica quedó asociada con el elevado rango de la aristocracia). Sin embargo, lo que resulta fascinante es el hecho de que sociedades con valores sociales y políticos opuestos, comunidades separadas por miles de kilómetros y años, reconozcan que la caza es una habilidad exclusiva que requiere los más altos estándares de aquellos que la practican. Podría discutirse que es una de las formas de arte más elevadas, por muy pasada de moda que esté hoy en día en determinados círculos. También nos lleva al extraordinario mundo de la venación.

Esta palabra proviene del latín *«venatio»*, que significaba 'caza', y comparte su origen con la palabra «venado». En la Edad Media se puso de moda usar los términos correctos para las diferentes señales de la caza, de donde surgen muchos sustantivos colectivos de animales en inglés, como *«an ostentation of peacocks»* ['un grupo de pavos reales'] y *«a murmuration of starlings»* ['una bandada de estorninos'].

Esto era una manera de mezclar conocimiento y exclusividad para crear un emblema lingüístico de pertenencia. Un cazador que no conociera la palabra correcta para denominar los excrementos de un venado, *«fumes»*, se traicionaba al demostrar que no pertenecía al club. Los términos de la venación nos permiten observar la riqueza del mundo de aquellos cazadores; no vemos literalmente a través de sus ojos, pero podemos hacerlo lingüísticamente. Algunas fuentes enumeran hasta veintisiete de estas señales, incluido el *«slot»*, el rastro de un ciervo; *«gait»*, el patrón de las huellas; *«fraying-post»*, un árbol contra el que un ciervo ha frotado su cornamenta; y *«entry»*, el lugar donde se refugia un ciervo.[16] Está claro que esas personas sentían pasión por leer su entorno.

Si el aroma a arrogancia y pretensión llega desde la Edad Media y todavía se atisba en algunas tradiciones de caza occidentales, en las comunidades indígenas encontramos un aire muy diferente. Al cazador medieval se le indicaba que debía ser «sensato en su discurso y con sus palabras, estar siempre contento de aprender y no ser jactancioso ni charlatán»,[17] es decir, debía ser sabio, aplicado y humilde. Sin embargo, en otros lugares encontramos pruebas convincentes de auténtica humildad entre cazadores.

A los bosquimanos san del norte del Kalahari se les educa para repudiar la arrogancia.[18] Cuando tienen éxito en una cacería, a veces fingen haber fracasado y dejan al animal en el margen de la aldea para que otros lo encuentren. Dentro del grupo, se espera humildad y respeto hacia el resto de miembros, pero también hacia el paisaje y la presa.

Entre las comunidades indígenas, existe la creencia generalizada de que el entorno es generoso y benevolente y debe ser considerado con gratitud, no agresión.[19] Los cazadores-recolectores no están impulsados por la sed de sangre. Esto es sentido común: si tu supervivencia depende de cazar ciertos animales, su sostenibilidad a largo plazo es vital; matar gratuitamente llevaría a la propia derrota.

La naturaleza es una amiga, no una enemiga a la que hay que vencer. Esta filosofía es ahora poco habitual en Occidente, pero no se ha perdido del todo. Colin Elford, un guardabosques inglés, escribe: «Las experiencias que comparto con los ciervos en climas y lugares como este me producen sentimientos de un gran respeto y también una especie de arrepentimiento; todas estas emociones se combinan para reforzar un amor por todo el sistema. Hablo, duermo y como ciervos; ¡estamos unidos, somos una pareja!».[20]

El aspecto más interesante de la caza nunca es matar. Un animal muerto es alimento para aquellos que lo necesitan y una prueba de éxito y validación para otros. Pero este no es el verdadero premio para ninguno de los dos: el apogeo de la caza es el momento en que los sentidos, la experiencia y la sabiduría se unen para permitir un auténtico entendimiento. Sin embargo, no nos hace falta matar para aspirar a este nivel. Muchos fotógrafos de fauna son cazadores que buscan la emoción de la persecución y el conocimiento que la hace posible, pero se llevan el premio a casa sin causar ningún daño al animal.

Por suerte, yo no tengo ningún deseo de matar animales, pero comparto el ansia por la sensación que habrán conocido los mayores cazadores de nuestra historia, cuando la mente y los sentidos entretejen el tiempo, el paisaje y el carácter de un animal en un patrón lleno de significado y llegamos a conocer la mente de nuestra presa. Es un momento de percepción total y embriagadora.

El cazador del mañana[1]

La semana pasada di un seminario para un grupo de analistas de inteligencia militar. Estábamos en un teatro en la sede central de la British Army Intelligence (la agencia de inteligencia británica), en Bedforshire. Di algunas instrucciones sobre técnicas de orientación natural mediante ejemplos en fotos proyectadas y expliqué cómo analizaba estas imágenes. Entonces, propuse al grupo algunos desafíos basados en una nueva galería de fotos. El objetivo general era que los analistas, que trabajaban principalmente en el campo de la inteligencia de imagen, disfrutaran de una manera diferente de analizar imágenes. La sesión culminó con una foto de una casa rural. Dije al grupo: «Existen unas dos docenas de maneras de leer el rumbo en esta imagen. Pero volveremos a este punto más adelante. Por ahora me gustaría que pensarais en una ciudad costera». Les pedí a unos cuantos que compartieran su elección en voz alta.

«Sídney».

«Vancouver».

«Río de Janeiro…».

Las respuestas llegaban sin parar.

«De acuerdo. Ahora quiero que observéis la imagen de esta casa rural y me digáis qué hacía la marea en la ciudad que habéis elegido en el momento en que se sacó esta fotografía». Hubo una mezcla audible de risitas y suspiros. En la foto no se veía la luna ni había ningún cuerpo de agua.

Una rica colección de pistas hizo posible descifrar fácilmente la orientación. Luego, dedujeron que el sol bajo estaba poniéndose y no saliendo. Hasta aquí, sin problemas, pero

301

el siguiente paso era más complicado. Era crucial hacerse una idea de qué hacía la luna en ese determinado momento, pero el satélite no era visible. Había una débil sombra en la hierba, al mismo lado del árbol que el sol bajo. Parte de la luz caía sobre el lateral de la casa, en el lado opuesto al sol. Asumieron que la luna era la que arrojaba esas sombras, por lo que debía de estar en el lado del cielo opuesto al sol; en otras palabras, estaba saliendo mientras el sol se ponía. Esto significaba que era una luna llena, lo que a su vez significaba que en todo el mundo la amplitud de las mareas era máxima: mareas vivas.

Los presentes parecieron disfrutar de la sesión. No soy yo quien debe decir si les fue útil para su propia cacería y el análisis de formaciones de tanques por medio de imágenes aéreas y por satélite, pero mientras tomábamos un café, su comandante me habló con entusiasmo sobre las extrañas similitudes en la manera que ambos dependíamos del desarrollo de una habilidad intuitiva para detectar patrones. Explicó cómo sus analistas pasan de un acercamiento metódico lento, que implica la identificación de equipamiento mediante la comparación de formas en imágenes con material de referencia (podían comprobar la forma de las alas de una aeronave en los manuales para confirmar la identificación), hasta un punto donde dejan de usar los materiales de referencia, pero son capaces de identificar la aeronave sin pensarlo de manera consciente.

—Mira, tanques T72 —diría un analista experimentado, para confusión del novato que es incapaz de distinguir ninguna forma, menos aún encontrarles sentido.

Pregunté si, en parte, esto era resultado de comprender el contexto.

—Sí. Nuestro cerebro filtra enseguida los objetos menos probables, lo que reduce bastante la lista en la que buscar. El contexto y la experiencia hacen entonces una selección rápida usando la información de la imagen. Se vuelve automático.

Esa mañana, antes del seminario, me había despertado temprano; las instalaciones militares parecen tener una inclinación por las cortinas translúcidas, tal vez porque seguir durmiendo después del amanecer, incluso en junio, se considera el *summum* de la indolencia. Después de un excelente desayuno en la cantina, exploré los elegantes e impresionantes terrenos. Pasé junto a una presa rugiente y, luego, encontré una zona abierta de hierba salpicada de conejos pastando.

Recopilé todos mis conocimientos sobre cómo acercarse a un conejo. Con el viento en la cara, percibí que el animal pasaba por diferentes niveles de alimentación y vigilancia, y cada uno de ellos hacía que modificara la velocidad a la que me acercaba. Hubo minutos enteros de inmovilidad. Continué mi avance, un paso prudente detrás de otro, y el resto de conejos salieron disparados en busca de un refugio. Cada uno de sus movimientos volvía a detener los míos y los del conejo que había escogido. Me detuve y, luego, proseguí mi camino hasta que el conejo se irguió sobre las patas traseras a unos dos metros de mí. Esperé a que volviera a pastar y di un paso adelante, a la vez que extendía el brazo derecho muy lentamente. Mientras mis dedos salvaban la distancia entre nosotros y nos poníamos a menos de un metro, el conejo salió disparado hacia el arbusto que protegía a sus amigos. Para mí fue una caza exitosa. Había capturado el momento que buscaba: había sido capaz de percibir lo que el conejo haría a continuación y adaptado mis movimientos hasta casi tocarlo.

Percibir y reconocer patrones en el comportamiento del conejo me permitió acercarme tanto, de la misma manera que reconocer manchas en una imagen posibilita el reconocimiento de tanques para los expertos en inteligencia. En verdad, todo trabajo y juego mejora con la experiencia, otro nombre para el reconocimiento de patrones. Sea cual sea el área que escojamos, es la práctica lo que nos lleva a familiarizarnos con los patrones y, con el tiempo, a la pericia; es el cazador en nosotros lo que lo hace posible y satisfactorio.

La cacería más importante, intrigante y divertida de todas es también la más aterradora. En esta persecución, el cazador debe averiguar si también él es la presa de otro cazador. Cuando nos sentimos atraídos por una persona y sentimos que queremos establecer una relación, dependemos de las señales que captemos en el más terrorífico de los escenarios.

Más que máquinas

El tordo cantor no se movió del jardín. Me acerqué más. Todavía nada. Di una palmada. Nada. Finalmente, cuando estaba a solo tres metros de él, sus saltos se volvieron más energéticos y, entonces, echó a volar. Había acabado por esperar cierta indiferencia de este individuo.

Tan pronto identificamos un muro que nos separa del resto del reino animal, este se desmorona. Claramente, el lenguaje no es nuestro dominio si los pájaros pueden repetir lo que decimos. Los chimpancés de Costa de Marfil usan un palo para buscar agua en los agujeros estrechos de los árboles,[1] pero no solo los primates se sienten cómodos con el uso de herramientas; también algunos insectos lo hacen. Las hembras de la avispa excavadora sellan su madriguera con un guijarro para tapar el agujero.

Los animales también tienen la capacidad de aprender. A unos kilómetros de donde vivo, unos halcones peregrinos hacen el nido en la catedral de Chichester. Estos animales han evolucionado para habitar zonas con acantilados y cornisas, pero nuestras catedrales cumplen la función bastante bien y se han adaptado con éxito a las nuevas circunstancias. Hay ratones que han aprendido secuencias de movimiento en un laberinto para encontrar comida y las recuerdan hasta ocho semanas más tarde.[2] Todos sabemos lo rápido que aprenden los perros; con cada año que pasa, vemos muestras de esto cada vez más ridículas encantadoras en los concursos de talento de la televisión. (A menudo es más interesante mirar al dueño/entrenador en estas exhibiciones, ya que es quien da las señales que desencadenan la acción del animal. Como con la ventriloquia, el acto es más impresionante si mantenemos la vista en el animal en vez del humano, y con los animales esto significa emitir órdenes a escondidas. A través de horas de entrenamiento y premios, el perro puede aprender que un pequeño movimiento de una mano significa que es hora de subirse al balancín).

Y en un ejemplo provocadoramente arcano del aprendizaje animal, investigadores de la Universidad de Queensland (Australia) han enseñado a abejas a diferenciar entre un Picasso y un Monet.[3] Como probablemente habrás supuesto, en realidad se trataba de una investigación estándar combinada con un buen olfato para las relaciones públicas: las abejas son sensibles a la forma y el color, así que las pinceladas y la elección de paletas de los artistas están dentro de sus competencias.

Pero ¿qué tiene que ver el aprendizaje animal con nuestros objetivos de percibir la naturaleza de una manera más intuitiva? Y si los animales hablan, usan herramientas y aprenden, ¿es justo verlos de una manera tan simple, como emisores y receptores de señales? Para empezar a responder estas preguntas, necesitamos pasar un rato con dos de los mayores pensadores que hayan existido jamás.

En su *Discurso del método para conducir bien la propia razón y buscar la verdad en las ciencias,* de 1637, René Descartes, filósofo francés del siglo XVII, afirmó que los animales eran como máquinas, pues contenían todas las partes mecánicas necesarias para la vida e incluso para emitir sonidos, pero carecían de ese algo que nos da razón, conocimiento y la habilidad de hacernos entender. Los animales eran, en resumen, como «máquinas sin alma».[4] Comparó sus gritos con las «partes chirriantes de una máquina insensible».[5]

Un siglo después, otro filósofo francés, Voltaire, discrepó: «Es una pena, una pobreza de espíritu, haber dicho que los animales son máquinas que carecen de conocimientos y sentimientos, que siempre realizan sus cosas del mismo modo y no perfeccionan nada».

Creo que hoy la mayoría de gente apoyaría rápidamente a Voltaire, pero estos son solo dos puntos de vista firmes en un inmemorial debate que sigue vigente. Es evidente que existen diferencias entre los humanos y otros animales, de la misma manera que las hay entre los animales, pero para evitar perdernos en el debate de temas como el alma o la filosofía, debemos regresar a la ciencia.

Nos queda un largo camino hasta saber exactamente qué saben los animales, pero podemos estar seguros de ciertas áreas de su cognición. Sabemos, por ejemplo, que algunas de las acciones de los animales son dirigidas y que otras son reflejos, y esto puede llevar a una especie de escala de cognición. El biólogo alemán Jakob von Uexküll resume la idea de forma concisa: «Cuando un perro corre, el animal mueve las piernas. Cuando un erizo de mar corre, las piernas mueven al animal». Y puede que cada animal, incluidos nosotros mismos, se encuentre en algún punto de esta escala, o que tal vez se desplace por ella.

Sabemos con seguridad que los animales poseen carácter y experimentan estados de ánimo. El carácter difiere de la aptitud. Las palomas tienen una gran orientación y, en relación a los cuervos, se les da bastante mal descifrar reglas para resolver problemas.[6] Las dos especies tienen diferentes aptitudes. En cambio, si coges dos perros macho de la misma raza (todos los perros domésticos son de la misma especie, *canis familiaris)* que pasan por un árbol solitario en la entrada de un parque, es posible que observes diferencias de carácter. Sabemos que los perros macho orinan en lugares destacados para marcar el territorio con su olor, lo que significa que la mayoría de árboles, muros, vallas y postes de los parques urbanos han sido orinados. Pero cuando un perro macho se encuentra con la marca de otro perro, debe escoger si pasar de largo o dejar su marca sobre la del otro perro, algo que se conoce como «cubrir el olor».[7] Aquí entra en juego el carácter: un perro atrevido cubrirá el olor, pero uno tímido seguirá su camino. Los humanos somos similares: algunos protestarán si otro «ocupa su espacio»; otros lo dejarán estar.

Dentro de grupos de animales de la misma especie puede haber una división de tareas. Algunos quizá sean expertos en la búsqueda de nuevas fuentes de comida, mientras que otros suelen llegar tarde y dependen de las sobras o de robarle al que la ha descubierto. La observación de estas diferencias llevó a la perspectiva de «productor-gorrón»[8] de los grupos sociales animales. ¿Por qué lo toleran los productores? Porque vivir en grupos tiene beneficios y no todos los miembros de un grupo tienen el mismo carácter: a algunos se les dará mejor encontrar alimentos, a otros vigilar y a otros plantar cara a los atacantes. Compartir es el precio que pagan los productores por el beneficio de vivir en un grupo; de manera similar a los impuestos.

Los animales nacen con cierta cobardía y aprenden a ser miedosos. Las presas modificarán su comportamiento si detectan un gran número de depredadores en la zona (aprenden a tener miedo), pero dentro de una población siempre habrá diferentes grados de cobardía determinados por la genética. La prueba del «campo abierto» se ha usado para analizar esto.[9] Como hemos visto, a las presas no les gustan las zonas abiertas, a menos que estén protegidas por la oscuridad, porque se encuentran expuestas; prefieren mantenerse a cubierto o quedarse cerca de los márgenes. Sin embargo, otros animales se aventuran a campo abierto porque son más valientes; se trata de una cuestión genética. Esta investigación ha llevado a varios expertos a considerar si algunos seres humanos nacen predispuestos a tener un carácter ansioso.

La misma variación se observa en el extremo agresivo del espectro. Antes vimos cómo los petirrojos atacaban al pájaro disecado que entraba en su territorio, pero los investigadores también observaron que algunos petirrojos no demostraban demasiado entusiasmo al atacar y otros lo hacían sin piedad.

Cuando un depredador se aproxima a una presa, no todos los animales de esa especie huirán en el mismo momento: algunos saldrán disparados al primer indicio de problemas, otros esperarán hasta que el peligro sea mayor. Al estudiar la distancia a la que debe encontrarse un depredador para provocar la huida, los científicos han encontrado que hay individuos tímidos y atrevidos; aquellos que son atrevidos en una situación es probable que lo sean en otras, y viceversa. Son rasgos de carácter fiables.

En el amor y en la guerra... En ocasiones, las personas se casan por diversas razones que nada tienen que ver con el amor, la atracción sexual y la compañía, y puede que los animales sean iguales; parece que en el reino animal hay individuos interesados en ascender en la escala social. En muchos grupos de animales, los individuos tienen un rango social; las grajillas saben que no deben contrariar a los pájaros más fuertes. Pero en 1931, el etólogo Konrad Lorenz descubrió que las grajillas hembra de estatus humilde podían subir de rango instantáneamente al aparearse con un macho de rango superior.[10]

Además de la variabilidad de caracteres, cada animal es capaz de experimentar cambios de humor. Si no te gustan las ratas en absoluto, entonces quizá no te indigne la razón por la que sabemos esto. En 1978, se sometió a algunas ratas de laboratorio a una prueba de natación;[11] las ratas pueden nadar, así que eso en sí mismo no parece tan cruel, pero este ejercicio en particular estaba diseñado para que fuera imposible. No había manera alguna de que las ratas lograran pasar la prueba, por mucho que nadaran o intentarán salir del agua. No tenían escapatoria. Al cabo de un tiempo, las ratas dejaban de intentarlo e incluso de moverse. Esto se diagnosticó como un estado análogo a la depresión en los humanos.

Se administraron antidepresivos y terapia electroconvulsiva a las ratas, que empezaron a activarse otra vez. Este experimento y sus descubrimientos me incomodan, pero aquí esto no importa. Esta investigación —tristemente húmeda y eléctrica— supuso un salto significativo hacia la comprensión de los estados mentales de los animales. Investigaciones posteriores han confirmado que los elefantes sufren por la muerte de sus compañeros, las abejas se vuelven pesimistas y muchos otros animales experimentan estados que consideraríamos pruebas de emociones y estados de ánimo cuando se observan en humanos.

Una vez entendemos que los animales aprenden, tienen carácter y experimentan estados de ánimo y emociones, debemos verlos de una manera más sutil que como simples «máquinas de señales». Esto no invalida nuestro enfoque, pero sí significa que existirá una cierta variabilidad entre el comportamiento de diferentes individuos y en el mismo individuo en diferentes momentos. Una ardilla cansada y deprimida no se comportará de la misma manera que una que está descansada y exultante después de descubrir una reserva de avellanas. Y la ardilla eufórica no se comportará de la misma manera diez minutos más tarde, cuando regrese y descubra que le han robado su reserva.

En este momento, nos encontramos en el extremo más complejo de la observación animal. Es posible ver la experiencia animal, el carácter individual y el estado mental como capas extra que podemos disfrutar observando. Cada una de estas capas de conocimiento puede alimentar nuestra intuición de lo que pasará a continuación porque influyen en las probabilidades de ciertos comportamientos, pero las señales que vemos retienen su significado. Durante las últimas cuatro tardes me he encontrado con el mismo corzo a solo veinte metros de distancia; hemos cruzado miradas porque es más valiente que la mayoría de su especie. Gracias a ello, he aprendido algo de su carácter: sé que es poco probable que salga huyendo solo porque me haya visto. Todavía mueve las orejas antes de huir; la señal es la misma.

El tiempo que este ciervo y yo hemos pasado en un estado de inmovilidad parece haber crecido durante esos cuatro encuentros, lo que quizá se deba a que está aprendiendo que no tengo intención de matarlo. Si sucede más veces, me preocupará enseñarle malos hábitos. Tradicionalmente, los cazadores han usado la experiencia de los animales para mejorar sus posibilidades. En el Kalahari, el carácter y la personalidad de un animal al que se le ha disparado con veneno tendrán cierto peso a la hora de evaluar lo lejos que llegará.[12] Los aborígenes australianos saben cuándo un animal es manso por el rastro que deja.[13]

Durante la Edad Media, los cazadores usaban los rastros de los animales como pistas para estudiar su carácter, pero también descubrían información sobre su edad, su experiencia y su carácter gracias a los sonidos que hacía. Eduardo de Norwich explica cómo se aplicaba esto a los berreos de los venados:

> Los venados berrean de diferentes maneras, según si son jóvenes o ancianos, y según si se encuentran en un lugar donde no han oído a los sabuesos o donde sí los han oído. Algunos de ellos berrean con la boca muy abierta y a menudo alzan la cabeza. Estos son los ejemplares que han oído poco a los sabuesos, gozan de una buena temperatura y están bien crecidos. Y a veces, hacia el mediodía, berrean como se ha descrito. Los otros berrean bajo y fuerte y encorvan la cabeza, con el morro hacia la tierra; esto nos indica que se trata de un gran venado, uno anciano y mezquino, o que ha oído a los sabuesos, y por tanto no se atreve a berrear o lo hace solo algunas veces en el día, a menos que sea al amanecer. Y los otros berrean llevando el hocico hacia delante, regoldando y emitiendo unos sonidos guturales; esto también es una señal de un viejo venado que está seguro y se mantiene firme durante el celo.[14]

Así pues, nuestra habilidad para leer señales no reduce en absoluto el estatus o la complejidad de los animales que observamos; siguen siendo personajes que adquieren complejidad a medida que nos tomamos el tiempo para aprender su lenguaje. Una excelente manera de recordarnos que no nos encontramos ante autómatas es practicar la observación de las señales que fluyen desde nosotros hacia los animales. Al final de cualquier largo periodo inmóvil en el que nos aguantamos fijamente la mirada con un animal salvaje, siempre me siento intrigado por saber qué ligera señal de las que emito desencadenará la huida. Levantar un pie provoca una reacción antes que un movimiento de mano y, normalmente, un ladeo de cabeza los vence a ambos, pero cada animal tiene sus idiosincrasias.

Los perros han aprendido a ganarnos a nuestro propio juego. Todo el mundo ha visto a un perro ladear la cabeza cuando nos mira. Una cabeza ladeada puede ayudar a la visión y oído de un perro, pero algunos investigadores creen que esta es una señal que usan los perros para conseguir la respuesta que quieren de nosotros. Un perro con la cabeza ladeada es adorable y tendemos a dar más amor y atención a los animales cuando parecen adorables. Así que, cuando abrazamos al perro adorable con la cabeza ladeada, no nos damos cuenta de que reaccionamos a una señal de la manera en que el perro quiere. Está jugando con nosotros, lo que nos indica que nos encontramos ante un auténtico personaje con carácter.

Umwelt

A todos nos ha tocado las narices una mosca y hemos intentado aplastarla. ¿Has sentido alguna vez que tu mano se acerca pero que nunca conseguirás atraparla? Tal vez también hayas tenido la extraña sensación de que la mosca sabe lo que pretendes y que se toma el ataque a guasa. Allí está, justo en tu plato de comida incluso sin inmutarse mientras tu mano acelera hacia ella. Permanece allí mucho más tiempo del prudente, provocándote, esperando hasta el último momento antes de despegar; ¡y aun así, siempre evita tu airado golpe!

Si analizamos esta cadena de acontecimientos revelará nuevos mundos extraordinarios. Los descubrimos al comprender el *Umwelt*, el entorno/ambiente como lo percibe otro organismo.

Cuando una familia entra en una tienda grande, cada miembro se ve atraído por diferentes cosas en ella, pero, asimismo, cada uno ve el interior de la tienda de manera diferente. En el nivel más básico, el niño más pequeño se fijará más en la parte más baja de la tienda que el adulto más alto. Las empresas dedican millones a la investigación del aprovechamiento del espacio para aprovecharse de esas pequeñas diferencias: compramos lo que escogemos comprar, pero a menudo lo hacemos porque nos lo han puesto delante.

La vista, el oído, el olfato, el tacto y el gusto varían de una persona a otra, pero la percepción de la tienda será diferente para cada persona porque tienen experiencias de vida y psicologías diferentes. Algunos tendrán recuerdos positivos relacionados con el hecho de estar en una tienda grande; a otros les resultará estresante o aburrido. Piensa en tu propia familia e

313

imagina que llevas a cada uno de ellos por una tienda grande. Sabes quién tendrá más ganas de quedarse o marcharse. En resumen, no hay dos personas que perciban o experimenten la tienda de la misma manera, y esta es una diferencia que se produce dentro de la misma especie. En la naturaleza, el mundo es nuestra tienda y debemos considerar cómo perciben el entorno distintas especies. Si hay diferencias en la manera en que un entorno simple es percibido dentro de la misma familia de una especie, imagina las diferencias que habrá entre la experiencia de un entorno complejo por parte de una araña, un pez y un orangután.

Jakob von Uexküll, pionero de la idea del *Umwelt*, escribió:

> De pie frente a un prado cubierto de flores, lleno de abejas zumbando, mariposas aleteando, libélulas que pasan a toda velocidad, saltamontes que saltan sobre briznas de hierba, ratoncillos que se escabullen y caracoles que reptan, sería lógico que nos hiciéramos instintivamente la siguiente pregunta: ¿A los ojos de todas esas criaturas diferentes, el prado es el mismo que a los nuestros?[1]

Este concepto es importante si queremos desarrollar nuestra comprensión de las señales biológicas, pues necesitamos mejorar nuestros conocimientos sobre cómo otros perciben el mundo, con qué están sintonizados y las diferencias clave. Esto ya lo hacemos a veces dentro del entorno doméstico; la espalda baja del gato significa que ha visto un ratón, y estoy bastante seguro de que el ladrido de mi perro significa que ha llegado un paquete medio minuto antes de que suene el timbre. También sé que un gruñido de mi mujer a primera hora de la mañana significa que me he olvidado de bajar la tapa del retrete.

El antiguo filósofo griego Anaximandro preguntó qué ve un halcón. Wittgenstein opinaba que si los leones hablasen, no los entenderíamos; probablemente se refería a que la visión del mundo del león sería tan ajena a la nuestra que un lenguaje común no bastaría para superar la barrera. Se trata de un enigma que evoluciona, pero que no desaparece. En 1974, el filósofo estadounidense Thomas Nagel escribió un ensayo titulado «¿Cómo es ser un murciélago?».

En 1978, una chimpancé llamada Sarah demostró a los investigadores que se planteaba qué pretendían hacer a continuación los humanos.[2] Suena académico, y lo es, pero también resulta fascinante en el contexto del *Umwelt*, porque es una prueba de un animal con una «teoría de la mente». Se dice que una criatura tiene una teoría de la mente si se plantea qué piensa otro animal. Si un animal formula ideas sobre los objetivos de otro y los toma en consideración, tiene una teoría de la mente. Por supuesto, resulta fascinante considerar hasta qué punto piensan los animales, pero aquí solo es relevante en términos de cuán complejas y predictivas pueden ser las señales. Que un animal tenga una teoría de la mente nos ofrece un punto de partida extra en el mundo de las señales. Por ejemplo, es posible que un primate responda a señales no solo en el presente (es decir, a lo que un animal hace en un determinado momento), sino que entienda lo que otro animal planea hacer. Por razones prácticas, un análisis psicológico sería excedernos llegados a este punto, así que nos centraremos en la biología física, que es más accesible.

Todos los animales perciben el mundo de una manera diferente a la nuestra y algunas de las diferencias biológicas llamativas alimentan nuestro lenguaje, como se aprecia cuando decimos que alguien tiene una «vista de lince» o está «ciego como un topo». Pero incluso al reconocer estas diferencias subrayamos otro obstáculo. Dos de los mayores desafíos para las ciencias naturales, y en particular, un obstáculo para comprender el *Umwelt* de los animales, son el antropomorfismo y el antropocentrismo: ver a los animales como humanos y observar su mundo desde nuestra perspectiva.[3] Si alguna vez has sentido que el pájaro que canta está feliz, has sucumbido al antropomorfismo: el pájaro canta para marcar su territorio;

nosotros cantamos por otras razones. Ya solo la palabra «pájaro» nos lleva a asumir ciertas cosas, pero sabemos que dentro
de esta categoría existen vastas diferencias biológicas, tanto
visibles como escondidas: el cerebro anterior de las palomas
tiene la mitad de la densidad neuronal que el de los córvidos.[4]

Otorgamos poca inteligencia a las hormigas, y aun así, las
colonias consiguen cosas extraordinarias y prosperan en lugares donde a nosotros nos resulta imposible.[5] Tal vez el antropocentrismo nos lleva a centrarnos en el pequeño organismo
individual, cuando de hecho este no es un engranaje dentro
de un colectivo mayor; quizá este sea un ejemplo en forma de
insecto de los árboles que no nos dejan ver el bosque.

Si combinamos las diferencias biológicas con los problemas
de perspectiva, regresamos a la mosca que tuvo la temeridad de
aterrizar sobre nuestras patatas fritas y que no alzó el vuelo
de nuevo hasta el último momento. Esto es antropocentrismo basado en la ignorancia sobre el *Umwelt* de la mosca.
La mosca no demuestra temeridad ni espera hasta el último
momento. Sale volando tan pronto como percibe la amenaza,
cuando nuestra mano llega a cincuenta centímetros de ella.[6]
Alzamos la mano para aplastarla, pero la mosca no ve ningún
peligro en ello. Bajamos la mano rápidamente; todavía nada,
y cuando sentimos que actúa con una absoluta indiferencia
hacia nuestra mano, que se acerca a toda prisa hacia ella, la
mosca no percibe absolutamente ningún peligro; su radio de
peligro es de cincuenta centímetros. La mosca, como cualquier
otro animal, incluidos nosotros, vive dentro de una burbuja de
percepción. Solemos cometer el error de pensar que nuestras
burbujas son parecidas cuando no es así. Existen diferencias y
no siempre nos llevamos la peor parte: a la mosca le resulta fácil esquivar nuestra mano, pero volará derecha hacia una telaraña que para nosotros es fácil de ver, pero para ella es invisible.

Las burbujas de muchos insectos son mucho más pequeñas
que la nuestra, pero la nuestra es mucho más pequeña que la
de muchos otros animales: un oso polar capta el olor de una

ballena a treinta y dos kilómetros y detecta a una foca a través de una capa de hielo de dos metros de grosor.[7] Antes hemos visto que un buitre puede distinguir entre un animal muerto y uno dormido a cuatro mil metros de altura.

Algunos pájaros, y posiblemente los tejones, oyen el sonido que hace una lombriz cuando rompe la superficie de la tierra.[8] La burbuja de percepción se aplica a todos los sentidos que normalmente tenemos presentes y a muchos otros que no. Los grillos *Stenopelmatus* perciben a sus depredadores por el movimiento del aire que captan mediante unos pelos diminutos.[9] Stefano Lorenzini, un ictiólogo italiano del siglo XVII (un científico que estudia los peces), se fijó en que muchos tiburones y rayas tienen unas zonas oscuras cerca de la parte delantera de la cabeza. Estas reciben el nombre de «ampollas de Lorenzini» y ahora sabemos mucho más sobre cómo estos órganos ayudan a las criaturas a percibir el mundo mediante el uso de señales electromagnéticas, que rodean los objetos: gracias a ellas, el tiburón «ve» al pez escondido detrás del coral. Cada año aprendemos más sobre cómo los pájaros y otros animales usan el campo magnético de la Tierra para orientarse.

En parte, el *Umwelt* tiene que ver con el sentido que se usa y, también, con la sensibilidad, y esto no siempre es intuitivo para nosotros. Cuanto mayor es la criatura, mayor la tentación de pensar que percibe un mundo más rudimentario, pero una ballena boreal dormida en la superficie puede asustarse si un pájaro aterriza en ella.[10] Cuanto más pequeña la criatura, más probable es que concibamos su mundo como algo pequeño, pero la mariposa de seda macho detecta a una hembra madura a kilómetros de distancia.[11]

Se han atribuido talentos psíquicos o matemáticos a algunos animales, como «Clever Hans», un caballo alemán famoso por realizar operaciones aritméticas. Sin embargo, en su caso, como en tantos otros, se reveló que, sin saberlo, el entrenador daba las respuestas al caballo a través de pequeñas señales de lenguaje corporal. Para sus observadores, la experiencia parecía casi mágica, pero el caballo estaba atento a los movimientos más sutiles del entrenador, invisibles para los observadores incluso cuando estudiaban al entrenador en busca de esas mismas señales, pues los caballos son mucho más sensibles a ellas que los humanos. Un caballo advertirá si una parte de nuestra cara se mueve 0,2 milímetros.[12] Es intrigante pensar que este animal es capaz de saber cuándo estamos contentos, tristes, molestos o mintiendo antes que las personas más cercanas a nosotros.

Todas las mañanas, miro a los pájaros que picotean en el jardín de casa. Hoy nuestra pareja local de pitos reales estaba allí otra vez; picoteo, picoteo, picoteo, cabeza alzada y, luego, ladeada, cuando me moví detrás del cristal. Picoteo, picoteo, picoteo. Me maravilla que haya tanto que picotear; ¿qué verá? Cada vez que me aventuro al mismo lugar y miro hacia abajo, me cuesta mucho ver algo que haga que el esfuerzo merezca la pena. Pero, por supuesto, su visión es mucho mejor, no solo en lo que respecta a la agudeza, sino también al color.

Al detectar la luz ultravioleta, algunos pájaros e insectos ven colores que son invisibles para nosotros. Siento una pizca de envidia al saber que los ojos de los pájaros tienen cuatro tipos de conos, las células fotosensibles, en comparación con los tres que tenemos los humanos. Y por si no bastara, la escritora científica Jennifer Ackerman echa sal a la herida: «En cada uno de los conos de un pájaro hay una gota de aceite que aumenta su habilidad para detectar diferencias entre colores similares».[13]

Por alguna razón, me provoca menos envidia la habilidad igualmente impresionante de algunas víboras para detectar la luz infrarroja y el calor, o la manera en que los delfines construyen un mapa valiéndose de chasquidos y ecos. Probablemente sea porque me resulta más fácil imaginarme como un pájaro que una serpiente o un delfín. También supongo que los pájaros llevan un estilo de vida más «interesante» que las serpientes o los delfines. No obstante, si me paro a pensar en ello, los delfines tienen cerebros más complejos que los pájaros, así que es probable que sus vidas sean más interesantes, aunque, como sin duda diría Wittgenstein, puede que la experiencia del mundo de ambas especies nos dejara demasiado perplejos como para entender lo que sucede, menos aún si es o no interesante.

El *Umwelt* también depende del tiempo. Percibimos el mundo unas dieciocho veces por segundo, razón por la cual una serie de veinticuatro imágenes por segundo en la televisión o los fotogramas de una película nos dan la sensación de un movimiento fluido. También por esta razón cualquier cosa que vibra más de dieciocho veces por segundo se convierte en un único sonido para nuestros oídos; puedes probar esto pasando las páginas de un libro: verás y oirás pasar hasta dieciocho páginas por segundo individualmente, pero, más allá de eso, se convierte en un borrón y solo oirás el sonido colectivo de las páginas.[14]

Algunos peces ven el mundo cincuenta veces por segundo, de modo que, para ellos, nuestras pantallas de televisión serían insoportablemente parpadeantes. (No voy a antropomorfizarlos hasta el punto de pensar que esto les molestaría). Al sujetar a un caracol y examinar cómo responde a un palo, los investigadores descubrieron que este animal ve el mundo unas tres o cuatro veces por segundo, por lo que es de esperar que los caracoles sean indiferentes a movimientos rápidos sutiles. A los caracoles no se les atribuyen habilidades físicas ni matemáticas.

La velocidad es una parte importante de la visión del mundo de muchos animales. Puede ser una manera eficiente de sintonizar con los depredadores, sobre todo si no se suele acudir al pensamiento complejo. Una vieira necesita ~~tener cuidado~~ (de nuevo, he caído en el antropomorfismo) estar alerta ante su depredador, la estrella de mar. Quizá pensemos que una estrella de mar es bastante fácil de identificar, con una forma y unos colores que dan algunas pistas útiles, pero no es así para la vieira. Para ella, la manera más eficiente de distinguir entre una criatura inofensiva y una estrella de mar mortal es, de hecho, la velocidad a la que se mueve el animal. Algo que para nosotros tiene exactamente el mismo aspecto que una estrella de mar no desencadenará una respuesta defensiva en la vieira a menos que se mueva a la misma velocidad que la estrella de mar.[15]

Es poco probable que sintamos que vemos el mundo como una vieira, pero no hace falta ir tan lejos para observar algo que es evidente y, aun así, no tiene sentido. Imagina que un pájaro ve a un insecto que se quiere zampar, tal vez una grajilla y un saltamontes. El pájaro se cierne sobre el insecto y lo mira durante varios segundos mientras nosotros los observamos a ambos. ¿Por qué el pájaro no se come al insecto? ¿Acaso no tiene hambre? ¿Ya no le gustan los saltamontes? No, es mucho más simple: la grajilla no identifica al saltamontes como comida hasta que este se mueve. Mientras está quieto, no aparece en el radar de comida del pájaro. Tal vez este ejemplo parezca algo estúpido, pero los humanos no somos tan diferentes: también hay imágenes que identificamos como comida y otras que no. Alguien a quien le encanta comer hamburguesas cada día quizá babee ante un cartel de McDonald's, pero no se inmute al pasar junto a un campo de vacas.

Estas imágenes de búsqueda forman una parte importante de la percepción de cada organismo y se aplica del mismo modo a los humanos. Nuestra percepción es limitada, así que la imagen que buscamos es la que tenemos más probabilidades de encontrar. Por otra parte, es probable que se nos escapen cosas que son similares, pero que no encajan con la imagen que buscamos. En una ocasión, busqué un libro una media hora, durante la cual lo cogí al menos tres veces. Había olvidado que le había quitado la sobrecubierta la noche anterior; mi imagen de búsqueda no encajaba con el libro, incluso cuando lo tenía en la mano.

La imagen de búsqueda es el motivo por el que siempre vemos a personas en la naturaleza —porque la evolución y la cultura nos han programado para detectarlos—, pero quizá pasemos por alto un animal o una planta importantes. Los animales se comportan de manera similar: si la imagen encaja,

encaja, y si no, no. Es más probable que nos pase por alto un pájaro que busca una larva que uno en un estado general de vigilancia, lo cual es fácil de distinguir por su ubicación y la posición del cuerpo y la cabeza.

Las imágenes de búsqueda de los animales guardan relación con amenazas, comida, parejas y territorios, y pueden tener muchos atributos, incluidos forma, color, velocidad y olor, entre otros. Pero ningún animal usa una imagen completa; todos tenemos puntos ciegos bastante grandes. No sabemos cuándo tenemos detrás a un tejón a contraviento, una falta de conciencia que, quizá, al tejón le resulte extraordinaria. Para demostrar lo extremas que pueden ser las diferencias de *Umwelt,* vamos a comparar nuestra visión del mundo y sus desafíos con aquellos de la lombriz de tierra. A este anélido le gusta llevarse algunas cosas a sus túneles para alimentarse o protegerse, incluidas agujas de pino.[16] Muchos pinos tienen agujas dobles que son estrechas en el extremo cerrado. Echa un vistazo al problema que presento a continuación y piensa cómo podrías resolverlo.

¿Cómo podemos meter la aguja de pino doble en el túnel sin que se atasque?

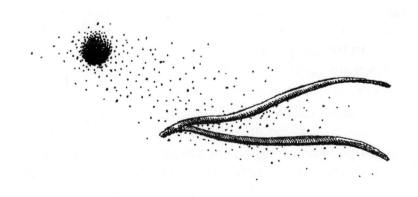

Para nosotros este rompecabezas no es demasiado difícil: primero meteríamos el extremo estrecho. Pero ahora vamos a competir en igualdad de condiciones: busca una manera de resolver el problema sin usar la vista ni el tacto. En otras palabras, ¿cómo sabrías qué extremo meter primero en el agujero si no percibieras nada sobre la forma del objeto?

Los gusanos son capaces de meter agujas de pino y otras hojas en sus estrechos túneles en el sentido correcto valiéndose del gusto (el extremo cerrado tiene un sabor diferente al del extremo abierto) y solo el sabor del extremo cerrado indica que pueden tirar de él y meterlo en el túnel.

Al indagar en el *Umwelt* de otros animales, aprendemos que muchas cosas que de entrada nos parecen complejas son mucho más simples para los animales que observamos. Esta es la ventaja de deshacernos de la visión antropocentrista: dejamos de proyectar nuestro complejo mundo cognitivo en animales que leen y reaccionan ante cosas simples. Los experimentos conducidos con una gallina y su polluelo han demostrado esto de manera efectiva, aunque, de un modo casi inevitable, con un poco de crueldad.

Al atar una pata de un polluelo al suelo, le provocamos, comprensiblemente, cierta aflicción. Entonces, emite su canto de alarma, un piar urgente y repetitivo. La gallina acude corriendo hasta el lugar y comienza a picotear furiosamente alrededor del polluelo. Al observar esto, estaríamos tentados de tejer una narrativa melodramática; «¡Oh, no! ¡El polluelo está en peligro! Ha sido capturado y, mirad, ¡está atado! ¡Rápido, mamá, rescátalo!».

Pero lo que en realidad sucede es mucho más simple: la gallina oye una llamada que hace que comience a picotear de forma aleatoria alrededor del polluelo que la emite. Eso es todo. No hay narrativa, ni rescate, ni nada más. Los investigadores demostraron esto atando de nuevo al polluelo al suelo y cubriéndolo esta vez con una campana de cristal transparente.[17]

El polluelo reacciona a esta insolencia de la misma manera que antes: emitiendo su agudo piar. Esta vez, la gallina pasa junto a la campana de cristal, ve al polluelo atado al suelo, que pía desconsoladamente, y sigue su camino. Al no oír la señal, no percibe el peligro ni reacciona.

Esto no es una excepción, es típico, aunque no es necesario en el caso de la mayoría de animales, con los que una simple señal y reacción bastará. Las grajillas son conocidas por reaccionar a señales visuales mucho más simples que aquellas que nosotros percibiríamos. En consecuencia, a veces tienen un comportamiento que nos parece absurdo hasta que apreciamos que lo que sucede es una simple reacción en cadena: el animal ha visto una imagen y la ha identificado como una señal, lo que desencadena la acción. Cuando lo vemos en este contexto, el extraño comportamiento animal empieza a cobrar sentido.

Por ejemplo, una identificación errónea de la imagen desencadenará la acción equivocada. Una grajilla identificará rápidamente a un gato como un depredador peligroso y no se acercará a él. En cambio, una grajilla que detecta a un gato que ha atrapado a uno de sus colegas ve una imagen diferente: este es un gato que debe ser atacado. Para la grajilla que observa, el gato es menos peligroso en ese momento, ya que tiene el pájaro en la boca, pero sigue siendo molesto y debe ser expulsado de la zona. Las grajillas han desarrollado respuestas muy diferentes ante estas dos imágenes, la de un gato con la boca vacía y la de un gato con un pájaro en la boca, para mejorar las probabilidades de supervivencia del grupo. Pero vemos que la imagen actúa como desencadenante, sin que medie un estudio cuidadoso ni una reflexión, cuando descubrimos que una grajilla que deja pasar a un gato con la boca vacía atacará al felino más tarde si regresa con un par de pantalones cortos negros en la boca. Los pantalones negros se parecen lo bastante a un pájaro capturado como para desencadenar un ataque.[18]

Antes de reírme de la grajilla, recuerdo que, una vez, durante un paseo nocturno a la luz de la luna, vi a un hombre agachado que bloqueaba mi camino. Mientras lo enfocaba con la linterna (cosa que odio hacer, ya que entorpece muchísimo mi visión nocturna), se me aceleró el pulso. Luego, dije alguna palabrota y se me aceleró el pulso otras veinte pulsaciones cuando me vi frente a un tejón monstruoso del tamaño de un hombre. En un segundo, el drama se desvaneció y me encontré de pie frente a un tocón, con un contorno no muy distinto al de un hombre agachado. Estaba cubierto de líquenes y hongos claros y oscuros que hacían que, si forzaba un poco mi imaginación, se pareciera a la cara de un tejón. Resultó que encontrarme a un tejón de dos metros agachado en el bosque en una noche oscura es una señal que hace que se me acelere el pulso y que suelte improperios.

Una vez sabemos cómo percibe el mundo un animal y combinamos este conocimiento con sus preferencias, empezamos a percibir lo que está a punto de acontecer. Las abejas se ven atraídas por el aroma de las flores, pero cuando se acercan más son sensibles a la forma y prefieren las estrellas y cruces a los círculos o cuadrados. Este conocimiento nos permite percibir dónde aterrizará una abeja.

Recordar los ejemplos de la vieira y la estrella de mar o el pájaro y el saltamontes nos permite comprender mejor la importancia del movimiento y la quietud cuando nos encontramos en plena naturaleza. Dentro de este contexto de imágenes y señales, la inmovilidad de un animal cobra ahora mucho más sentido: los animales desaparecen del radar de otros al modificar sus patrones de movimiento o quietud.

Las oportunidades de acercarnos a un animal mejoran cuando entendemos su *Umwelt*. Si ocultamos nuestro color, olor, sonido o movimiento, ¿tendremos más posibilidades de crear una capa de invisibilidad? Si vemos a un mamífero delante de nosotros y queremos acercarnos a él, debemos cuidar nuestra apariencia, movimiento, viento y olor, y asegurarnos de que ninguna ramita se rompa bajo nuestros pies. Pero tratar de acercarnos en silencio a una polilla es malgastar sigilo:

no nos oirá, ni siquiera si pasáramos entre un montón de helechos tocando el trombón. Las polillas detectan la frecuencia de 20 khz de la ecolocalización de un murciélago y lo utilizan para escapar, pero esa pequeña frecuencia es lo único que oyen.[19]

Sabemos que es menos probable que los animales nos detecten cuando buscan algo, como, por ejemplo, comida. Combinar este conocimiento con la visión reducida de un animal con la cabeza gacha nos da una enorme ventaja para comprender cómo acercarnos sin asustarlo. Algunos estudios demuestran que los pájaros tienen un veinticinco por ciento menos de probabilidades de detectar a un depredador cuando están buscando comida, y otro cuarenta y cinco por ciento cuando la picotean.[20] Podemos pasar un buen rato y aprender más jugando a las estatuas o al escondite inglés con ellos.

En la versión humana del juego, alguien está de pie de espaldas a un grupo y trata de sorprender a los demás mientras se acercan sigilosamente al darse la vuelta de golpe. Si juegas con pájaros, notarás que, si avanzas cuando están picoteando, podrás acercarte mucho más antes de que salgan volando. Para nosotros, este juego es diversión educativa, pero para nuestros antepasados la técnica que contiene habría supuesto la diferencia entre vivir o morir.

Este juego también es instructivo en otros aspectos. Primero, es más difícil jugar con caballos, ovejas o ciervos que con humanos, porque con estos animales debemos ser sensibles a nuestro olor y la dirección del viento. Y también tenemos más probabilidades de ser vistos, incluso cuando el animal no nos mira porque tiene una visión periférica mucho más aguda. El simple acto de considerar si un animal es un depredador o una presa nos dará una buena idea de la amplitud de su mundo visual.

Muchas presas tienen los ojos a los lados, lo que significa que ven casi todo lo que hay a su alrededor; los caballos ven, con al menos un ojo, todo lo que les rodea, excepto los diez grados justo detrás de ellos. Acercarse a un caballo por detrás sin hacer ruido dependería, en teoría, de que no girara la cabeza cinco grados. Para tener una idea de lo poco que es esto, estira el brazo izquierdo con el puño cerrado. Ahora mira el lado izquierdo y, sin mover los ojos, mueve la cabeza hasta posar los ojos sobre el nudillo del medio (es sorprendentemente difícil porque nuestros ojos quieren enfocar algo, como un nudillo, pero, gracias a ello, te haces una idea; no desafíes a un caballo a este juego en concreto).

Segundo, como hemos visto con la mosca, cada especie tiene su propia relación con el peligro y la distancia. Todos los animales tienen una distancia media y máxima a la que pueden detectar a un depredador, y estas se ven influenciadas por el área y las experiencias de estos animales. Sé que puedo acercarme a unos doscientos metros de la mayoría de ciervos de mi zona antes de tener que extremar el sigilo, pero en zonas más abiertas de las Tierras Altas de Escocia, donde a un ciervo le cuesta más encontrar refugio y el contacto humano es más escaso, la distancia puede ser mucho mayor. La cuestión es que cada animal tiene sus propios patrones de detección y podemos aprenderlos a través de la experiencia. La probabilidad de que un gorrión nos detecte crece a medida que nos acercamos,[21] pero no cambia mucho para un estornino, que tiene casi las mismas probabilidades de detectarnos a cuarenta metros que a diez.

Uno de los mayores beneficios de tener en cuenta el *Umwelt* de otros animales es que nos ofrece nuevas perspectivas del mundo de las señales. Una serpiente de cascabel puede parecernos interesante o peligrosa, pero constituye una grave amenaza para la *Otospermophilus beecheyi* (ardilla de tierra de California).[22] Para sobrevivir, la ardilla necesita averiguar lo más rápido posible todo cuanto pueda sobre el depredador. Desde este *Umwelt*, el cascabeleo deja de ser solo una manera de identificar a la serpiente y se convierte en una especie de código morse: a partir del volumen, el tono y el ritmo del sonido, las ardillas deducen el tamaño y la temperatura de la serpiente.

Esta información es valiosa porque, como hemos visto antes, la temperatura guarda una relación directa con lo activos que estarán los reptiles. El cascabeleo es audible para nosotros, así que no hay motivo para que no intentemos, al menos, interpretar la señal.

Comprender el *Umwelt* nos da una mejor idea de qué harán a continuación los animales y cómo podemos influir en ello adaptando nuestro movimiento o apariencia. Abrazar la idea del *Umwelt* constituye también un acto de generosidad. Al reconocer a los animales, los devolvemos a sus mundos. Pero también nosotros conocemos cientos de nuevos paisajes dentro del que tenemos delante. La colina no es solo nuestra, sino un montículo de colores más ricos para el halcón, una montaña para el escarabajo, un refugio para el ciervo y un refugio contra el viento para la oveja fría y mojada. Empecemos a percibir e imaginar todas las posibilidades.

Traición

Estamos construyendo una visión práctica de la naturaleza como un mundo de señales que nos ofrecen significado al instante y desencadenan acciones predecibles. Pero la evolución dicta que la naturaleza nunca permanece inmóvil y siempre incorporará cambios que ofrecen una ventaja competitiva. Algunos organismos lo han aprendido emulando ciertas señales que pueden desencadenar una reacción deseada en otra criatura. Ahora que disponemos de esta herramienta en nuestra bolsa evolutiva, algunos trucos son de esperar.

Los gallos jóvenes seducen a las gallinas anunciando comida cuando no la hay, la clase de truco barato del solterón sin oficio ni beneficio y superficial que se presenta a una cita conduciendo un coche que no puede permitirse.[1] Algunas hembras de pinzón se inquietan si su pareja pasa demasiado tiempo lejos del nido *(plus ça change?)* e imitan el sonido del macho, lo que, como es de esperar, hace que su pareja regrese apresuradamente.[2]

Al parecer, después de haber suplicado compañía de maneras más directas, Achille, un gorila solitario del zoo de Basilea, aprendió que el engaño funcionaba donde otros esfuerzos fracasaban.[3] Al fingir que el brazo se le había atascado en la red metálica que cubría su jaula, forzaba en repetidas ocasiones que un cuidador acudiese a liberarlo, lo que le proporcionaba compañía al menos durante un corto periodo de tiempo.

Los chorlitos dorados fingen estar heridos para alejar las amenazas de sus pequeños y las serpientes van un paso más allá, pues se hacen las muertas hasta que perciben que el peligro ha pasado. El pez *Aspidontus taeniatus* ejecuta una danza falsa. Algunos peces permiten que los «peces limpiadores» se coman los parásitos de su piel, pero hay un protocolo para este acuerdo.[4] El pez limpiador debe ofrecer sus servicios, cosa que hace con una danza coreografiada. Si el huésped acepta que lo limpien, manifiesta su disposición y el trato se cierra. El *Aspidontus taeniatus* ha aprendido la danza del limpiador, pero no tiene intención de comerse los parásitos: cuando la danza le permite acercarse a una víctima desprevenida, aprovecha la oportunidad para arrancarle unos cuantos bocados; es encantador.

Los animales no tienen el monopolio del engaño. El aro gigante, también conocido como flor cadáver, emite un olor a carne podrida para atraer a escarabajos y moscas, que se marchan embadurnados de polen. Las plantas carnívoras producen un olor dulce para atraer a insectos visitantes que ya nunca se marcharán. Y las pasionarias tienen un punto amarillo en sus hojas que parece un huevo de mariposa y que utilizan para engañar a otras para que no depositen los suyos en ellas.[5]

Investigaciones más recientes revelan una sofisticación impresionante en el mundo de la traición vegetal. A algunas moscas carnívoras les gusta devorar abejas, en especial abejas moribundas. La planta paracaídas *(Ceropegia sandersonii)* atrae a la mosca *Desmometopa* al producir cuatro sustancias químicas que imitan exactamente aquellas que emiten las abejas en problemas. Al percibirlas, la mosca piensa que hay una abeja moribunda dentro de la flor con forma de campana, pero lo único que encuentra es un montón de pelos que imposibilitan su escapatoria y el comensal se convierte en la comida de la flor.

Antes de que nos lancemos a sermonear a la naturaleza sobre la inmoralidad de su comportamiento deshonesto, debemos recordar que nosotros también participamos en este juego. Los indios penobscot de Maine atraían a los ciervos hasta el alcance de sus flechas usando un cono hecho con corteza de abedul para imitar los sonidos de su pareja.[6] Los cazadores ainu de Japón y otros territorios han usado trucos similares con los ciervos.[7]

¿Socavan estos engaños los cimientos de lo que intentamos hacer? No, al contrario. Los engaños solo funcionan porque las señales son poderosas, pero las honestas siempre dominarán. De lo contrario, el sistema falla.

Una criatura historiada

Hay muchas verdades y mentiras en el folclore, pero ver su propósito solo a través de esa lente es demasiado limitado. El papel del folclore va más allá de llenar la despensa de nuestras mentes y resulta más eficiente que los hechos aislados sin procesar. El mejor folclore contiene verdades, a menudo envueltas en ficción, y las presenta de manera entretenida y memorable. Las historias acceden a partes de nuestro cerebro que los hechos o instrucciones no alcanzan por sí solos. Por esta razón, los consejos de salud a menudo contienen historias cortas en vez de instrucciones. Los paquetes de cigarrillos dicen «Fumar mata», no «Deje de fumar». Nuestro sistema límbico de pensamiento rápido está a cargo de las emociones y el aprendizaje, por lo que no es sorprendente que recordemos aquellos datos que nos emocionan; este es el trabajo de las historias.

Es más, el folclore es algo con lo que deberíamos sentir una conexión especial, porque es exclusivo de nuestra especie. Se sabe que los monos verdes mienten y engañan; en una ocasión, se vio a uno dar la alarma del león, lo que hizo que otro dejara caer su plátano, y el primero lo robó. Otros animales tienen un lenguaje y son capaces de inventar y engañar, pero no cuentan historias.[1] Disfrutar de las historias es ser humanos. Nos permiten compartir una verdad más grande en medio de pequeñas ficciones.

Los mejores mensajes sobreviven al creador de la historia, al que la cuenta e incluso a la historia en sí misma. Nuestros valores morales han sido moldeados por historias ciertas y ficticias en maneras que no podemos rastrear. La historia hace su trabajo de una manera modesta y, luego, es posible que desaparezca de nuestra memoria.

Cualquier niño se aburriría si alguien le dijera continuamente «sigue intentándolo», pero una historia sobre una tortuga que vence a una liebre en una carrera entra mejor. La vida puede ser cansada, dura y tediosa para todos nosotros, así que a veces es bueno educar con el disfraz del entretenimiento.

El folclore ha formado parte de todas las sociedades humanas que conocemos, lo que es un argumento a favor de que se trata de una necesidad y no de algo voluntario. Es una de las caras de la sabiduría de dichas sociedades. Si consideramos los diferentes roles del folclore (entretenimiento, educación, inspiración y guía), vemos por qué algunos funcionan mejor que otros y qué papel pueden jugar en nuestro objetivo de aplicar el pensamiento rápido en la naturaleza.

Algunas de las historias más famosas que nos han llegado se atribuyen al antiguo cuentacuentos esclavo griego Esopo, quien «enseña grandes cosas a partir de temas de poca importancia [...], tras anunciar una historia que es falsa —todo el mundo lo sabe—, por el hecho mismo de no hablar de cosas verdaderas es veraz».[2] Muchas de las fábulas son etiológicas: pretenden explicar la causa de algún fenómeno natural; cómo la tortuga consiguió su caparazón o por qué las hormigas roban.

Los cuentos etiológicos demuestran los valores educacionales y las dificultades a la perfección: se nos ofrece una pintoresca razón falsa para explicar una característica verdadera de la naturaleza. Es posible que recordemos este atributo y no demos valor a la ficción, en cuyo caso nos irá mejor. Pero algunos, de mentalidad literal, quizá recuerden la falsa razón y no el atributo, en cuyo caso los habrán conducido por un camino falso. Algunos disfrutan de la historia y no le dan más vueltas.

Antes del registro escrito, reciente, lo único que aseguraba la supervivencia del folclore era su propio mérito. Si una historia era especialmente entretenida, informativa, de actualidad, sorprendente o inspiradora, era más probable que se divulgase y sobreviviera; esto significa que el folclore debía ser viral, pues, de lo contrario, desaparecía.

> El cormorán fue una vez un mercader de lana. Se asoció con la zarzamora y el murciélago y, juntos, fletaron un barco con lana. El barco chocó contra unas rocas y se hundió. Esta pérdida hizo que la empresa quebrara. Desde ese desastre, el murciélago merodea escondido en su cueva hasta el crepúsculo para evitar a sus acreedores. La zarza agarra a cada oveja que pasa para compensar su pérdida y se queda con parte de su lana, mientras que el cormorán se sumerge para siempre en las aguas profundas, con la esperanza de descubrir dónde reposa su navío hundido.[3]

Esta historia es típica del folclore: no es la mejor historia del mundo, pero es agradable, entretenida, incluso divertida y educativa. Las características de tres animales se entretejen en un cuento sobre un plan que salió mal.

El entretenimiento no siempre se presentaba en forma de historia, a veces era más físico. Durante cientos de años, los cambios de estación se subrayaban mediante celebraciones rituales. Nadie podía olvidar la llegada del solsticio de invierno cuando iba acompañado de un festival del fuego y la mayor fiesta de la estación, de la misma manera que su sucesora, la Navidad, no pasa desapercibida ahora. Y, por otra parte, está el placer del arte: el conocimiento sobre los animales se transmitió a través de pinturas en las cavernas decenas de miles de años antes de que John James Audubon inspirara a tantos con sus magníficos cuadros de pájaros.

Pero las palabras son mejores que las imágenes y las fiestas para transmitir la sabiduría natural, ya que son la forma de sabiduría popular más portátil y fácil de divulgar. Piensa en el sol de invierno en las altas latitudes. En el Ártico, el sol apenas aparece por encima del horizonte meridional antes de desaparecer otras veintitrés horas. El autor estadounidense Barry Lopez añade otra capa al mostrarnos qué se siente al presenciarlo: es como observar a «una ballena dándose la vuelta», una imagen que tiene más efecto que los hechos por sí solos. Si esta imagen te vale, si crea una mininarración satisfactoria, entonces es más probable que la compartas, como he hecho yo aquí. Se convierte en una pieza de microsabiduría popular. A veces, somos lo bastante afortunados como para sentir cómo se forma nuestra propia sabiduría popular.

Hace algunos años, mientras navegábamos cerca de Islandia, disfrutábamos del sol de medianoche cuando fuimos golpeados por sorpresa por unos fuertes vientos. El barco se ladeó y nos apresuramos a arrizar las velas. Como capitán, estaba alarmado; la fuerza del viento había aumentado y la causa no era inmediatamente aparente, pero, unos segundos más tarde, divisé al culpable en el horizonte.

Los vientos catabáticos bajaban soplando por encima del hielo de las montañas que teníamos al este. Cuando el aire entra en contacto con superficies frías, como montañas nevadas, se enfría y se vuelve más denso que el aire que lo rodea, por lo que la gravedad lo arrastra cuesta abajo. Así, toma velocidad hasta que una ráfaga de aire helado alcanza el pie de la montaña. Hacía años que conocía la geografía y meteorología de este fenómeno, pero no es la geografía ni la meteorología ni ninguna otra «logía» lo que te viene a la cabeza en una ocasión como aquella. Buscamos algo más profundo: caracteres. Vi un monstruo de viento, invisible y aterrador, que descendía por la montaña. No es una criatura con rasgos físicos característicos, ni una que conozca de otras historias (creo), pero cada vez que veo las frías pendientes de montañas cercanas, me la imagino bajando por ellas. Esa imagen me recuerda los peligros mejor de lo que lo haría ningún texto formal. Si fuera a transmitirlo como parte de una sabiduría popular, necesitaría dar un nombre al monstruo y trabajar un poco más en la historia, pero aquí no lo presento como sabiduría popular, sino como su germen.

Antes de que Aristóteles y compañía comenzaran a observar y codificar la naturaleza, la sabiduría se transmitía a través del folclore. Y existimos como especie porque somos más inteligentes y sabios que otras especies. En la naturaleza, la inteligencia por sí sola no basta: aquellos con el coeficiente más alto tienen pocas posibilidades de sobrevivir sin la sabiduría. Probablemente, el ser humano moderno en una sociedad industrializada es igual de inteligente que nuestros ancestros (aunque no lo sabemos con certeza) y podemos acceder a una cantidad infinitamente mayor de conocimientos naturales que ellos. No obstante, somos menos sabios en lo que respecta a la naturaleza de lo que ellos eran, y solo puede haber dos razones para esto: la falta de experiencia en el entorno natural y una carencia de conocimientos a los que podamos acceder de manera instantánea. Si observamos una aplicación contemporánea de esta idea, sin recurrir a la tecnología, cobrará vida.

Imagina que estás organizando una excursión y un pícnic en un día de verano. Te despiertas emocionado por el día que te espera, pero, al mirar fuera, ves que el paisaje está cubierto por una densa neblina. La neblina es vapor de agua, una prueba directa de la humedad del aire, y no parece augurar muy buen tiempo. Estás a punto de cancelar el pícnic, pero, entonces, recuerdas un viejo dicho: «Mañanita de niebla, tarde de paseo». Y salís a disfrutar de cómo la neblina escampa y el sol domina el día. La meteorología puede ser interesante: las neblinas matutinas son más probables bajo cielos nocturnos despejados, lo que hace más probable que el cielo esté despejado durante el día a medida que el sol calienta la tierra, pero los hechos son tediosos y se olvidan fácilmente. Al dar un carácter a la neblina y responsabilizarla de una acción, los pastores sintetizaban información útil en un fragmento de sabiduría popular que era breve, memorable y útil.

Otro ejemplo podría ser la antigua idea de que las serpientes guardan tesoros. A las serpientes no podrían importarles menos los metales preciosos, y aun así, esta idea tiene valor:

a los humanos les encanta la fortuna y deben cuidarse de algunas serpientes. Al situar algo muy valorado, una meta, al otro lado de un enemigo genuinamente peligroso, tenemos los ingredientes necesarios para crear una historia muy corta, memorable y útil. Tal vez no la recordemos a diario, pero probablemente volverá a nuestra mente consciente si cavamos en busca de algo en un día cálido. En términos de consciencia y supervivencia, este tipo de sabiduría popular es más valioso que el conocimiento de todo un libro sobre el comportamiento de las serpientes que no recordaremos en ese instante.

Los rasgos del paisaje se convierten en personajes míticos y quedan ligados en nuestra memoria por las historias de sus relaciones. Es cartografía oral, y tiene muchas formas, desde las canciones que recordaban a los marineros la característica costera que encontrarían frente a un cabo hasta las letras de las canciones aborígenes. El hilo de cada historia vendrá dictado por la característica o el recurso más importante. Una investigación académica en Australia a mediados del siglo pasado lo planteó de la siguiente manera: «Todo el desierto oeste está cubierto por los rastros serpenteantes de seres ancestrales, que siguen en su mayoría, aunque no siempre, las rutas conocidas de pozos, permanentes y temporales».[4]

Una de las grandes ventajas de mezclar mito con rasgos físicos es que se sostienen mutuamente. El rasgo del paisaje ejercita la memoria mientras que la historia desencadena otro recuerdo y, luego, una predicción. Un afloramiento rocoso puede convertirse en un murciélago de una historia, lo que recuerda al viajero las cuevas a las que pronto llegará. Para los aborígenes, las historias eran recursos prácticos, como lo puede ser un mapa para nosotros. Un grupo era capaz de encontrar agua en territorio desconocido porque «unos ancianos habían estado allí antes [...] y conocían las historias».[5]

En una escala mucho menor, se nos anima a fijarnos en los detalles. Una marca en una roca es una huella famosa; los peñascos son el equipaje de los gigantes. Si la historia es lo bastante buena, recordaremos los puntos de referencia más pequeños. En cualquier paisaje hay ciertos lugares asociados a comportamientos animales concretos. Desde una perspectiva práctica, cualquier cosa que nos ayude a predecir un comportamiento es valioso, sin importar su exactitud científica. Esto explica las muchas historias de lugares encantados porque, para aquellos que están convencidos, las pruebas son claras: en ese lugar exacto, los animales perciben un fantasma u otra fuerza macabra y reaccionan mal. Si un caballo se asustara a menudo en el mismo lugar de un camino, todos los jinetes lo sabrían. Enseguida se habrían extendido historias de fantasmas amenazadores entre las gentes del lugar y habrían hecho que los jinetes tuvieran cuidado al pasar por ese sitio, para evitar cualquier daño. Que junto al camino haya una zona de tierra más oscura (que pasa inadvertida para los humanos, pero resulta alarmante para los caballos) no es el tipo de historia que viaja ni tan lejos ni tan rápido.

Las rimas, la escansión y las herramientas del poeta ayudan a que la sabiduría popular quede registrada en nuestra mente, razón por la cual las pocas historias que contienen algo de verdad tienen valor. Las rimas son más fáciles de recordar. Nuestro clima llega típicamente por el oeste, así que un cielo rojo de noche significa que podemos ver hasta lejos en la dirección del sol poniente. Es una señal de que el cielo estará despejado hacia el oeste y por tanto un presagio de buen tiempo. Un cielo rojo de noche es la delicia del pastor y una clase magistral para el folclorista.

El folclore más efectivo acentúa nuestra sabiduría natural al tejer una capa extra en la tela del paisaje, que nos ayuda a recordar, ver, comprender y predecir cosas que, de otro modo, podríamos haber ignorado. En una era científica, donde se da más autoridad a la palabra escrita que a la hablada, todavía podemos aprender de las historias que oímos sobre lo que nos vamos a encontrar. Cuando afloran de nuestro inconsciente y nos ofrecen una perspectiva útil en una situación más allá del análisis lento, su valor es incuestionable.

Los ikus

Emergí de un bosque de pinos bajo un opaco cielo gris y seguí un camino de arena, barro oscuro y agujas de pino muertas que salía del bosque; luego, atravesé el brezo. Había retoños desperdigados por el lugar, pero ahora el cielo estaba abierto. Un arbusto de tojo solitario añadía un toque de amarillo a la escena y me incliné para aspirar su aroma a coco. Sonreí al recordar que la potencia del aroma depende de los niveles de luz solar que recibe la planta; cuanto más sol, más fuerte es el olor. Rodeé el arbusto y encontré más flores en el lado sur, bañado de sol, algo típico; sería fantasioso fingir que detecté cambios en el aroma. No obstante, algún día lo conseguiré.

Los sonidos de los pájaros se desvanecieron a medida que me adentraba en el brezal y llegó un nuevo silencio, que se vio roto por las voces de los niños procedentes de otro bosquecillo, transportadas por la brisa del norte. Caminé hasta alcanzar el margen del brezal y, una vez allí, me encontré con un muro de azaleas. Me escurrí por un agujero y retomé mi camino entre abedules y acebo; entonces, el dosel volvió a oscurecerse y escuché las quejas y murmullos de las piñas vacías bajo mis pies.

Al otro lado de los pinos, la tierra se abría una vez más y vi un roble, el primero en mucho tiempo. En el espacio de unos cuantos pasos, el suelo se había oscurecido y la arena había desaparecido. Los sonidos de los pájaros habían regresado, tal y como esperaba. Carboneros garrapinos y zorzales cantaban cerca. El árbol, el color de la tierra y los sonidos de los pájaros se habían unido.

Hábitat: hogar o entorno natural de un animal, planta u otro organismo.

Ecología: rama de la biología que estudia las relaciones entre organismos y con su entorno físico.

Biotopo: región de un hábitat asociada a una comunidad ecológica concreta.

Hábitat, ecología, biotopo…[1] Cada una de estas palabras cumple una función, una función solapada y clínica. Y cada una presenta una debilidad. Por desgracia, no nos orientan hacia una experiencia de las señales que contienen y, por esta razón, prefiero emplear una palabra diferente: «ikus». No te molestes en buscarla en el diccionario, no la encontrarás.

Ikus: hábitat concreto que se experimenta como una colección de señales entretejidas.

La verdad es que no me he inventado esta palabra, ni tampoco la he robado. La tomé prestada, la rompí y, luego, fabriqué algo con los trozos. La he usado en mis libretas desde hace tanto que me llevó un tiempo descifrar su origen. Al ojear viejos apuntes, rastreé su extraña etimología. Resulta que había usado una palabra extranjera y había permitido que se corrompiera; el término evolucionó hasta tomar el sentido expuesto arriba.

Hace unos cinco años, aprendí que los aborígenes Hai‖om de Sudáfrica se refieren a su hogar como ǃhus (esta palabra fue un intento de transliteración del dialecto local a nuestro alfabeto). No me pareció memorable. Empecé escribiéndola como «ihus», que se convirtió en «ikus». Pero el concepto que me gustaba era que los Hai‖om concebían su entorno como una mezcla de la tierra y las influencias del cielo, las plantas, los animales y los humanos; por ejemplo, *tsaboǃhus* significa 'tierra de suelo blando'. Diversos experimentos con versiones de ella se mezclaron con mi fascinación creciente por las señales de la naturaleza y dieron lugar al concepto «ikus».

Sabemos que reconocer a un animal o planta es ver también una señal, pero hay mucho más en esto que un simple salto de la observación a la señal. Cada organismo indica la probabilidad de la presencia de otros organismos concretos y todos estos, a su vez, también son señales. Estos indicadores no están restringidos a otras plantas y animales. Cada organismo señala también la probabilidad de ciertas características del entorno y el paisaje. Y fluye en ambas direcciones: cada característica del terreno indica la probabilidad de que encontremos otras características del terreno y organismos concretos. Cada pequeña zona de paisaje es una red de señales interrelacionadas e interconectadas, y siempre que detectamos un cambio en una, nos da una pista de cómo está cambiando el tapiz a nuestro alrededor.

Los naturalistas siempre han visto el mundo a un nivel similar. Como escribió Richard Jefferies en 1879, «los cuervos a menudo construyen en robles, y, a menos que se los aleje a tiros, regresarán al mismo vecindario el año siguiente. Parece que prefieren lugares cerca del agua y visitarán el lugar mucho después de la época de nidificación».[2]

Vemos aquí una relación entre el cuervo y el paisaje: prefieren una especie concreta de árbol y les gusta construir el nido donde hay agua cerca. Como es de esperar, no les gusta que les disparen. Visto desde otra perspectiva, tenemos un hábitat preferido por un pájaro. Encontrar un roble cerca del agua debería aumentar nuestra probabilidad, especialmente en ciertas épocas del año, de encontrar al pájaro. Visto desde otra perspectiva, la visión de un cuervo haciendo el nido es una señal de que debe de haber un roble y agua cerca.

Para apreciar el potencial de la perspectiva de los ikus lo único que debemos hacer es reparar en que el cuervo, el roble y el agua son señales de una docena de cosas más, todas interconectadas. La complejidad total puede ser abrumadora para nuestra mente consciente, pero no tiene por qué serlo para la inconsciente: a esta se le da genial unir puntos, registrar y controlar patrones y alertarnos de sorpresas e inconsistencias. Se nos da tan bien que puede que ni te hayas percatado.

Si una persona de tu vecindario comienza a vestirse o a actuar de manera extraña, te llamaría tanto la atención como si vieras a un canguro tumbado en la hierba del parque de tu zona. Lo primero es una señal para la que hemos retenido cierta sensibilidad; lo último es un ejemplo ridículo y flagrante del tipo de cosa con la que hemos perdido el contacto, una señal natural de que algo no es como esperábamos. En ambos casos, nuestro inconsciente nos ha dicho que se ha roto un patrón familiar. Con la práctica, la forma inusual de una hoja saltará a la vista como lo haría el canguro, pero para ver las anomalías primero debemos aprender a ver los patrones normales.

En 1936, Harley Harris Bartlett, un botánico, estudió cómo el pueblo maya, un grupo indígena de Mesoamérica, leía sus paisajes.[3] Ilustró cómo reconocían comunidades de plantas y la especie dominante en cada una de ellas. Desde entonces, se ha investigado mucho más, y donde sea que se lleven a cabo estos estudios, descubrimos que los pueblos indígenas reconocen especies individuales, pero también conciben cuanto los rodea como una colección de tipos de paisajes diferentes. Poco después de la Segunda Guerra Mundial, el antropólogo Donald Thomson escribió sobre la cultura de los nombres entre los wik monkan, una tribu aborigen australiana. Descubrió que tenían nombres para designar personas, plantas y animales individuales, además de para objetos manufacturados como herramientas y armas, pero también contaban con su propio sistema de clasificación del paisaje y dividían su país en «tipos», cada uno determinado por su geografía y botánica.[4]

Resulta que los wik monkan son la regla y no la excepción. Cuando una pareja de antropólogos revisó documentación de conocimiento indígena, investigaciones que habían estudiado zonas desde Alaska a Australia, encontraron un denominador común. Los científicos sociales Eugene Hunn y Brien Meilleur descubrieron que las comunidades indígenas identificaban docenas y, en algunos casos, más de cien categorías diferentes de paisajes o «ecotopos». Algunos se centraban en las comunidades vegetales, pero la mayoría incluían tipos de paisaje más allá de las plantas.

Está claro que en las sociedades industrializadas hemos permitido que muchos paisajes diferentes se fundan en uno solo. Todavía podemos dar un paseo por «bosques oscuros». En general, no caminamos del *heridzololima* al *iitsaapolima*, del «bosque de dosel alto y cerrado sobre suelos húmedos cerca de riachuelos» al «bosque de dosel alto y cerrado en vegetación secundaria de antiguos jardines», de la manera en que lo hacen los baniwa del Amazonas.[5]

Podemos aproximarnos de manera práctica mediante la observación de simples asociaciones, comenzando con parejas, y ampliarlo poco a poco. En mis paseos, a menudo veo los montículos que crea la hormiga *Lasius flavus*. Parece que hay algo en la manera en que los construye que agrada al tomillo de monte, y comencé a fijarme en que crece en ellos a menudo. Esto es una asociación, una bonita y sencilla pareja. Cabe destacar que aquí no he solucionado ningún gran misterio ecológico, solo me he fijado en una florecilla bonita que crece en un lugar concreto.

Practico la observación de los montículos y aprendo que suelen estar asociados a la flor; pronto, la visión de los montículos hace que busque la flor sin pensar en ello. Queda demostrado que el tomillo de monte es una flor quisquillosa: le gusta tener mucho sol y es mucho más común en el lado sur de estos montículos, mucho más soleados. Otra unión simple es la de planta y orientación, pero ahora tenemos una triple asociación: hogar de insecto-planta-dirección, hormiga-tomillo-sur.

Cuando el tomillo de monte está en flor en verano, sus pequeñas flores rosas y púrpura destacan al añadir un toque de color al lado sur de los montículos. Disfruto con esta observación y lo busco en mis paseos; establezco esta asociación: montículo, color, aspecto. Entonces llega un momento en que veo el sur en el tono rosa del montículo en la colina. No es un momento dramático: llega con facilidad. El pensamiento consciente se difumina y emerge el sentido de ver la dirección en el color. No es escandaloso ni una percepción robusta, solo un tímido apunte, pero, sin duda, está allí. Y es una experiencia placentera, como si a las sinapsis entre mis orejas les gustara este juego.

Esto no tiene nada que ver con las hormigas, la flor o incluso la dirección, sino con la observación de las parejas. Las especies son diferentes en todo el mundo, pero la aproximación es la misma. La clave son las asociaciones que experimentamos y la familiaridad que desarrollamos con ellas.

De la misma manera, no siempre se trata de explicar la asociación. Es muy satisfactorio ser capaz de decir que veremos una mariposa náyade después de que Pegaso adelante al sol en el este al amanecer porque comprendemos la relación entre la órbita de la Tierra alrededor del sol y el calendario estelar, pero... la mariposa y las estrellas seguirán haciendo lo suyo sin nuestra explicación. Personalmente, animaría a todos a comprender la conexión cuando sea posible, pero a no colocar esto por encima de la observación y la experiencia.

La observación permanece válida y valiosa *incluso si la explicación es errónea*. Es probable que allí donde vemos campanulas haya madrigueras de tejón. Esta es otra asociación y pareja básica, una tan fiable que se creía que ambos elementos eran simbióticos.[6] Ahora sabemos que hay poca relación causal directa entre los diferentes organismos y solo los vemos cohabitar porque ambos comparten su amor por el mismo suelo calcáreo. No obstante, debemos tener presente que nuestros antepasados *repararon* en esta asociación, aunque vieran causalidad donde no la había. Sabían que donde crecían campanulas verían tejones y viceversa.

La naturaleza siempre establece conexiones donde nosotros tendríamos problemas para predecir una. Un nido de avispas o de hormigas puede generarnos una sana repulsión y forzarnos a retroceder ante su inquietante frenesí. Pero hay al menos un centenar de especies de pájaros a las que les gusta construir el nido en un radio de un metro y medio de estas criaturas que pican y muerden; el recelo de un animal es la oportunidad de otro.[7] Es más probable que a los chochines les salgan las plumas temprano si su nido está cerca de un avispero. Los grajos defienden su territorio a capa y espada, y repelen a los pájaros de presa, como los halcones de su colonia. Esto crea un escudo de seguridad en las colonias de grajos para cualquier criatura, como el faisán, que teme a los halcones, pero no a los grajos.

Los aborígenes han demostrado habilidades extraordinarias para encontrar agua en partes áridas y remotas de su país. Lo consiguen mediante la observación de cualquier cambio en la flora, el comportamiento de los pájaros y otros animales, pero también al sintonizar a un nivel forense con la forma de la tierra. «Podría encontrar charcos en una zona rocosa por la forma de las rocas», dijo Wintinna Mick al investigador David Lewis en los setenta.[8] Y otro aborigen indicó que, para hacerlo, observaría el lado sotavento de las escarpaduras.

Es nuestro conocimiento perdido, un amor por los detalles del paisaje que se ha fugado, lo que hace que estas habilidades parezcan sobrehumanas. Los mayas veían cada cambio diminuto en el color y carácter del suelo: *sahkab lu'um* es un suelo negro intenso mientras que *ch'ich lu'um* es un suelo negro intenso fértil con pequeñas piedras.[9] En la lengua sahaptin de los nativos de la meseta del río Columbia, la palabra *xaat'ay* indica el lugar donde un arroyo se vuelve poco profundo y pasa sobre rocas planas.[10] La única razón de que exista este término es que esta característica del paisaje es valiosa para quien lo emplea. Los indios observaron una pareja útil entre el paisaje y el comportamiento animal: las aguas poco profundas y las rocas exponen a los salmones migradores a las lanzas de los cazadores. Esta asociación es análoga a una observación hecha por los pescadores palauan de la Micronesia, que usan la palabra *hapitsetse* para describir el área donde las corrientes convergen río abajo en una isla y agitan las aguas, señalando dónde hay atunes.

Hemos abordado cómo la tierra, el agua, el clima, las plantas y los animales forman parte de la fina matriz que constituye cada parcela de hábitat que encontramos, pero otra consideración importante es la influencia humana. Los seres humanos tenemos el hábito de producir un impacto en nuestros ecosistemas. En general, esto se ve como algo negativo (no hemos sido los guardianes más conscientes durante los últimos siglos), pero la verdadera imagen es siempre más compleja. No es una cuestión de humano = malo, naturaleza = buena.

En los Alpes, los alluetais, una comunidad rural de campesinos, cambian su paisaje como lo hacen todas las personas que se establecen en un lugar. Para ellos, su mundo está compuesto de microhábitats especializados, como para la mayoría de pueblos indígenas. La tierra de Les Allues es rocosa, y la mayoría de las piedras grandes deben retirarse antes de cultivar ningún campo. Como consecuencia, en los márgenes de los campos se acumulan pilas de rocas, conocidas por sus habitantes como *les mordjes*. Los alluetais han observado que las pilas de rocas cobran vida propia y que algunas plantas prefieren la tierra removida y las pilas de roca al campo trabajado o la tierra intacta. Las pilas de rocas atraen a las frambuesas, las zarzamoras y el saúco, que a su vez atraen a pájaros que disfrutan de las bayas.[11]

Cuando un granjero escoge un cultivo, no solo dicta qué plantas crecerán, sino también la fauna que compartirá ese espacio. Y esa elección estampará la tierra mucho después de que ellos mismos hayan regresado a ella. Como observó Richard Jefferies, los cultivos sobreviven al granjero:

> Estos vergeles son un vestigio de los días en que los monjes trabajaban en los viñedos y el huerto, y puede que incluso de antes. Cuando una localidad ha tomado el hábito de sembrar un cultivo concreto, sigue produciéndolo siglo tras siglo; y de este modo, hay pueblos famosos por sus manzanas, sus peras o sus cerezas, y otros de la zona no cultivan tales productos.

Nuestros motivos tal vez sean diferentes: no dependemos de la observación de la forma de las rocas para encontrar el agua que nos salvará la vida, ni de las ondulaciones en la superficie del agua para cazar nuestra cena, pero no por ello nuestra habilidad de percibir estas cosas se pierde; si escogemos mirar. Este es el único gran obstáculo que encontramos para reavivar estas habilidades: que es opcional. Ya no hay ningún argumento de peso para decir que son necesarias en un sentido físico. El pueblo fulani de la región del desierto de Sahel, en África, no tiene otra opción que controlar su entorno en busca de los cambios más sutiles en el hábitat: sus vidas dependen de que encuentren pasturas en el territorio por el que se mueven. Es de esperar, por tanto, que sean sensibles a la manera en que el paisaje, el agua, la tierra, las plantas, los animales y los seres humanos influencian cada pequeña parte de dicho territorio. Solo este nivel de interés podría engendrar una palabra como *hanhade,* que hace referencia a una zona muy pequeña de tierra que tiene a la vez un sabor amargo y salado. Los fulanis tienen cerca de cien nombres similares para clasificar el entorno.

Es tentador pensar que estas señales son más frecuentes en lugares exóticos como el Sahel porque la gente allí nos recuerda, por medio de antropólogos pioneros, estas habilidades perdidas. Pero un puente en la Inglaterra suburbana puede desencadenar una búsqueda de excrementos de nutria, una señal de dicho animal. La reacción de las palomas en una ciudad puede ayudarnos a comprender el comportamiento de las gacelas en el Serengueti, y viceversa.

Al agrupar todas las piezas potencialmente complejas todavía establecemos una aproximación simple. Cada porción de la superficie de nuestro planeta es un tapiz de señales de tierra, agua, clima, plantas, animales y seres humanos. Tratar de ver de una sola vez la matriz entretejida en su totalidad resulta imposible, así que empezamos fijándonos en asociaciones simples: en ciertos suelos es probable que veamos determinadas plantas; las aguas estancadas señalan la presencia de insectos concretos. Poco a poco y gracias a la práctica, las parejas se convierten en tríos, que empiezan a influenciarse mutuamente. En este punto hemos empezado a sintonizar con los ikus locales. Tenemos una noción de lugar.

A medida que nos movemos por el paisaje, la sensibilidad a nuestros ikus nos permitirá esperar cosas concretas del comportamiento de la tierra, el agua, el clima, las plantas, los animales y los seres humanos que encontremos. Percibiremos los patrones. Si nuestros sentidos nos dan cosas que encajan con estas expectativas, nos sentimos en sintonía con nuestros ikus; desarrollaremos una magnífica noción de dónde estamos.

También significa que tenemos una referencia: cualquier novedad o anomalía destacará como una señal impresionante.

El cambio de ikus más simple, más fácil de detectar y más drástico se produce cuando nos movemos entre sitios con influencias geológicas muy diferentes. Si pasamos de una zona con una base rocosa de creta o caliza a una zona ácida, las señales del suelo, del agua, de las plantas, de los animales e incluso de los seres humanos cambian rápidamente. Lo observaremos. Prácticamente, lo único que no cambiará de inmediato será el clima.

Pero lo importante de los ikus es promover un acercamiento que permita que las señales más pequeñas resuenen. La planta mordisqueada que indica la presencia del conejo, que da sentido al susurro de las hojas, es una señal del clima seco, lo cual, a su vez, significa que el conejo se dirige a un charco grande poco común que hay detrás de nosotros.

Sexta parte

Epílogo

La habitación

La idea de una llave funciona bien para desbloquear algo, en nuestro caso una señal que permita que nuestro pensamiento rápido vuelva a reinar. Pero ¿qué ocurre a continuación? Si cada llave abre su propia puerta cerrada, ¿adónde llevan estas?

Nuestro interés en las claves y las señales de la naturaleza no tiene por qué quedarse solo en la aplicación práctica. Podemos sentir una gran satisfacción al descifrar el norte usando una forma en la naturaleza o prediciendo lo que hará una ardilla al estudiar su lenguaje corporal. Sin embargo, cuando empezamos a percibir que estas observaciones son piezas que encajan, la experiencia se torna embriagadora. Los charcos que vemos son un reflejo del tiempo, tanto diario como estacional; este es el metrónomo del que se sirven ardillas, pájaros y flores silvestres. El topillo se aventura en el campo porque hay poca luz de luna, indicador de una marea viva, la misma razón por la que vemos a los peces saltando fuera del agua que sube al mismo tiempo que los topillos saltan sobre los rastrojos del campo.

A mediados del siglo pasado, el administrador colonial Arthur Grimble observó que cientos de tiburones tigre se reunían cada mes en una albufera del Pacífico durante uno o dos días. Grimble estaba intrigado por la causa de tal suceso e inició una investigación, relacionando sus observaciones con cualquier perla de sabiduría que cosechara de las reservadas gentes del lugar. Encontró su respuesta tras seguir una larga cadena.[1]

La alta marea viva arrastraba más cerca de la orilla que de costumbre a un diminuto organismo marino, demasiado pequeño para ser identificado. Este era el alimento de unos minúsculos cangrejos, que entonces se veían tentados a adentrarse en el agua en grandes grupos unos centímetros más de lo normal. Las sardinas, tal vez inducidas por la marea viva, se lanzaban a miles a este efímero banquete de cangrejos. El mújol no esperaba una segunda invitación para atracarse de sardinas y atraía a los peces más grandes, como el *Caranx ignobilis,* y también a los tiburones tigre.

Observa una jarra. Fíjate en que parece diferente desde cada ángulo: presenta una forma diferente a nuestros ojos cuando vemos el asa a la derecha o a la izquierda. Y una muy diferente cuando la miramos desde arriba o desde abajo. Si estás sentado a la mesa y alguien te pasa la jarra por delante de ti y te sirve agua, tus ojos verán cientos de formas diferentes en tan solo unos segundos. Pero nuestro cerebro ha aprendido a resolver el rompecabezas; da sentido a las diferentes perspectivas y forma una única visión del jarro para nosotros. Nuestro cerebro ve las formas y patrones cambiantes y va al grano para construir un significado.

Si forzamos un poco la metáfora de las llaves, tal vez podemos pensar en una vasta habitación circular, con un millón de puertas que se tocan entre sí alrededor de este extraño espacio. Cada llave abre una puerta gracias a la que accedemos a una perspectiva diferente de la misma habitación.

La extraordinaria belleza de lo que vemos en la habitación es compleja y parece diferente desde cada puerta, pero sabemos que vemos lo mismo desde ángulos ligeramente distintos. A veces somos lo bastante afortunados como para entrever cómo lo que vemos en la habitación es la misma entidad, incluso si parece diferente desde cada puerta. Y en ese momento, la naturaleza cobra sentido. Experimentamos algo profundo, un entendimiento que a menudo va acompañado de euforia. Es una experiencia que trasciende cualquier sencilla descripción, aquello de lo que tantos escritores hablan cuando emplean palabras como «sublime» o «numinoso». Veremos el contenido de la habitación desde diferentes ángulos a lo largo de los años.

Para el poeta inglés Thomas Traherne, esto era el «verdadero susurro» de la naturaleza.[2]

La línea entre experiencia subjetiva y registro objetivo se difumina cuando cualquiera de ellas se aproxima a esta apreciación más profunda. Alexander von Humboldt esbozó su *Naturgemalde,* un grabado de sesenta por noventa centímetros de la montaña Chimborazo. En él se aprecia cómo el tipo de plantas que se encontraban en cada zona estaba influenciado por factores que iban de la temperatura y la humedad al azul del cielo.[3] Un poeta podría haber dicho lo mismo registrando cómo al sudar y entrecerrar los ojos invitamos a ciertas plantas a aparecer.

El deseo de cuidar de nuestro entorno lleva a una experiencia diferente, aunque familiar, de la interconexión. Tal vez estemos al tanto de la extinción de un pájaro y descubramos que era inevitable una vez la deforestación alteró el curso de un río en otro país; por ejemplo, los fungicidas utilizados en Europa afectan a los niveles de luz en Laponia.[4]

Otra experiencia sería la naturaleza como teofanía, una manifestación de Dios. La palabra «Dios» puede ahuyentar a aquellos que se sientan incómodos con la religión ortodoxa, o con la religión ortodoxa de otros; sin embargo, en este contexto no es sino una clave para la creencia de que cuanto percibimos y el universo en su totalidad tienen un significado más profundo del que creemos. A veces, nos preocupamos en exceso por la forma, el sabor o el nombre que toma una cosa, pero o bien lo sentimos o no.

Samuel Taylor Coleridge lo sentía. Coleridge diferenciaba entre el conocimiento «abstracto» y el conocimiento «sustancial». El conocimiento abstracto de Coleridge es más técnico: nos ve fuera de la naturaleza, que observamos como si se tratara de una caja gigante cuyo contenido analizamos. Su conocimiento sustancial es «esa intuición de las cosas que surge cuando nos poseemos a nosotros mismos como un uno con el todo [...]».[5] El conocimiento abstracto se encuentra en la guía que nos dice qué ruta tomar para tener una buena vista de una montaña. El conocimiento sustancial viene del tiempo que pasamos inmersos en ese paisaje. Coleridge creía necesaria una visión intuitiva de la naturaleza para alcanzar conocimientos más profundos y consideraba que era un mejor camino a ese significado más trascendente.

Para todos aquellos que están profundamente inmersos en la naturaleza, ya sea por necesidad o atraídos por diversas razones, la línea entre lo práctico y lo filosófico se desvanece. En el caso de los pueblos indígenas tradicionales, rara vez se produce una división. Una filosofía que se separa de la necesidad de prosperar en un paisaje no tiene sentido, por lo que el pensamiento existe dentro de esa infraestructura. Aquellos de nosotros que provenimos de una tradición diferente y menos práctica, pronto encontramos que el acto de orientarnos, buscar comida, cazar o construir un refugio adquiere un cariz filosófico. Comenzamos encontrando el norte, usando el viento, y acabamos apreciando que el camino que seguimos se ha moldeado por la manera en que los ciervos se mueven entre las zarzas, gobernadas, a su vez, por el propio camino que sigue el sol a través de los árboles. El acto práctico se convierte en una ventana al todo.

Nuestro cerebro colecciona estas conexiones y las ordena, las dota de sentido incluso mientras nuestras mentes conscientes tejen trayectorias dementes entre obsesiones más modernas. En Mesoamérica, las direcciones se emparejaban con símbolos, colores y cualidades más amplias: el este es rojo, un junco y lo masculino; el oeste es blanco, una casa y lo femenino; el norte es negro, el pedernal y la muerte; el sur es un conejo, el azul y la vida.[6]

Es irónico que una aproximación práctica a la naturaleza permita un cambio en el pensamiento que una aproximación cerebral no permite. La filosofía está firmemente fijada en la parte lenta de nuestros cerebros. Puede hablarnos sobre la parte rápida, pero tiene prohibida la entrada. Descubrir que todo en la naturaleza es una señal con significado es una manera práctica de establecer conexiones, y estas perspectivas funcionales pasan rápidamente al cerebro rápido. El acto de observar la relación entre el comportamiento de un pájaro y una nube, uno que nos da acceso a predicciones climáticas, forja nuevos patrones de pensamiento. Así, surge una visión más amplia, profunda y rápida de la naturaleza: una nueva y antigua filosofía.

La línea oscura en el rocío plateado nos conecta con el conejo que acaba de pasar. Y las parejas se expanden hasta que se tocan entre sí. El rocío es una señal de los cielos claros de la noche evanescente, y la hierba en la que se acumula está conectada con el conejo. Cerca de Venus, la nube sobre el conejo indica la brisa creciente, una señal que explica el lenguaje corporal del conejo, una señal en sí misma de que podemos acercarnos de puntillas hasta casi tocarlo: el rocío, la hierba, Venus, el este, la nube, la brisa y el conejo están conectados.

Una fría mañana de enero, caminé hacia Black Down, una de las colinas más altas de las South Downs. La nieve pesada y las oportunidades que ofrecía me atrajeron hacia aquel lugar antes del amanecer. Mientras el sol se alzaba sobre las últimas nubes de la tormenta de nieve, encontré un tojo que me dejó al borde de las lágrimas. Me ofreció una noción de significado tan fuerte que sentí que me tambaleaba de felicidad. La experiencia de percibir patrones de rumbo, animales y clima sin pensar, de sentirlo tan profundamente, tan inequívocamente, desencadenó una oleada de emoción en mi interior; vi la habitación.

Mi pensamiento lento se puso al día y analizó las señales. El viento noroeste de la tormenta formaba remolinos en la nieve en el lado a favor y contra el viento; la exposición de un arbusto al viento del suroeste durante años lo había esculpido; las flores de tojo dominaban el lado sur. Los primeros rayos cálidos del sol, al alba, habían fundido la nieve en el lado sureste del arbusto. Un sonido eran dos especies: una ardilla y la hiedra. Unas huellas revelaban el lugar donde los animales se habían refugiado durante la noche. Sentí la brisa del suroeste: la tormenta había pasado.

Mi pensamiento rápido dedicó a mi pensamiento lento un lento aplauso.

Notas y lecturas complementarias

Introducción

1. L. Cron, p. 7.
2. C. Turnbull, pp. 14-15 y 241.
3. Richard Jefferies, de http://www.richardjefferiessociety.co.uk/downloads/THE%20OPEN%20AIR.pdf. Último acceso: 14/12/17.

Señales salvajes y caminos en las estrellas I

1. L. Liebenberg.
2. D. Lewis, p. 265, «Observations on Route Finding and Spatial Orientation Among the Aboriginal Peoples of the Western Desert Region of Central Australia».
3. William Cowper: https://en.wikiquote.org/wiki/William_Cowper. Último acceso: 22/08/17.
4. J. Hardin, p. 278.
5. N. Tinbergen, p. 209.
6. https://www.golfdigest.com/story/myshot_gd0210. Último acceso: 24/08/17.

El yunque del sol

1. Basado en notas tomadas durante un paseo por Creta con Ed Marley en septiembre de 2016.

Señales salvajes y caminos en las estrellas II

1. J. Ruskin y J. Rosenberg, p. 24.
2. Steve Hughes, correspondencia personal.
3. R. Jefferies, *Wild Life in a Southern County*, pp. 314–15.
4. C. J. Jung, pp. 108–9.

5. C. Bailey, p. 34.
6. En «The Police and the Thieves», *Quarterly Review*, 1856, citado en K. Summerscale, p. 83.
7. Charlotte Brontë, citada en K. Summerscale, p. 83.
8. M. Gladwell, p. 9.
9. M. Gladwell, pp. 122–4; G. Klein, y D. Kahneman.
10. B. Krause, p. 5.

El áncora del viento

1. H. Brody, p. 119
2. L. M. Johnson y E. Hunn, p. 188.
3. C. Bailey, p. 56.

Señales salvajes y caminos en las estrellas III

1. http://journals.plos.org/plosone/article?id=10.1371/journal.pone.0164342. Último acceso: 25/08/17. Mis agradecimientos a Arran Jacques por hablarme de esto.
2. T. Caro, p. 14.
3. Alban Cambe, correspondencia personal.
4. C. S. Pierce, citado en A. Siewers, p. 1.
5. John Deely, citado por Dorion Sagan, en J. von Uexkull, p. 4.
6. K. Armstrong, p. 2.
7. A. Siewers, p. 33.
8. San Gregorio de Nisa, citado en A. Siewers, p. 45.
9. N. Tinbergen, p. 31.
10. P. Holden y T. Cleeves, p. 103.
11. D. Lack, pp. 162–5.
12. http://www.discovery.com/tv-shows/mythbusters/mythbusters-database/color-red-makes-bulls-goballistic/. Último acceso: 28/08/17.
13. N. Tinbergen, p. 82.
14. N. Tinbergen, p. 43.v
15. Debo esta sección a D. Kahneman, pp. 51–2.

La cizalladura

1. A. Harris, p. 39.

El mapa del cielo

1. https://www.theguardian.com/environment/2008/oct/31/forests-climatechange. Último acceso: 25/05/17.
2. D. Pryde, p. 192.
3. B. Lopez, p. 291.

El pasamanos invisible

1. E. Kohn, p. 1.
2. C. Bailey, p. 230.

Bosques claros y oscuros

1. C. Turnbull, p. 231.
2. J. Humphreys, p. 141.

El margen y el seno

1. M. Breed, p. 189.

El fuego

1. Mis agradecimientos a aquellos que me han escrito sobre este musgo, incluido Paul Lane.

El ramoneo, el mordisco y el refugio

1. Este capítulo contó con la ayuda de la investigación realizada por Forestry Commission, y doy las gracias a Robert Thurlow por el tiempo que dedicó a hablar de mis descubrimientos.
2. E. de Norwich, p. 135.

La celebración y la sombra

1. T. Kozlowski *et al.*, p. 125.
2. La inspiración para buscar esto vino de las observaciones del gran naturalista, Oliver Rackham, en su libro sobre Hayley Wood.

El amigo, el huésped y el rebelde

1. G. Springthorpe y N. Myhill, p. 20.

2. J. Wright, p. 134.
3. R. Mabey, *Flora Britannica,* p. 23.
4. R. Jefferies, *The Amateur Poacher,* pp. 8–9.

La parca

1. http://www.telegraph.co.uk/education/3296579/New-twist-on-plants-that-grow-in-spirals.html. Último acceso: 16/06/17.
2. P. Wohlleben, pp. 68–9.
3. *Sunscald Injury or Southwest Winter Injury on Deciduous Trees* de Katie Wagner, https://forestry.usu.edu/files-ou/UFF021.pdf. Último acceso: 14/12/17.
4. http://www.pnas.org/content/111/49/17339.full. Último acceso: 16/06/17.

La percha y el centinela

1. T. Caro, p. 159.
2. T. Caro, pp. 161–2.
3. T. Caro, p. 159.
4. «The Higher the Better: Sentinel Height Influences Foraging Success in a Social Bird», de Andrew N. Radford, Linda I. Hollén y Matthew B. V. Bell, *Proceedings of the Royal Society B,* vol. 276, pp. 2437–42, publicado por primera vez *online* el 1 de abril de 2009.
5. J. Wright, pp. 270–1.

La cara y la cola

1. https://imotions.com/blog/facial-action-coding-system/ y https://en.wikipedia.org/wiki/Facial_Action_Coding_System. Último acceso: 18/07/17.
2. T. Maran *et al.,* pp. 133–4.
3. T. Maran *et al.,* pp. 129–34.
4. K. Shanor y J. Kanwal, p. 101.
5. «The Zoosemiotics of Sheep Herding with Dogs», L. Westling, p. 38
6. https://www.psychologytoday.com/blog/caninecorner/201112/what-wagging-dog-tail-really-means-newscientific-data. Último acceso: 21/08/17.

7. T. Caro, pp. 250–60.
8. T. Maran *et al.*, p. 88.

El vistazo
1. T. Caro, pp. 141–2.
2. T. Caro, p. 163.
3. T. Caro, p. 166.
4. T. Caro, p. 119.
5. T. Caro, p. 144 (tabla).
6. T. Caro, p. 125.
7. T. Caro, p. 119.

Quedarse quieto, agacharse y disimular
1. T. Caro, p. 37 (citado en Cott, 1940).
2. T. Caro, p. 47.
3. T. Caro, p. 414.
4. L. Liebenberg.
5. R. Jefferies, *The Amateur Poacher*, p. 110.
6. T. Caro, p. 59.
7. T. Caro, p. 414.
8. N. Tinbergen, p. 162.
9. T. Caro, p. 439.

La huida
1. C. Elford, p. 33.
2. J. Ackerman, p. 50.
3. W. Cooper y D. Blumstein, p. 338.
4. http://www.atlasobscura.com/articles/animals-dont-just-flee-they-make-surprisingly-careful-escapeplans. Último acceso: 16/05/17.
5. «Fear in Animals: A Meta-analysis and Review of Risk Assessment», de Theodore Stankowich y Daniel T. Blumstein.
6. T. Caro, p. 139.
7. E. de Norwich, pp. 62–3.
8. R. Lack, p. 44, citando a O. Heinroth.

9. Rob Thurlow, conversación personal.
10. W. Cooper y D. Blumstein, p. 211.
11. E. de Norwich, p. 32.
12. W. Cooper y D. Blumstein, p. 211.
13. T. Caro, p. 421.
14. N. Tinbergen, p. 164.
15. W. Cooper y D. Blumstein, p. 422.
16. T. Caro, pp. 420–1.

La guarida
1. Theodore Stankowich y Daniel T. Blumstein.
2. T. Caro, p. 419.

La cacofonía
1. K. Shanor, p. 34.
2. Y. Harari, p. 24.
3. M. Cocker, *Crow Country*, pp. 177–8.
4. A. Wulf, p. 71.
5. T. Caro, p. 250.
6. W. Cooper y D. Blumstein, p. 219.
7. T. Caro, p. 416.
8. T. Caro, p. 416.
9. Y. Harari, p. 24.
10. N. Tinbergen, p. 82.
11. T. Caro, p 202.
12. *Bird Sense*, de Tim Birkhead, pp. 3–4.
13. K. Shanor, p. 100.
14. T. Maran *et al.*, p. 158.
15. T. Caro, pp. 219–20.

El rastro
1. R. Moor, p. 138.
2. B. Lopez, p. 97.
3. L. Pedersen, p. 9.

El círculo

1. B. Chatwin, p. 14.
2. C. Elford, p. 82.

Los saltos

1. W. Cooper y D. Blumstein, p. 275.
2. W. Cooper y D. Blumstein, p. 275.
3. T. Caro, p. 258.
4. W. Cooper y D. Blumstein, p. 275.

El guía

1. C. Bailey, p. 396.
2. *I Walked by Night*, editado por Lilias Rider Haggard, p. 118.
3. D. Abram, p. 197.
4. R. Lack, p. 216.
5. R. Lack, p. 215.

El graznido de la borrasca

1. K. Shanor, pp. 105-6.
2. G. White, p. 168 (citado en Weatherland, p. 211).
3. A. Grimble, p. 16.

El rebaño, la burbuja y el estallido

1. T. Caro, p. 267 y p. 289.
2. «The Zoosemiotics of Sheep Herding with Dogs», L. Westling, p. 43.
3. «The Zoosemiotics of Sheep Herding with Dogs», L. Westling, p. 44.
4. Tony Angell, https://www.psychologytoday.com/blog/avian-einsteins/201208/body-language-in-crows.
5. T. Caro, p. 274.
6. J. Ackerman, p. 34.
7. N. Tinbergen, pp. 169-70.

Retirada y retorno

1. J. von Uexkull, p. 105.

El bandazo

1. http://www.sciencefocus.com/qa/why-dont-butterflies-fly-straight-lines. Último acceso: 13/06/17.
2. R. Lack, p. 49.
3. E. de Norwich, p. 206.

El remolino

1. Emily Brontë, *Cumbres borrascosas* (1847), Vol. 1, Cap. 1, p. 2, leído en A. Harris, p. 12.

Dos heladas

1. R. Jefferies, p. 217, *Amateur Poacher.*
2. Samuel Taylor Coleridge, «Frost at Midnight».

La clepsidra

1. L. Johnson y E. Hunn, p. 232.
2. L. Johnson y E. Hunn, pp. 57–8.
3. http://metro.co.uk/2017/04/18/goddess-of-fire-seen-in-dramatic-volcano-eruption-photographs-6582812/. Último acceso: 23/06/17.
4. Personal, basado en conversaciones durante un paseo por Windsor Great Park con aquellos que trabajan para The Woodland Trust.
5. Phys Eco Wood, p. 13.
6. P. Wohlleben, p. vii.
7. B. Lopez, p. 118.
8. O. Rackham, p. 21.
9. C. Bailey, p .73.
10. https://www.theguardian.com/business/2017/may/02/english-vineyards-frost-champagne-bordeaux-burgundy. Último acceso: 27/06/17.
11. P. Wohlleben, p. 143.
12. R. Kimmerer, p. 64.
13. C. Bailey, pp. 22, 31–2, 54, 71.
14. https://en.wikipedia.org/wiki/Nyctinasty. Último acceso: 28/06/17.
15. M. Breed, pp. 71–2.

16. K. Shanor, p. 130.
17. N. Tinbergen, p. 168.
18. K. Shanor, p. 131.

Nombres que cobran vida

1. C. Turnbull, p. 132.
2. J. Griffiths, p. 17.
3. C. Bailey, p. 21.
4. R. Fortey, p. 52.
5. C. Elford, p. 15.

Tres luminarias

1. L. Liebenberg.
2. K. Shanor y J. Kanwal, p. 133.
3. http://equusmagazine.com/behavior/how-to-read-your-horses-bodylanguage-8577 y https://www.localriding.com/equine-body-language.html. Último acceso: 09/05/17.
4. Conversaciones y correspondencia personal.
5. R. Jefferies, p. 17.
6. Maran *et al.*, p. 135.

Una noble persecución

1. L. Liebenberg.
2. T. Hobbes, https://en.wikipedia.org/wiki/Thomas_Hobbes. Último acceso: 05/06/17.
3. R. Lee y R. Daly, p. 389.
4. Y. Harari, pp. 56–7.
5. Y. Harari, p. 90.
6. E. Service, pp. 12–13.
7. B. Chatwin, p. 136.
8. Theodore Roosevelt, p. XXI de E. de Norwich.
9. R. Lee y R. Daly, p. 1.
10. L. Liebenberg.
11. L. Liebenberg.
12. H. Wilson, pp. 105–6.

13. R. Moor, pp. 152–9.
14. L. Liebenberg.
15. E. de Norwich, pp. 7–8.
16. E. de Norwich, p. 225.
17. E. de Norwich, p. 124.
18. L. Liebenberg.
19. R. Lee y R. Daly, p. 4.
20. C. Elford, pp. 16–17.

El cazador del mañana

20. Basado en una visita al Joint Intelligence Training Group y conversaciones con el jefe de pelotón R. Jones, en Chicksands, Bedfordshire, en junio de 2017.

Más que máquinas

1. http://www.bbc.co.uk/news/science-environment-38524671. Último acceso: 25/07/17.
2. D. Thomson, p. 247.
3. http://www.bbc.co.uk/news/av/science-environment-20114359/scientists-discover-bees-cantell-a-picasso-from-a-monet. Último acceso: 25/07/17.
4. T. Maran *et al.*, p. 23.
5. J. von Uexkull, p. 21.
6. J. Ackerman, p. 22.
7. J. von Uexkull, p. 106.
8. M. Breed, p. 177.
9. Breed, p. 193.
10. N. Tinbergen, p. 148.
11. M. Breed, p. 166.
12. L. Liebenberg.
13. David Lewis, p. 280.
14. E. de Norwich, pp. 161–2.

Umwelt

1. Jakob von Uexkull, de J. Hoffmeyer, p. 54.

2. M. Breed, p. 168.
3. C. Foster, p. xiv.
4. J. Ackerman, p. 232.
5. R. Moor, pp. 74–6.
6. J. von Uexkull, p. 82.
7. K. Shanor, p. 81.
8. C. Foster, p. 51.
9. W. Cooper y D. Blumstein, p. 322.
10. B. Lopez, p. 4.
11. J. von Uexkull, p. 22.
12. T. Maran *et al.*, p. 92.
13. J. Ackerman, p. 224.
14. J. von Uexkull, pp. 70–2.
16. J. von Uexkull, p. 82.
17. J. von Uexkull, pp. 88–9.
15. J. von Uexkull, p. 82.
18. J. von Uexkull, p. 109.
19. J. Hoffmeyer, pp. 53–4.
20. Cooper *et al.*, p. 323.
21. W. Cooper y D. Blumstein, p. 328.
22. W. Cooper y D. Blumstein.

Traición

1. K. Shanor, p. 211.
2. K. Shanor, p. 240.
3. T. Maran *et al.*, p. 135.
4. T. Maran *et al.*, p. 88.
5. *The Economist*, 6 de octubre de 2016, «Summoned by Screams», p. 79.
6. L. Liebenberg.
7. R. Moor, p. 150.

Una criatura historiada

1. Y. Harari, p. 35.
2. Apolonio de Tiana, https://en.wikipedia.org/wiki/Aesop%27s_Fables. Último acceso: 21/06/17.

3. http://archive.spectator.co.uk/article/28th-december-1895/13/cormorants. Último acceso: 19/06/17.
4. R. Berndt, citado por D. Lewis, p. 254.
5. D. Lewis, p. 254.

Ikus

1. Definiciones de https://en.oxforddictionaries.com.
2. R. Jefferies, p. 308, *Wild Life in a Southern County.*
3. L. M. Johnson y E. Hunn, p. 23.
4. «Names and Naming in the Wik Monkan Tribe», Donald F. Thomson, *The Journal of the Royal Anthropological Institute of Great Britain and Ireland*, vol. 76, n.º 2 (1946), p. 165.
5. «Beniwa Habitat Classification in the White-Sand Campinarana Forests of the Northwest Amazon, Brazil», Marcia Barbosa Abraão *et al.*, de L.M. Johnson y E. Hunn, p. 90.
6. P. Barkham, p. 96.
7. T. Caro, p. 83.
8. D. Lewis, p. 278.
9. L. M. Johnson y E. Hunn, p. 261.
10. L. M. Johnson y E. Hunn, p. 21.
11. L. M. Johnson y E. Hunn, pp. 164-7.

Epílogo: La habitación

1. A. Grimble, pp. 112–14.
2. A. Wright, p. 220.
3. A. Wulf, pp. 88–90.
4. J. Hoffmeyer p. vii.
5. A. Siewers, pp. 217–19.
6. A. Siewers, p. 24.

Bibliografía

Abram, David, *Becoming Animal,* Vintage, 2011.

Ackerman, Jennifer, *The Genius of Birds,* Corsair, 2016. [Edición en castellano: *El ingenio de los pájaros,* trad. de Gemma Deza Guil, Editorial Ariel, 2017].

Armstrong, K., *A Short History of Myth,* Canongate, 2006.

Bailey, Clinton, *A Culture of Desert Survival,* Yale University, 2014.

Barkham, Patrick, *Badgerlands,* Granta, 2014.

Barnes, Simon, *Bird Watching with Your Eyes Closed,* Short Books, 2011.

Bell, Matthew, Hollén, Linda y Radford, Andrew, «Success in a Social Bird», *Proceedings of the Royal Society B,* vol. 276, 2009.

Birkhead, T., *Bird Sense,* Bloomsbury, 2013. [Edición en castellano: *Los sentidos de las aves,* trad. de Ana González Hortelano, Capitán Swing Libros, 2019].

Breed, Michael, *Ethology and Animal Behavior,* Academic Press, 2017.

Brody, Hugh, *Living Arctic,* Faber & Faber, 1987.

Caro, Tim, *Antipredator Defenses in Birds and Mammals,* University of Chicago Press, 2005.

Chatwin, Bruce, *In Patagonia,* Pan Books, 1979. [Edición en castellano: *En la Patagonia,* trad. de Eduardo Goligorsky, Quinteto, 2002].

Christie, Agatha, *Appointment with Death,* HarperCollins, 1996. [Edición en castellano: *Cita con la muerte,* trad. de José Mallorquí Figuerola, Espasa Libros, 2018].

Cocker, Mark, *Crow Country,* Vintage, 2007.

Cocker, Mark, *Claxton,* Penguin, 2014.

Collins, Sophie, *Why Does My Dog Do That?,* Ivy Press, 2008.

Cooper, William y Blumstein, Daniel, *Escaping from Predators,* Cambridge University Press, 2015.

Cron, Lisa, *Wired for Story,* Ten Speed Press, 2012.

Elford, Colin, *A Year in the Woods,* Penguin, 2011.

Fortey, Richard, *The Wood for the Trees,* William Collins, 2016.

Foster, Charles, *Being a Beast,* Profile Books, 2016. [Edición en castellano: *Ser animal,* trad. de Enrique Maldonado Roldán, Capitán Swing Libros, 2019].

Gibson, James, *The Ecological Approach to Visual Perception,* Psychology Press, 1986.

Gladwell, Malcolm, *Blink,* Penguin, 2005. [Edición en castellano: *Blink: el poder de pensar sin pensar,* Taurus, 2005].

Gooley, Tristan, *The Natural Navigator,* Virgin, 2010. [Edición en castellano: *Guía para caminantes,* trad. de Víctor Ruiz Aldana, Ático de los Libros, 2019].

Gooley, Tristan, *The Natural Explorer,* Sceptre, 2012.

Gooley, Tristan, *How to Connect with Nature,* Macmillan, 2014.

Gooley, Tristan, *How to Read Nature,* Sceptre, 2016.

Grimble, Arthur, *A Pattern of Islands,* Eland, 2010.

Griffiths, Jay, *Wild,* Penguin, 2006.

Harari, Yuval Noah, *Sapiens,* Vintage, 2011. [Edición en castellano: *Sapiens : de animales a dioses : una breve historia de la humanidad,* trad. de Joandomènec Ros, Editorial Debate, 2015].

Hardin, Joel, *Tracker,* Joel Hardin Tracking Inc., 2009.

Harris, Alexander, *Weatherland,* Thames & Hudson, 2016.

Hatfield, Fred, *North of the Sun,* Virgin Books, 1991.

Hemingway, Ernest, *Green Hills of Africa,* Vintage, 2004. [Edición en castellano: *Las verdes colinas de África,* trad. de J. Gómez del Castillo, Caralt Editores, 2006].

Hoffmeyer, Jesper, *Signs of Meaning in the Universe,* Indiana University Press, 1993.

Holden, P. y Cleeves, T., *RSPB Handbook of British Birds,* Bloomsbury, 2014.

Humphreys, John, *Poachers' Tales,* David & Charles, 1992.

James, P. D., *Death in Holy Orders,* Faber & Faber, 2001. [Edición en castellano: *Muerte en el seminario,* trad. de María Eugenia Ciocchini, Ediciones B, 2004].

Jefferies, Richard, *The Amateur Poacher*, Tideline Books, 1985.

Jefferies, Richard, *Wild Life in a Southern County*, Thomas Nelson & Sons, s. f.

Johnson, Leslie Main y Hunn, Eugene, *Landscape Ethnoecology*, Berghahn Books, 2012.

Jung, C.J., *The Earth Has a Soul*, North Atlantic Books, 2008.

Kahneman, Daniel, *Thinking, Fast and Slow*, Penguin, 2012. [Edición en castellano: *Pensar rápido, pensar despacio*, trad. de Joaquín Chamorro Mielke, Editorial Debate, 2013].

Kimmerer, Robin Wall, *Braiding Sweetgrass*, Milkweed Editions, 2013.

Klein, Gary, *Seeing What Others Don't*, Nicolas Brealey, 2014.

Kohn, Eduardo, *How Forests Think*, University of California Press, 2013.

Kozlowski, Theodore, Kramer, Paul y Pallardy, Stephen, *The Physiological Ecology of Woody Plants*, Academic Press, 1991.

Krakauer, Jon, *Into the Wild*, Pan Macmillan, 1996. [Edición en castellano: *Hacia rutas salvajes*, trad. de Albert Freixa i Vidal, Ediciones B, 2008].

Krappe, Alexander Haggerty, *The Science of Folk-Lore*, Methuen & Co., 1930.

Krause, Bernie, *Wild Soundscapes*, Yale University Press, 2016.

Lack, David, *The Life of the Robin*, Pallas Athene, 2016.

Lawrence, Gale, *A Field Guide to the Familiar*, University Press of New England, 1998.

Lee, Richard y Daly, Richard, *The Cambridge Encyclopedia of Hunters and Gatherers*, Cambridge University Press, 2008.

Lewis, David, «Observations on Route Finding and Spatial Orientation Among the Aboriginal Peoples of the Western Desert Region of Central Australia», *Oceania Journal*, vol. XLVI, n.º 4, 1976.

Liebenberg, Louis, *The Art of Tracking*, David Philip Publishers, 1990.

Lopez, Barry, *Arctic Dreams*, Vintage, 2014. [Edición en castellano: *Sueños árticos: imaginación y deseo en un paisaje septentrional*, trad. de Mireia Bofill, Ediciones Península, 2000].

Mabey, R., *Flora Britannica*, Sinclair Ferguson, 1996.

Maran, Timo, Martinelli, Dario y Turovski, Aleksei, *Readings in Zoosemiotics*, Walter de Gruyter, 2011.

Moor, Robert, *Trails,* Aurum Press, 2016. [Edición en castellano: *En los senderos,* trad. de Francisco J. Ramos, Capitán Swing Libros, 2018].

Naparstek, Belleruth, *Your Sixth Sense,* HarperCollins, 1997.

Norwich, Eduardo de, *Master of Game,* University of Pennsylvania Press, 2005.

Pedersen, Loren, *Sixteen Men,* Shambhala, 1993.

Pryde, Duncan, *Nunaga,* Eland, 2003. [Edición en castellano: *Nunaga,* trad. de Miguel Mur, Selecciones del Reader's Digest, 1987].

Rackham, Oliver, *Hayley Wood,* Cambridgeshire Wildlife Trust, 1990.

Rackham, Oliver, *The Ash Tree,* Little Toller Books, 2015.

Rhodes, Chloe, *One for Sorrow,* Michael O'Mara Books, 2011.

Rider Haggard, Lilias, *I Walked by Night,* Coch-Y-Bonddu Books, 2009.

Ruskin, J. y Rosenberg, J., *The Genius of John Ruskin,* University of Virginia Press, 1998.

Service, Elman, *The Hunters,* Prentice-Hall, 1966.

Shanor, Karen y Kanwal, Jagmeet, *Bats Sing and Mice Giggle,* Totem Books, 2011.

Sheldrake, Rupert, *Dogs that Know When Their Owners Are Coming Home,* Arrow Books, 2011. [Edición en castellano: *De perros que saben que sus amos están camino de casa y otras facultades inexplicadas de los animales,* trad. de Marco Aurelio Galmarini, Ediciones Paidós Ibérica, 2007].

Siewers, Alfred Kentigern, *Re-Imagining Nature,* Bucknell University Press, 2014.

Song, Tamarack, *Becoming Nature,* Bear & Co., 2016.

Springthorpe, G. y Myhill, N., *Wildlife Rangers Handbook,* Forestry Commission, 1994.

Stankowich, Theodore y Blumstein, Daniel, «Fear in Animals: A Meta-analysis and Review of Risk Assessment», *Proceedings of the Royal Society B: Biological Sciences,* vol. 272, 2005.

Stokes, Donald y Lillian, *Animal Tracking and Behavior,* Little, Brown, 1986.

Summerscale, Kate, *The Suspicions of Mr. Whicher,* Bloomsbury, 2009. [Edición en castellano: *El asesinato de Road Hilll,* trad. de Roberto A. Frías Llorens, Editorial Lumen, 2008].

Thomson, D., «Names and Naming Among the Wik Monkan Tribe», *Journal of the Royal Anthropological Institute,* vol. LXXVI, 1946.

Thomson, J. Arthur, *The Wonder of Life,* Andrew Melrose, 1927.

Thompson, Harry, *This Thing of Darkness,* Headline Review, 2006. [Edición en castellano: *Hacia los confines del mundo,* trad. de Victoria Malet Perdigó y Caspar Hodgkinson, Quinteto, 2009].

Tinbergen, N., *The Study of Instinct,* Oxford University Press, 1958.

Turnbull, Colin, *The Forest People,* Bodley Head, 2015. [Edición en castellano: *La gente de la selva,* trad. de Bianca May Southwood, Editorial Milrazones, 2011].

Uexkull, Jakob von, *A Foray into the Worlds of Animals and Humans,* University of Minnesota Press, 2010.

Westling, Louise, «The Zoosemiotics of Sheep Herding with Dogs», en *The Semiotics of Animal Representations,* ed. Kadri Tüür y Morten Tønnesen, Rodopi, 2014, pp. 33–52.

Widlok, Thomas, «Orientation in the Wild: The Shared Cognition of the Hai‖Om Bushpeople», *The Journal of the Royal Anthropological Institute of Great Britain and Ireland,* vol. 3, n.º 2, 1997.

Wilson, Helen Wood, *Bushman Born,* Artlook Books Trust, 1981.

Wohlleben, Peter, *The Hidden Life of Trees,* Greystone Books, 2016. [Edición en castellano: *La vida secreta de los árboles,* trad. de Margarita Gutiérrez Manuel, Ediciones Obelisco, 2018].

Wright, J., *A Natural History of the Hedgerow,* Profile Books, 2016.

Wroe, Ann, *Six Facets of Light,* Jonathan Cape, 2016.

Wulf, Andrea, *The Invention of Nature,* John Murray, 2016. [Edición en castellano: *La invención de la naturaleza: el nuevo mundo de Alexander von Humboldt,* trad. de María Luisa Rodríguez Tapia, Taurus, 2016].

Young, Jon, *What the Robin Knows,* Houghton Mifflin Harcourt, 2012.

Agradecimientos

«Mi ser subconsciente no estaba preparado para asumir este riesgo y la sensibilidad de la jungla acudió en mi ayuda y me alejó del potencial peligro».

Estas son las palabras del legendario cazador convertido en conservacionista y autor Jim Corbett. Estaba describiendo cómo había sentido la necesidad de tomar una ruta inusual por la jungla, una que lo mantuvo a una distancia segura de un tigre al que no había detectado.

En algunos momentos, escribir este libro ha sido una experiencia opuesta. Un ansia inconsciente me empujaba hacia un tema que acechaba entre los arbustos y que me observaba como un tigre acorralado. Era un tema al que no le gustaba que me acercara demasiado y que luchó con uñas y dientes. Es probable que el tigre hubiera podido conmigo de no haber sido por el apoyo de muchas personas buenas. Este libro se lo dedico a ellas.

Querría dar las gracias a todas las personas indígenas, antropólogos, cazadores, semióticos, ecologistas y tantos otros en todo el mundo que han mantenido encendida y hecho accesible la llama de nuestra antigua sabiduría. No conozco los nombres de muchos de aquellos con los que estoy en deuda, pero de los pocos que sí conozco, estoy especialmente agradecido por el trabajo de Tim Caro, William Cooper, Daniel Blumstein, Leslie Main Johnson, Eugene Hunn, Timo Maran y Jakob von Uexkull.

También querría dar las gracias a aquellos que han aportado su tiempo, consejo, sabiduría o apoyo, ya sea en el campo de la mente o el campo de la naturaleza salvaje: Kate Jeffery, Zita Patai, Hugo Spiers, Rich Jones, Steve Hughes, Tracey Younghusband, Rob Thurlow, Mark Wardle, John Rhyder, Adam Shereston, John Pahl y Richard Nissen. Gracias también a todos los que han venido a los cursos o se han puesto en contacto conmigo para compartir observaciones o experiencias.

Gracias, Neil Gower, por tus brillantes ilustraciones y portada, como siempre.

Mi hermana, Siobhan Machin, me ofreció sabios consejos en un momento crítico y me meteré en un buen lío si para cuando se publique este libro no se lo he agradecido con un almuerzo decente; y aquí con un gracias sincero.

Muchísimas gracias a Hazel Orme, Cameron Myers, Rebecca Mundy, Caitriona Horne y Ben Summers y todo el equipo de Sceptre. Todos los errores son solo míos.

Querría dar las gracias a mi agente, Sophie Hicks, y a mi editor, Rupert Lancaster, cuyo entusiasmo y apoyo hicieron posible que me embarcara en este libro, y cuya paciencia y ayuda hicieron que terminarlo fuera mucho más placentero.

Por último, quiero dar las gracias a mi familia y amigos por su apoyo, en especial cuando estoy cansado de luchar contra el tigre.

Índice onomástico y de materias

Ático de los Libros le agradece la atención
dedicada a *El instinto natural,*
de Tristan Gooley.
Esperamos que haya disfrutado de la lectura
y le invitamos a visitarnos
en www.aticodeloslibros.com,
donde encontrará más información
sobre nuestras publicaciones.

Si lo desea, puede también seguirnos
a través de Facebook, Twitter o Instagram y suscribirse a
nuestro boletín utilizando su teléfono móvil
para leer los siguientes códigos QR: